Orchideen
für Fortgeschrittene

blv

Expertenwissen zu über 80 Gattungen

BRIGITTE GOEDE

Was Sie in diesem Buch finden

Orchideen-Praxis 6
Wo wachsen Orchideen? 7
Das Orchideenfenster 9
Der Kauf von Orchideen 12
Woran erkennt man Triebbeginn und Wachstumsphase? 14
Orchideen richtig gießen 15
Richtig düngen 18
Orchideen richtig umtopfen 21
Licht und Schatten 30
Temperaturansprüche 33
Der optimale Standort 35
Hohe Luftfeuchtigkeit ist wichtig 37
Die tägliche Pflege 38
Orchideen im Urlaub 42
Was tun nach der Blüte? 43
Rund um die Blüte 46

Orchideen vermehren und kreuzen 50
Auf einen Blick: Praktische Tipps zur Orchideenpflege 54
Änderung der aktuellen Nomenklatur 58
Orchideennamen und ihre Etymologie 59

Schädlinge und Krankheiten 136
Wie bekämpft man Schädlinge? 137
Die häufigsten Schädlinge auf Orchideen 139
Krankheiten durch Gieß- und Kulturfehler 150

Wichtige Fachbegriffe 154
Adressen, die Ihnen weiterhelfen 154
Stichwortverzeichnis 157

Orchideen von A–Z 60

Aeranthes grandiflora 61 • Angraecum sesquipedale, A. germinyanum und A. veitchii 62 • × Aranda 63 • × Ascocenda 64 • Ascocentrum 65

Beallara 65 • Bifrenaria harrisoniae 66 • Brassia rex und B. verrucosa 67 • × Brassocattleya und × Brassolaeliocattleya 68 • × Burrageara 70

Calanthen, laubabwerfend 71 • Catasetum 73 • Cattleya 73 • Cirrhopetalum ornatissimum, C. cornutum, C. fascinator und C. Louis Sander 76 • Cochleanthes 77 • Coelogyne 78 • × Colmanara 80 • Comparettia speciosa, C. falcata × Rodriguezia secunda 81 • Cycnoches 82 • Cymbidiella rhodochila 83 • Cymbidium 84

Dendrobium-Arten, wechselwarm zu halten und für das Kalthaus 85 • Dendrobium-Arten, temperiert zu halten 88 • Dendrobium-Arten, für das Warmhaus 89 • Disa 91 • × Doritaenopsis 92 • Doritis 93

Encyclia 94 • Epidendrum 95 • Eulophia 98

Galeandra baueri 99

Haemaria discolor, Macodes, Liparis 100 • × Howeara Mini-Primi 101

Laelia, × Laeliocattleya und × Sophrolaeliocattleya 101 • Lemboglossum bictoniense 102 • Lockhartia oerstedii 103 • Lycaste aromatica 104

Masdevallia 106 • × Miltassia 107 • Miltonia und Miltoniopsis 108

× Odontioda, × Odontonia 110 • Odontoglossum, × Odontocidium und ihre Hybriden 112 • Oerstedella centradenia und O. wallisii 113 • Oncidium und seine warm zu kultivierenden Arten 114

Paphiopedilum 115 • Phaius tankervilleae 118 • Phalaenopsis 118 • Phragmipedium 122 • Promenaea 123 • Psychopsis krameriana, P. papilio, P. Kalihi, P. Mariposa 123

Rhynchostylis 124 • Rossioglossum grande 126

Stanhopea 127

Tolumnia variegata 129 • Trichopilia 130

Vanda, Vandopsis und Hybriden 131 • × Vuylstekeara 133

× Wilsonara 135

Zygopetalum und Zygosepalum 135

Orchideen-Praxis

Wo wachsen Orchideen?

Orchideen wachsen zwischen Skandinavien und Feuerland in fast allen Ländern der Erde, sind also in den verschiedensten Klima- und Temperaturbereichen zu finden. Für den Orchideenfreund bedeutet dies, dass es für jeden Temperaturbereich innerhalb des Hauses, aber auch für Garten und Balkon die passenden Orchideen gibt – die Kunst in der Orchideenhaltung ist deshalb nur zu wissen, welche Orchideen wohin gehören.

Orchideen lassen sich auf jeder Fensterbank aufstellen, in beheizten oder unbeheizten, in dunklen oder hellen Zimmern. Kennt man ihre natürlichen Licht- und Temperaturansprüche, finden sich für jeden Winkel des Hauses die richtigen Orchideen, sogar für den Garten.

Für die Kultur der Orchideen in einem Topf auf der Fensterbank bedeutet das zu berücksichtigen, was den natürlichen Wachstumsbedingungen ihrer Art entspricht, und auch, an welchen Stellen die Orchideen in der Natur wachsen. Dabei ist es ein großer Unterschied, ob eine Orchidee lithophytisch, epiphytisch oder gar saprophytisch wächst. Von den natürlichen Ursprungsbedingungen der Urahnen ihrer Art kann man also Rückschlüsse auf die gesamten Kulturbedingungen für die entsprechende Orchidee ziehen. Somit ist auch klar, dass zum Beispiel eine Orchidee, die auf Bäumen wächst, einen luftdurchlässigeren Pflanzstoff benötigt als Orchideen, die auf Wiesen zu Hause sind.

Orchideen lassen sich grob in zwei Großgruppen einteilen: in **terrestrische**, also auf dem Erdboden wachsende Orchideen und **epiphytische**, also auf Bäumen aufsitzende Orchideen.

Die meisten in Orchideengärtnereien angebotenen Orchideen stammen von epiphytisch lebenden Orchideen ab. Das hat eine direkte Auswirkung auf das Gießen und Abtrocknen.

Terrestrische Orchideen

- Auf Wiesen wachsend: *Cypripedium*, *Orchis*.
- Lithophytisch, also auf Steinen und Felsenwachsend: manche *Cattleya*-Arten, *Laelia*-Arten.
- In Wäldern wachsend: *Goodyera*, *Haemaria discolor*.
- In Bächen wachsend: *Phragmipedium*.
- In Sümpfen wachsend: manche *Epidendren*, *Epipactis palustris*.
- Auf Dünen wachsend: eine *Epipactis*-Art.
- Halb in der Erde wachsend: knollenartige Orchideen für den Garten, zum Beispiel *Bletilla striata*, *Pleione*.
- Saprophytisch (unterirdisch) wachsend, von Fäulnis lebend: *Rhizantella*.

Onicidien gehören zu den epiphytisch lebenden Pflanzen.

Epiphytische Orchideen

Die überwiegende Anzahl der Orchideen wächst epiphytisch. Sie sitzen in Astgabeln auf Bäumen, an Baumstämmen, gerne auf alten, umgestürzten Bäumen. Das Wort »epiphytisch« kommt von den griechischen Wörtern »epi« = auf und »phyein« = leben. Das heißt, es handelt sich bei epiphytischen Pflanzen um »Aufsitzerpflanzen«, die jedoch keine Schmarotzer sind und der Pflanze, auf der sie sitzen, nicht schaden. Zu diesen Orchideen gehören z. B. *Phalaenopsis* und *Oncidium*.

Herkunftsgebiete und Klimazonen

Die meisten bei uns erhältlichen Orchideen sind relativ temperaturtolerant und lassen sich problemlos in den Wohnbereich integrieren.

Alle Wildarten der Orchideen kommen in den Herkunftsländern in folgenden Klimazonen vor:

- **Nebelwälder:** Hier wachsen Orchideen in höher gelegenen Gebieten, in denen ständig Verdunstungswolken die Pflanzen umhüllen und eine sehr hohe Luftfeuchtigkeit bewirken. Trotz der Feuchtigkeit kommt es hier zu starken Temperaturabsenkungen in der Nacht. Kühl zu haltende Arten, etwa von *Miltonia*, haben hier ihre Heimat.
- **Regenwälder:** Hier herrscht ein feuchtwarmes Klima, bei dem die Nachttemperaturen nur wenig tiefer liegen als die Tagestemperaturen. Dies ist der Klimabereich aller tropischen Warmhausorchideen. Zu ihnen gehören zum Beispiel *Phalaenopsis* und *Oncidium*, die – allerdings etwas langsamer – auch unter Zimmerbedingungen gedeihen.
- **Hochebene:** Die dort vorkommenden extremen Temperaturschwankungen können wir den Orchideen

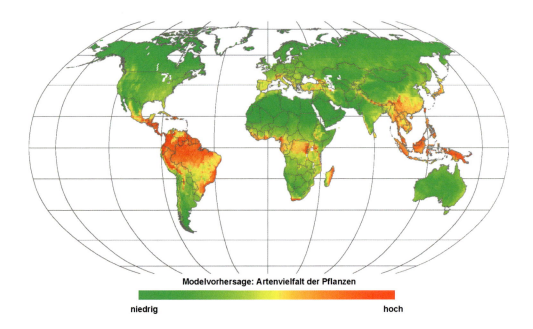

Rund um den Äquator ist die subtropische Orchideenvielfalt wegen der idealen Klima- und Standortbedingungen am größten. Um den Äquator ist darum das höchste Orchideenvorkommen zu verzeichnen.

Das Orchideenfenster

in unserem Wohnbereich nur dann annähernd bieten, wenn wir die Pflanzen den Sommer über nach draußen stellen und somit versuchen, die Ursprungsbedingungen zu kopieren. Auf solchen Hochebenen wächst unter anderem *Cattleya elongata*.

Für die Haltung von Orchideen ist es also äußerst nützlich, die ursprünglichen Herkunftsländer sowie die dortigen Wachstumsbedingungen einer Orchidee zu kennen, um diese dann zu Hause so gut es geht zu imitieren. Nur dann erreicht man eine über Jahre hinaus erfolgreiche Kultur und Blüte seiner Orchideen. Das Lesen von Fachliteratur kann hier nur von Nutzen sein. Artikel aus Frauenzeitschriften helfen dagegen gar nicht!

Hier sind die Energiesparer angesprochen, die im Winter bei 15 °C mit Wolldecke und Wollsocken im Wohnzimmer vor dem Fernseher sitzen! Glauben Sie nicht, dass diese Temperatur für tropische Orchideen ausreicht. Die werden bei solchen Temperaturen nicht wachsen, Phalaenopsis könnte aber vor Schreck glatt Blütenstängel ansetzen wegen der Temperaturreduktion. Nehmen sie das nicht als Kompliment für ihre gute Pflege! Die Pflanze glaubt dann nur, dass man versucht sie umzubringen, schaltet auf Ausnahmezustand und will noch ein letztes Mal blühen, um ihre Art zu erhalten.

Für Energiesparer gibt es jedoch extra jede Menge Kalthausorchideen und sogar welche, die im Kühlschrank überleben *(Pleione)*.

Wärme liebende Menschen sollten sich dagegen auch die zu ihnen passenden Wärme liebenden Orchideen aussuchen. Sie können im 25 °C warmen Wohnzimmer lange darauf warten, dass ihr *Dendrobium nobile* Blüten bekommt. Es bekommt in solchen Fällen nur Kindel. Kalt oder wechselwarm zu haltende Orchideen müssen bei Warmhäuslern in den Garten für die Blüteninduktion und dürfen dann in Knospe wieder in mollig warme Wohnzimmer hereingeholt werden. Sie sehen: Wer Bescheid weiß, ist klar im Vorteil.

Das Orchideenfenster

Sauberkeit und Hygiene sind oberstes Gebot bei der Orchideenhaltung. Sauber abgewaschene Fensterbänke, desinfizierte Blumenübertöpfe und Desinfektion aller Schneidegeräte gehören ebenso dazu wie die regelmäßige Kontrolle der Dränageschicht auf Springschwänze und Algenbelag. Am unkompliziertesten desinfiziert eine Spülmaschine Blumenübertöpfe bei 70 °C ohne nennenswerten weiteren Arbeitsaufwand. Achtung! Es gibt mittlerweile sehr viele Blumenübertöpfe, deren Farben nur aufgesprüht sind. Sie überstehen keinen Spülmaschinengang und werfen Blasen.

Sprüh- und Gießflecken auf den Fensterscheiben entstehen häufig bei der Pflege Ihrer Orchideen. Wer Sprühflecken an seinen Fenstern vermeiden möchte, kann die Pflanzen mit destilliertem Wasser übersprü-

Dieses Phalaenopsis-Ensemble ist absolut »in«. Schöne Blumentöpfe dazu sorgen für das entsprechende Flair.

hen – besser ist es meist jedoch, das Übersprühen einzustellen, es ist für viele Orchideen überflüssig.

Denken Sie daran, dass **gebrauchte Holzstäbe** Pilze und Bakterien übertragen können! Schneiden Sie also immer vor einer weiteren Benutzung den Teil des Stabes ab, der im Substrat gesteckt hat. Bei **Befall durch Läuse** (erkennbar durch klebrige Tröpfchen an der Fensterscheibe) muss auch das Fenster geputzt werden, ebenso wie Fensterbank und Übertöpfe.

Orchideen sollten weder im Sommer noch im Winter zu dicht an der Glasscheibe stehen: Im Sommer **verbrennen die Blätter** dort sehr leicht und verfärben sich gelb, rot, weiß, bei Pilzbefall darauf auch schwarz. Im Winter, manchmal sogar bereits an kalten Herbsttagen, entstehen Frostschäden, die so silbrig aussehen wie Thripsbefall, wenn zum Beispiel ein *Phalaenopsis*-Blatt die Fensterscheibe berührt.

Denken Sie an eine **Schattierungsvorrichtung** für den Sommer, falls Ihr Fenster an der Süd-, Südost- oder Südwestseite liegt, sonst verbrennen die Blätter. Achtung vor kranheitsübertragenden Holzstäben!

Lüften und regelmäßige Luftzirkulation wirken sich positiv auf Orchideen aus. Deshalb: Jeden Tag ordentlich durchlüften, Kippstellung alleine genügt nicht. Wer seinen nicht blühenden Orchideen einen warmen **Gewitterregen** (Vorsicht bei Hagel!) gönnt, tut ihnen wirklich etwas Gutes, falls danach gleich die Übertöpfe ausgekippt und das angestaute Wasser entfernt wird.

Bemerkung zur Luftfeuchtigkeit

Eine Voraussetzung für die orchideenfreundliche Fensterbank ist die Überwachung des Raumklimas mittels eines Hygrometers und eines Thermometers, denn Luftfeuchtigkeit und Temperatur müssen stets in einem orchideenfreundlichen Verhältnis zueinander stehen.

Hier ein paar Beispiele:

- 16 °C bei 86 % Luftfeuchtigkeit: Dies bietet zum Beispiel ein unbeheiztes Schlafzimmer im Herbst bei trübem Wetter, ein temperiertes Gewächshaus oder der entsprechende Wintergarten. Hier gedeihen auch anpassungsfähige Kalthausorchideen. Gießen einmal die Woche.
- 19 °C bei 81 % Luftfeuchtigkeit: Ein leicht beheiztes Arbeitszimmer ist zum Beispiel optimal für temperiert zu haltende Orchideen (etwa *Cattleya* in der Ruhephase) geeignet. Cattleyen trocknen durch das Rindenborkensubstrat bei leichter Heizung schnell aus, sodass ruhig zweimal die Woche gegossen werden kann. Sprühen ist nicht notwendig.
- 20 °C bei 80 % Luftfeuchtigkeit: Die Südseite eines unbeheizten Wohnzimmers oder ein Warmhaus bei trübem, regnerischem Wetter. Je höher die Temperatur hier wird, desto geringer wird die Luftfeuchtigkeit; bei 24 °C herrscht dann nur 55 % Luftfeuchtigkeit vor. Trotzdem gedeihen hier viele Orchideen bestens.
- 29 °C bei 90 % Luftfeuchtigkeit: Ein Wohnzimmer im Sommer bei schwülwarmer Gewitterluft und warmem Regenschauer ist ideal für alle subtropischen Orchideen wie *Vanda* und Mehrgattungshybriden sowie für *Phalaenopsis*.

Eine **Heizung** hat den Nachteil, dass sie die Luftfeuchtigkeit vermindert. Wer sehr viele Orchideen auf der Fensterbank innerhalb eines Raumes kultiviert, wird damit trotzdem keine Probleme haben. Durch das feuchte Substrat und die Dränage, die Wasser verdunstet, ist selbst dann die Luftfeuchtigkeit immer noch hoch genug. Wer jedoch nur zwei oder drei Orchideen ohne Begleitpflanzen auf dem Fensterbrett über einer Heizung stehen hat, kann Probleme mit der trockenen Heizungsluft bekommen. Schädlinge wie Spinnmilben stellen sich dann ein.

Wasserverdunster oder zum Trocknen aufgehängte Tücher wirken hier wahre Wunder, denn die breitflächige Verdunstungsfläche schirmt die Orchideen vor der Heizungsluft ab.

Orchideen in Übertöpfen zieren jede Fensterbank und bieten dem Orchideenliebhaber eine erschwingliche Möglichkeit zur Steigerung der Luftfeuchtigkeit: Eine für den Betrachter unsichtbare Dränageschicht in den Übertöpfen sorgt dafür.

Spezielle Pflanzenwannen mit Hydrokies und Plastikgitter sind erheblich kostspieliger als preisgünstig eingekaufte Übertöpfe im Sonderangebot oder auf Flohmärkten. Pflanzenwannen müssen genauso oft gereinigt werden wie Übertöpfe, sind aber in der Reinigung unpraktischer, weil sie größer sind. Übertöpfe garantieren zudem einen besseren Halt als der freie Stand in einer Pflanzenwanne. Dagegen können in letzterer mehr Pflanzen dicht an dicht untergebracht werden, und auch das Fensterputzen ist bei Pflanzenwannen einfacher, da mit einem Mal mehrere Pflanzen abgeräumt werden können. Man sieht also: Vor- und Nachteile sollten sorgsam abgewogen werden.

Wer nur einige wenige Orchideen sein Eigen nennt, sollte sich zumindest ein paar **Begleitpflanzen** anschaffen, die die Luftfeuchtigkeit erhöhen und das Mikroklima für Orchideen angenehm machen. Ideale Begleitpflanzen für Orchideen sind Farne, Tillandsien, Bromelien, Zypergras und Papyrus. Bei den Farnen ist auf Läuse zu achten, bei den Zypergräsern und Papyrus auf Spinnmilben und Wollläuse. Tillandsien (z. B. auch Spanisches Moos) und Bromelien dagegen sind ideale Partner, weil sie sehr selten von Schädlingen befallen werden.

Ein dichtes Orchideengedränge auf der Fensterbank erhöht die Luftfeuchtigkeit und schafft für Orchideen ein angenehmes **Mikroklima,** das ein Übersprühen völlig überflüssig macht. Ich übersprühe meine Orchideen überhaupt nicht mehr, mache auch nichts zur Steigerung der Luftfeuchtigkeit, bei mir bringt es allein die Menge der Pflanzen.

Einige Entwarnungssätze zur Luftfeuchtigkeit: Sie brauchen nicht mit dem Hygrometer hinter ihren Orchideen herzurennen. Auch wessen Orchideen-Vorfahren früher im tropischen Regenwald gewohnt haben, sind nun, was die Luftfeuchtigkeit angeht, mittlerweile völlig flexibel gezüchtet worden. Ob sie nun ideale 85 % oder mickerige 40 % Luftfeuchtigkeit im Wohnzimmer aufweisen, ihren Orchideen ist das ziemlich egal, denn Sie haben mit ziemlicher Wahrscheinlichkeit irgendwelche Hybriden, die extra für unsere Fensterbänke gezüchtet worden sind. Sie werden überleben und auch wachsen!

Miltonia Honolulu besticht nicht nur durch ihre tolle Farbe, sondern auch durch ihren zarten Duft. Sie blüht im Frühherbst oder Spätsommer.

Der Kauf von Orchideen

Es sind in der Regel die Blüten, die uns dazu verleiten, eine Pflanze zu kaufen. Trotzdem sollte man sich vor dem Kauf die ganze Pflanze genau ansehen: Sind die Blätter stark und kräftig, sind die Wurzeln grau mit grünen oder roten, frischen Spitzen? Gerade der Anfänger tut gut daran, sich eine rundum kräftige und gesunde Pflanze auszusuchen. Die Blüte ist nicht das maßgebliche Kriterium zur Beurteilung des Gesundheitszustandes einer Pflanze, denn sie wird auch noch vor dem Eingehen blühen, da sie ihre Art erhalten will. Es kommt deshalb viel mehr auf die Blätter und die Wurzeln an, nicht so sehr auf die Blüten. Achten Sie auch darauf, dass keine Blattflecken zu sehen sind.

KEIN PLATZ FÜR ORCHIDEEN?

Nur allzu schnell wird der Orchideenfreund feststellen, dass seine Fensterbank zwar groß, aber längst nicht groß genug ist. Aber auch dagegen kann man angehen: Mit Winkelhaken und Zusatzfensterbrett lässt sich so manche Fensterbank verbreitern, so dass die Pflanzen mehrreihig stehen.

Stellen Sie von der Kultur in Übertöpfen auf die Kultur in Pflanzenschalen um. Auf diese Weise passen mehr Orchideen auf die Fensterbank. Mini-Orchideen füllen alle erdenklichen kleinen Zwischenräume auf der Fensterbank aus, kommen sie doch mit dem größten Platzmangel zurecht: *Dendrobium brymerianum, D. arachnites, D. unicum, D. victoriae-reginae, D. bellatulum, Maxillaria, Sophronites, Galeandra baueri, viele Masdevallia, Schoenorchis, Pleione, Bletilla striata, Ascocentrum miniatum, Aerangis rhodostica, Promenaea,* um nur einige zu nennen und dazu natürlich alle Jungpflanzen.

Hier ein paar Tipps zum Pflanzenkauf:

- Nehmen Sie sich viel Zeit beim Orchideenkauf. Sehen Sie sich alle Pflanzen genau an, bevor Sie eine auswählen. Kauft man auf die Schnelle, erlebt man zu Hause oft unliebsame Überraschungen.
- Untersuchen Sie die Pflanze äußerst sorgsam auf Schädlinge und Kulturfehler. Leider werden in vielen Blumengeschäften, Gartencentern und Baumärkten Orchideen falsch gegossen und behandelt und kranke Pflanzen verkauft. Besonders dann, wenn die Pflanzen längere Zeit zwischen anderen Blumen gestanden haben, siedeln sich Schädlinge an, allen voran Läuse und Schnecken.
- Von Schädlingen befallene Pflanzen oder solche mit braunen Flecken, egal, wo sie sich auf der Pflanze befinden, sollten Sie nicht kaufen.
- Geschwächte Pflanzen verblühen häufig schnell. Falls Sie aus Versehen eine kranke Pflanze erwischt haben, sprühen Sie zu Hause mit einem Schädlingsbekämpfungsmittel (Herstellerhinweise beachten) und isolieren Sie die Pflanze.
- Kaufen Sie nur Pflanzen, die nicht länger als zwei bis drei Wochen im Blumengeschäft gestanden haben. Viele Blumengeschäfte sind nicht auf Orchideen spezialisiert, und sie verkaufen sie je nach Trend nur nebenbei. Wer Pech hat, erwirbt dann eine hübsch blühende *Phalaenopsis*, der regelmäßig von oben eiskaltes Wasser in das Herzblatt gegossen wurde. Der Schaden zeigt sich noch nicht sofort, doch etwa nach einer Woche bei Ihnen zu Hause bekommt sie ein gelbes Herzblatt, das abfällt – und damit ist die Pflanze dahin. Bringen Sie die Pflanze in das Geschäft zurück (Quittung mit dem Datum aufbewahren!) und bestehen Sie auf Umtausch, falls eine von Ihnen gekaufte Pflanze bereits nach einer Woche Bakteriose oder Herzblattfäule zeigt oder verblüht.
- Orchideen müssen nicht teuer sein. Fragen Sie in Blumengeschäften und Orchideenzentren nach Sonder-

angeboten und verblühten Pflanzen. Wer Glück hat, kauft dann eine ausgewachsene, aber verblühte *Phalaenopsis* für 5 Euro, die bald mit ein wenig Fingerspitzengefühl wieder austreibt und blüht. Auch Jungpflanzen sind wesentlich billiger, erfordern jedoch etwas Erfahrung und brauchen Zeit, mitunter mehrere Jahre, bis man mit einer Blüte belohnt wird.

- Fragen Sie beim Kauf immer nach dem genauen Namen der Orchidee, denn nur dann können Sie in Büchern die Kulturbedingungen und Pflegeanleitungen nachlesen. Darum empfiehlt es sich besonders für Anfänger, nur im Fachhandel zu kaufen, wo die Beratung stimmt.
- Fragen Sie beim Kauf nach dem Temperaturbereich und eventuellen Ruhezeiten der Pflanze.
- Kaufen Sie am besten Ihre Orchideen dort, wo man sich damit auskennt, also in einer Orchideengärtnerei. Das Personal ist geschult und gibt bereitwillig Auskunft. Zudem wird man Ihnen dort die Pflanze mit einem korrekten Namensschildchen versehen. Allerdings: Die Aufschrift »*Dendrobium*« reicht nicht, denn es gibt kalt zu haltende, warm zu haltende, temperiert zu haltende Arten und solche für den wechselwarmen Bereich. Fragen Sie nach und machen Sie sich Notizen. Vieles ist so neu, dass man die gerade erhaltenen Informationen leicht wieder vergisst.
- Notieren Sie sich die Telefonnummer Ihres nächstgelegenen Orchideenzentrums. Sie werden immer wieder Fragen haben, die Ihnen nur Fachleute beantworten können. Oft genügt ein kurzer Anruf zur Klärung. Hierzu stellt sich z. B. Herr Reuter (s. in Bezugsquellen) freundlich zur Verfügung.
- Kaufen Sie beim Erwerb der Pflanze gleich Orchideensubstrat mit. Wenn Sie dann einmal umtopfen müssen, ist ordentliches, sachgemäßes Substrat zur Hand, an das man sonst in manchen Städten nicht zu kommen weiß. Zwar gibt es fast überall »Orchideenerde« zu kaufen, doch dabei handelt es sich oft um reinen Torf, der nicht für alle Gattungen geeignet ist. Manche Mischungen sind durch das Artenschutzübereinkommen verboten (etwa wenn Baumfarnrinde enthalten ist) und trotzdem noch im Handel. Außerdem liegen solche Orchideenerden oft schon zu lange eingeschweißt im Plastikbeutel, als dass sie noch tauglich sein könnten. Orchideensubstrat bitte immer in offenen Beuteln aufbewahren!
- Wer sich eine im Aufblühen befindliche Orchidee kauft, hat gerade als Anfänger das Erfolgserlebnis einer langen Blütezeit. Etwa eine *Phalaenopsis* mit drei offenen Blüten und dem Rest Knospen, eine *Cattleya* mit einer offenen Blüte und einer Knospe, ein *Paphiopedilum*, das seine Fahne noch nicht ganz aufgerichtet hat – Blütenfülle oft über Monate hinweg!
- Wie enttäuscht muss gerade der Anfänger sein, wenn er ein teures *Paphiopedilum* erstanden hat, das schon nach zwei Tagen verblüht ist! Wahrscheinlich gibt er sich selbst die Schuld und zweifelt an seinen Fähigkeiten, dabei hat er mit ziemlicher Sicherheit nur einen Ladenhüter erwischt. Deshalb: Kaufen Sie nur Pflanzen mit wenigen offenen Blüten! Doch sollte zumindest eine geöffnet sein, dann sehen Sie auch, ob Etikett und Pflanze übereinstimmen (z. B. Info zur Blütenfarbe). Dies empfiehlt sich besonders bei ausgefallenen Hybriden.

In Orchideengärtnereien wird eine breite Vielfalt an Orchideen angeboten.

Woran erkennt man Triebbeginn und Wachstumsphase?

Für den richtigen Einsatz von Dünger und Gießen und um den richtigen Zeitpunkt zum Umtopfen abzupassen, empfiehlt es sich, seine Pflanzen genau zu beobachten. Man wird schnell feststellen, dass die Orchideenarten ihren eigenen Lebensrhythmus haben, der nicht unbedingt mit unseren Jahreszeiten übereinstimmt, obwohl die Lichtverhältnisse doch einen gewissen Einfluss auf die Blütezeiten von Orchideen haben. So wird man bemerken, dass die Orchideen gewisse Wachstums- und Ruhephasen haben, je nach Art – auch innerhalb einer Gattung – mal mehr, mal weniger ausgeprägt. Umtopfen sollte man seine Orchideen am besten zur Wachstumsphase oder nach der Blüte, es sei denn, es geht um Leben und Tod der Pflanze!

Aber woran erkennt man die Wachstumsphase? Hier einige Kriterien zur Unterscheidung:
- am Austrieb von neuen Wurzeln (grün/rot/grau)
- am Erscheinen eines neuen Herzblattes bei monopodialen Orchideen (z. B. *Phalaenopsis*)
- an neu einsetzender Bulben- oder Pseudobulbenbildung unten am Trieb des Vorjahres bei sympodialen Orchideen (z. B. *Cattleya*, *Dendrobium*)
- generell am Wachstum neuer Blatttriebe (z. B. *Paphiopedilum*, *Phragmipedium*)
- bei monopodialen Orchideen wie *Phalaenopsis* oder *Vanda* zeigt sich nun das neue Herzblatt
- Herbstblüher starten nun im Frühjahr ihr Pseudobulbenwachstum
- bei Sommerblühern zeigen sich nun langsam die Blütenstängel.

Generell lässt sich sagen, eine Pflanze in der Wachstumsphase wirkt insgesamt kräftiger, frischer, sieht gesünder aus (z. B. *Phalaenopsis*). Selbst in der Ruhezeit eingeschrumpfte Bulben werden jetzt wieder prall (z. B. *Dendrobium nobile*, *Coelogyne cristata*). In der Wachstumszeit ist das richtige Düngen oder Gießen ganz besonders wichtig. Übersieht man die Wachstumszeit und führt zu wenig Nährstoffe zu, können die Blüten ausbleiben und die Pflanze fängt an zu kümmern. Ein häufiger Fehler!

Vom Pikierbeet bis zur blühenden Pflanze vergehen viele Jahre, in denen man Geduld haben muss.

Mit Triebbeginn startet auch das Wurzelwachstum. Hier zeigen sich frische Wurzeln bei *Phalaenopsis*.

Orchideen richtig gießen

Beim Gießen kann man bei Orchideen am meisten falsch machen. Häufig wird zu viel gegossen, was für manche Orchideen den sicheren Tod bedeutet.

Erste Regel: Vermeiden Sie Staunässe! Eine Dränageschicht von mindestens 4 cm Dicke im Übertopf verhindert, dass die Wurzeln im Wasser stehen und zu faulen beginnen. Die Dränageschicht sollte am besten aus wasserunlöslichen Styroporstücken bestehen, wie man sie beispielsweise häufig als Verpackungsmaterial für Zerbrechliches findet.

Auch Blähton und Kies werden häufig verwendet, eignen sich aber meines Erachtens nicht so gut, weil sich dort häufig Springschwänze ansiedeln. Achtung! Blähton reichert zusätzlich Dünger an und gibt ihn dann unkontrollierbar ab – die Wurzeln werden geschädigt!

Zweite Regel: Gießen Sie ausgewogen. Häufig bekommt man in Blumengeschäften, auf Etiketten oder generell den Tipp, dass Orchideen »mäßig« zu gießen sind, was immer man darunter verstehen mag. Wenn Sie sich an Nachstehendem orientieren, werden Sie beim Gießen nichts falsch machen.

- Nur hand- oder zimmerwarmes Wasser verwenden.
- Das Wasser sollte ein Härte von 5–6 dH nicht übersteigen, obwohl von *Paphiopedilum* auch Wasser bis zum Härtegrad 10 dH vertragen wird. Ideal zum Gießen von Ihren Orchideen ist allerdings ein Härtegrad von 2 dH, also sehr kalkarmes Wasser.
- Wer in Gebieten mit sehr hartem Leitungswasser wohnt, sollte entweder nur Paphiopedilen kultivieren oder aber sein Wasser weicher machen, indem er es entkalkt. Lassen Sie das Gießwasser über Nacht stehen, damit sich der Kalk absetzt, oder bereiten Sie es mit Hilfe spezieller Filtersysteme, die das Trink- und Gießwasser entkalken, auf.
- Ein pH-Wert von 5–6 ist wünschenswert, muss aber nicht überprüft werden. Ein Tipp hierzu: Spülen Sie in regelmäßigen Abständen Wasser 3 Minuten lang durch die Plastiktöpfe (einmal im Monat), um auf diese Weise Düngerrückstände herauszuspülen.
- Das Gießen mit Regenwasser ist an heißen Sommertagen ideal und zudem gratis. In Industriegebieten sollte das Regenwasser jedoch 1:1 mit Leitungswasser gemischt werden.

Wie oft sollte gegossen werden?

Eine Faustregel lautet: **immer gießen, wenn das Substrat abgetrocknet ist.** Das ist sicher dann der Fall, wenn sich beim Anheben der Pflanztopf sehr leicht anfühlt. Im Normalfall reicht es aus, einmal die Woche zu gießen. Frisch umgetopfte Pflanzen, aber auch solche, die auf einer eingeschalteten Heizung oder im Garten ihren Platz haben und in voller Blüte stehen, vertragen an sehr heißen und trockenen Sommertagen einen zweiten Gießdurchgang pro Woche. Bei kalt stehenden Pflanzen, etwa in einem unbeheizten Schlafzimmer, die schon lange nicht mehr umgetopft wurden, reicht dagegen ein Gießen alle 10 Tage meist völlig aus.

Wer Anfänger ist und ganz sichergehen will, dass er zum richtigen Zeitpunkt gießt, sollte ein Holzstäbchen tief in das Substrat (nicht in die Wurzeln stechen!) in den Pflanztopf stecken. Ist das Stäbchen feucht, wenn es herausgezogen wird, sollte man mit dem Gießen noch ein paar Tage warten – hier ist unten im Topf noch Restfeuchtigkeit vorhanden. Denn auch dann, wenn die oberste Substratschicht abgetrocknet ist, kann das Substrat weiter unten immer noch sehr nass sein!

Gießen alleine reicht meist aus. An besonders heißen Tagen vertragen Orchideen draußen im Sommerquartier auch mehrmals in der Woche Wasser. Sehr günstig ist, wenn man den Pflanzen im Sommer mithilfe von Sprühbehältern eine regelmäßige Blattdüngung zu Gute kommen lässt. Das stärkt das Pflanzenwachstum. Ihre Orchideen werden es Ihnen danken!

Wie gießt man Orchideen?

Dazu gibt es verschiedene Möglichkeiten: Die meiner Erfahrung nach beste Möglichkeit ist, wenn man nur wenige Pflanzen hat, ohne Übertopf unter dem Wasserhahn (nur bei guter Wasserqualität und handwarmem Wasser) das Substrat zu überfluten. Das ist eine gute Methode bei Pflanzen in sehr schnell abtrocknenden Substraten wie Rinde, vor allem auch bei auf Kork aufgebundenen Pflanzen und solchen in Körbchenkultur ohne Substrat.

Generell gilt für das Gießen: Nehmen Sie sich viel Zeit und gießen mit Bedacht. Das langsame Gießen hat den Vorteil, dass das ausgetrocknete Substrat die Möglichkeit hat, die Feuchtigkeit besser aufzunehmen.

Wer sich unsicher ist, ob gleich oder besser in ein paar Tagen zu gießen ist, sollte in der Regel noch ein wenig warten, denn weniger ist hier oft mehr.

Die Morgenstunden werden in fast allen Orchideenbüchern als günstigste Zeit zum Gießen empfohlen. Dies entspricht auch meiner langjährigen Erfahrung. So haben die Pflanzen genügend Zeit, um bis zum kühlen Abend etwas abzutrocknen.

Bewährte Gießmethoden

Überfluten des Innentopfes: Hier nimmt man die Pflanze im Plastiktopf aus dem Übertopf und hält den Topf unter handwarmem Wasser über ein Spülbecken. Dabei leitet man den Wasserstrahl mit der Hand gezielt rund um die Pflanze auf das Substrat. So gelangt kein Wasser in Blattachseln und Herzblätter. Der Vorgang muss mindestens zwei Minuten dauern. Anschließend die Pflanze so lange abtropfen lassen, bis das Wasser nur noch leicht nachtropft. Danach kann der Topf wieder in seinen Übertopf platziert werden.

Gießen durch Überfluten sollte maximal einmal pro Woche bei Pflanzen im Substrat, bei Pflanzen ohne Substrat in Körbchenkultur zwei- bis dreimal die Woche erfolgen. Nachteil bei dieser Methode ist, dass man sie erfolgreich nur in Gebieten mit weichem Wasser durchführen kann und sie für Orchideenliebhaber mit vielen Orchideen zu arbeitsintensiv ist.

Tauchen als Bewässerungsart: Diese Methode eignet sich nach meinen Erfahrungen nur für Pflanzen ohne Substrat, für Orchideen mit Substrat in der Körbchenkultur sowie für auf Kork gebundene Pflanzen. Krankheiten wie Bakteriose, aber auch Pilze oder Schädlinge können sich allerdings beim Tauchen leicht ausbreiten, sofern für alle Pflanzen derselbe Tauchbehälter benutzt wird. Ich verwende im Sommer meine Regentonne, was einige Vorteile hat: Das Regenwasser in unserer Region

Bitte verwenden Sie zum Gießen nur Plastikkannen, da Metall korrodiert.

ist sehr verträglich für die Pflanzen, selbst sperrige Pflanzen passen hinein, auf Kork aufgebundene Orchideen kann man gut über mehrere Stunden mit der Pflanzenseite nach unten einfach in der Regentonne driften lassen. Auch Pflanzen mit langen Blättern hänge ich für ein paar Stunden an den Rand der Regentonne, sodass die Blättertriebe und Wurzeln im Wasser treiben. Und bei starken Sommergewittern hänge ich ein paar Pflanzen direkt an den Ausguss der Regenrinne, die das Wasser in die Regentonne führt. So bekommen diese Pflanzen Regenwasser in Strömen, und sind den Verunreinigungen der Regentonne bei stehendem Wasser nicht ausgesetzt.

Duschen der Orchideen: Außer *Zygopetalum* und *Paphiopedilum* können alle Orchideen überbraust werden. Auf diese Weise wird das Substrat gleichmäßig nass. Danach das Wasser etwa fünf Minuten ablaufen lassen, abschütteln und anschließend die Orchidee in den Übertopf auf der Fensterbank zurückstellen.

Die Dusche hat den Vorteil, dass auch die Blätter nass werden, die bei Orchideen ebenfalls Wasser und Nährstoffe aufnehmen können. Zudem wird auf diese Weise der sich langsam ansammelnde Staub schonend heruntergewaschen, die Pflanzen sehen frischer aus. Ein weiterer Vorzug ist, dass man die einzelne Pflanze viel genauer betrachtet, als dies beim herkömmlichen Gießen der Fall ist. Etwaige Schädlinge werden viel leichter und früher wahrgenommen und gleich mit abgewaschen, ebenso auch Staub.

Gießen mit der Gießkanne: Wer viele Orchideen hat, für den sind Tauchen, Fluten und Duschen zu aufwändige Methoden, um seine Orchideen zu versorgen. Hier muss manuell gegossen werden. Dies geht natürlich viel schneller, hat aber einen sehr arbeitsintensiven Nachteil: Es ist unerlässlich, regelmäßig die Übertöpfe auszugießen, um die bei den Orchideen so gefährlichen »nassen Füße« zu vermeiden. Nichts ist gefährlicher als Staunässe über einen längeren Zeitraum hinweg!

Gießen Sie nie nur an einer Stelle, am besten ist auch hier ein gleichmäßiges Einfeuchten des gesamten Pflanzstoffes, da sich sonst Gießrinnen bilden. Durch sie läuft das Wasser direkt nach unten durch und die Luftwurzeln haben keine Möglichkeit, die zugeführte Feuchtigkeit aufzunehmen. Ein Tipp zur Wahl der Gießkanne: Verzichten Sie besser auf Metallkannen und benützen Sie Kunststoff- oder Keramikkannen, da Metall oxidiert und dies eventuell Rückstände im Gießwasser verursacht, deren Wirkung man nicht kalkulieren kann.

Regenfälle im Sommer: Sie sind hervorragende Helfer bei der Orchideenhaltung. Wichtig dabei ist jedoch, nicht den Dauerregen in einer sommerlichen Kälteperiode, sondern warme Gewitterregen bei schwülwarmen Temperaturen auszunutzen. In den letzten Jahren hatten viele Orchideenfreunde Glück, da über Wochen Gewitterperioden den warmen Regen schickten. Dieses Wetter kommt den Ursprungsbedingungen von Orchideen in den Tropen am nächsten.

Regentonnen eignen sich auch gut zum Tauchen.
Nachteil: Im Wasser treiben Mückenlarven.

Wer nicht so viele Pflanzen hat, kann alle außer *Phalaenopsis*, *Paphiopedilum*, *Zygopetalum* und *Zygosepalum* in den Gewitterregen nach draußen stellen. Anschließend die Töpfe auskippen. Bei Körbchenkultur hat man es bei Gewitterregen am einfachsten: Sie werden einfach an ein Rankgitter gehängt – das war dann schon alles.

Gießen in Glasgefäßen oder Keramiktöpfen: siehe dazu »Glaskultur«, Seite 25 f.

Das Sprühgießen: Dies ist etwas arbeitsintensiver als normales Gießen, aber nicht so aufwändig wie das Überfluten. Dabei benutzt man einen mit warmem Wasser gefüllten Pumpsprüher mit feinster Sprühnebeleinstellung und sprüht so lange rundum auf das Substrat, bis dieses völlig vom Wasser durchdrungen ist und das Wasser unten aus dem Topf herauszulaufen beginnt. Vorteil: Wasserersparnis, die Übertöpfe müssen zudem nicht so häufig ausgekippt werden.

Gießen durch Übersprühen: Diese Methode reicht bei Fensterbankkultur für Orchideen in Substrat und ohne Gewächshaus nicht aus. Es ist lediglich geeignet für Orchideen in Körbchenhaltung ohne Substrat und muss dann unbedingt täglich geschehen. Dazu sind regelmäßige Düngergaben erforderlich.

Achten Sie darauf, dass kein Wasser in den Blattachseln stehen bleibt und wirklich zuverlässig häufig gesprüht wird. Ansonsten ist Tauchen hier die bessere Art, seine Orchideen ausreichend mit Wasser zu versorgen.

Die richtige Gießkanne: Gehen Sie bei der Auswahl Ihrer Gießkannen nicht nach der Optik, sondern schauen Sie in erster Linie auf den Nutzen: Plastikkannen sind preisgünstig, lassen sich in der Spülmaschine reinigen, liegen leicht in der Hand und können nicht oxidieren. Zwei-Liter-Kannen sind praktisch, weil man nicht so oft nachfüllen muss und an schlecht erreichbare Pflanzen besser herankommt.

Richtig düngen

Das Düngen von Orchideen hat in etwa dieselbe Bedeutung wie richtige, ausgewogene Ernährung und Vitaminzufuhr beim Menschen. So wie der Mensch durch Vitamine und gute Ernährung fit bleibt und eine Abhärtung gegen viele Krankheiten erreichen kann, bewirkt ausgewogenes und richtiges Düngen eine Prophylaxe gegen Schädlingsbefall und Pilzerkrankungen.

Wichtig ist, dass Dünger am besten von feuchtem Pflanzstoff aufgenommen wird. Also bitte **zuerst gießen** und **danach düngen**! Dies schont auch die Wurzeln.

Die Düngepraxis

Ein paar Tipps vorab:
- Ob Dünger in flüssiger oder in Pulverform, ist eigentlich egal. Hauptsache er enthält Phosphor (P) für die Blüteninduktion, Stickstoff (N) für das Wachstum, Spurenelemente und ein wenig Kalium (K).
- Im Laufe der Jahre habe ich viele verschiedene Düngersorten ausprobiert und dabei festgestellt, dass die meisten einfach als »Orchideendünger« bezeichneten Produkte auf lange Sicht sowohl die Wurzeln als auch die Substratoberfläche versalzen. Dadurch sterben die Wurzeln ab, die Pflanze kümmert und geht dann irgendwann ein.
- Für welchen Orchideendünger man sich auch entscheidet – ausschlaggebend für das Gedeihen und Blühen der Pflanzen sind Regelmäßigkeit und Konzentration der Düngung. Bei zu wenig Dünger bleibt oft die Blüte aus, bei zu viel Dünger versalzen die Wurzeln.
- Vor dem Düngen ist es deshalb wichtig, das Etikett durchzulesen, da die Dünger zum Teil unterschiedlich konzentriert sind. Häufig sind die Mengen in Millilitern (ml) angegeben.
- Achtung! Auf manchen Flüssigdüngerflaschen ist die Mengenangabe für eine 10-Liter-Gießkanne angege-

ben! Wer hier nicht genau liest, befördert seine Orchideenschützlinge zielsicher in den »Pflanzenhimmel«!
- Mithilfe einer Injektionsspritze, die Sie in Apotheken erhalten, lassen sich genaueste Düngermengen ermitteln. Ziehen Sie 1–2 ml Flüssigdünger (je nach Gebrauchsanweisung) auf und vermischen Sie diesen mit 1 Liter Gießwasser. Auf diese Weise sind Sie auf der sicheren Seite, Ihre Orchideen sind vor Überdüngung geschützt.

Geeignete Düngemittel

Pflanzenstärkungsmittel: Die besten Erfahrungen habe ich mit einem Pflanzenstärkungsmittel gemacht, das ursprünglich eigentlich dazu gedacht war, etwas gegen das Baumsterben zu bewirken, aber sehr begünstigend auf das Wachstum aller Pflanzen, auch Orchideen, wirkt. Es heißt **Biplantol Vital NT**. Schon nach einigen Wochen, erst recht nach ein paar Monaten werden die Pflanzen deutlich sichtbar kräftiger. Die Neutriebe entwickeln sich dicker, größer und sehen sehr gesund aus. Besonders förderlich ist bei diesem Mittel, dass hierbei keinerlei Versalzung der Wurzeln entstehen kann, die Pflanzen aber dennoch mit Nährstoffen versorgt und gekräftigt werden. Auch eine Anwendung bei jedem Gießen in der vorgeschriebenen Menge von 2–3 ml auf 1 Liter Gießwasser ist nicht nur verträglich, sondern geradezu aufbauend.

Nach Umstellung auf diesen Dünger erholte sich mein gesamter Orchideenbestand innerhalb weniger Monate spürbar und sichtbar. Eine Unterversorgung der Pflanze bleibt aus. Auch die neuen Triebe sind durch die Düngergaben auf jeden Fall so kräftig, dass sie blühen werden, was bei Pflanzen, die mit herkömmlichem Orchideendünger versorgt werden, häufig wegen der fortschreitenden Versalzung des Substrats ausbleibt. Sie sollten lediglich alle paar Monate mit klarem Wasser gut durchspült werden. Und nicht vergessen: Ergänzend zu Biplantol muss ein zusätzlicher Blüh- und Wachstumsdünger angewandt werden.

Sehr zu empfehlen ist auch der **A+B 2-Komponentendünger** von Currlin oder Luckes Orchideendünger.

Orchideendünger: Auch **Orchid Quick**, ein stickstoffhaltiger Wachstumsdünger, und **Orchid Quick plus**, ein phosphorhaltiger Dünger für die Blüteninduktion, sind für fortgeschrittene Orchideenliebhaber zu empfehlen, die sich peinlichst genau an die Dosierung halten.

Kombigranulate und Düngestäbchen: Es gibt auch Kombinationsgranulate und Düngestäbchen gegen beißende Schädlinge mit Düngerzusatz, der sich erst nach und nach zersetzt und von der Pflanze aufgenommen werden kann. Hierzu gehören zum Beispiel **Lizetan-Stäbchen** und **Lizetan Combigranulat**. Vorsicht, auch hier werden im Bereich des Stäbchens die Wurzeln versalzen!

Flüssigdünger: Hier gibt es **guanohaltige**, die in sehr geringer Konzentration angewandt werden sollten, sowie **Chrystal**, **BioTrissol**, **Polymaris** und **Biodünger auf Algenextraktbasis**.

Vorsicht bei Verschlusskappen – besser zum Dosieren sind Spritzen, weil sie genauer abmessen.

Um eine gleichmäßige Düngung zu gewährleisten, muss die Düngerflasche immer unmittelbar vor dem Düngen gut geschüttelt werden, da sich die Nährsalze leicht auf dem Boden ablagern. Wird nicht geschüttelt, kann es zu höheren Konzentrationen des Restes und somit zu einer Übersalzung der Pflanzen kommen.

Für seine Vandeen schwört ein Züchter übrigens auf **Malzbier** (Vitamin D und B): 1 ml pro Liter Wasser lässt die Pflanzen sprießen.

Orchideen sind kleine Esser und Trinker

- Pflanzen, die sich in einer ausgeprägten Ruhephase befinden und diese auch brauchen, werden zu dieser Zeit nicht gedüngt und gegossen. Zu ihnen gehören *Habenaria, Catasetum, Dendrobium nobile, Coelogyne cristata* und Laub werfende *Calanthen, Cycnoches* und *Eulophia*.
- Häufigkeit und Menge der Düngerzugabe sind auch vom Substrat abhängig. Je geringer der organische Anteil des Substrats ist, zum Beispiel bei Steinwolle, Styropor, Schaumgummi, Orchid Chips, umso öfter muss gedüngt werden.

Es gibt verschiedene Methoden, Orchideen zu düngen. **Volldüngung** und **Blattdüngung** sollen deshalb nachfolgend kurz vorgestellt werden.

Die Volldüngung: Diese Düngung über das Gießen in das Substrat sollte man zwei- bis dreimal im Monat durchführen. Manche Starkzehrer wie *Cymbidium, Phaius,* alle Laub abwerfenden Orchideen, *Paphiopedilum,* manchmal auch *Cattleya,* müssen sogar noch öfter gedüngt werden (einmal pro Woche in schwächerer Konzentration), sonst kümmern die Pflanzen vor sich hin und die Blüte bleibt aus. Bei allen anderen Orchideen reichen oft schon 2 ml Flüssigdünger auf 1 Liter Gießwasser aus, bei höherer Düngerkonzentration versalzen die Wurzeln. In jedem Fall sollte danach mindestens zweimal im Laufe eines Monats mit klarem Wasser gegossen werden. Auf diese Weise verteilen sich Düngerrückstände und ein Zuviel wird ausgespült.

Geschieht dies nicht, werden die Wurzeln erst braun, dann weich und können weder Wasser noch Dünger aufnehmen. Die Blätter werden schlapp und sehen welk aus, als hätten sie zu wenig Wasser bekommen. Was in der Tat stimmt, denn sie können aufgrund der Versalzung der Wurzeln kein Wasser mehr aufnehmen. Es ist dann für die Pflanze wie ein Verdursten auf dem Ozean. Sie wird schnell verblühen, vielleicht die Knospen erst gar nicht öffnen oder aber ein letztes Mal aufblühen, um sich selbst zu retten und möglicherweise noch einmal Samenkapseln zu produzieren, bevor sie elend eingeht.

Die Blattdüngung: Besser als nur die Volldüngung über das Substrat ist in der Regel eine schwache Volldüngung zweimal im Monat, kombiniert mit einer Blattdüngung einmal pro Woche mit 2 ml Dünger pro Liter Gießwasser während der Wachstumszeit.

Die Blattdüngung hat den Vorteil, dass sie auf natürliche Art und Weise die Wurzeln schont und trotzdem genügend Nährstoffe über die Blätter aufgenommen werden können. Bei der Blattdüngung wird der Dünger dem Sprühwasser beigefügt. Bei Vandeen und deren Mehrgattungshybriden kann diese Art des Düngens alle paar Tage erfolgen.

Vorsicht ist geboten bei auf der Substratfläche aufliegenden frischen Wurzeln von *Phalaenopsis* oder Vandeen und deren Kreuzungen, denn sie können auch bei der Blattdüngung versalzen. Überduschen Sie vor der Blattdüngung die Pflanzenwurzeln gut mit klarem Wasser, weil sie dann gegen Salze unempfindlicher sind.

Orchideen richtig umtopfen

Wichtig ist zunächst die Unterscheidung nach der Wuchsform:
- **Monopodiale Orchideen** (siehe Seite 51 ff.) pflanzt man mittig in den Topf.
- **Sympodiale Orchideen** (siehe Seite 53) pflanzt man mit den ältesten Trieben zum Rand hin ein, damit die Neutriebe des nächsten Jahres Platz haben.

Wann sollte man umtopfen?

In der Regel reicht es aus, eine Orchidee alle zwei Jahre umzutopfen. Die gesamte Wachstumszeit eignet sich dafür am besten, weil die Pflanzen dann in der Lage sind, frische Wurzeln zu bilden, die das neue Substrat noch im Laufe des Jahres durchdringen können.

Aber Ausnahmen bestätigen die Regel: Bei passionierten Vielgießern (ich bin auch einer!) ist es manchmal unerlässlich, beherzt eine Rettungsaktion zu starten. Bei aus lauter Liebe fast tot gegossenen Orchideen hilft nur ein rasches Umtopfen. Dabei braucht dann auch keine Rücksicht auf eventuelle Ruhephasen genommen zu werden.

Auf jeden Fall muss umgetopft werden,
- **wenn das Substrat veralgt ist:** Grüne oder gelbe Überzüge auf dem Substrat deuten auf Algen hin, manchmal wachsen sogar kleine Pilze. Haben Sie eine Pflanze gekauft, deren Substrat leicht veralgt ist, müssen Sie schnellstmöglich umtopfen;
- **wenn die Wurzeln versalzen sind:** Düngerreste haben sich zu stark im Topf angesammelt und greifen die Wurzeln an, auch bei Düngung per Pumpsprüher können diese Schäden entstehen;
- **wenn Schädlinge auftreten:** Das Wurzelwerk oder einzelne Wurzeln sind von Woll- oder Schmierläusen befallen. Auch wenn die Schädlinge im Substrat sitzen, muss dieses unverzüglich komplett entfernt werden;
- **wenn Wurzeln faulen:** Unsachgemäße Behandlung, zum Beispiel durch Übergießen entstandene Staunässe, führt dazu. Auch wenn sich die Blätter schlaff anfühlen, liegt meist ein Wurzelschaden vor, wahrscheinlich sind die Wurzeln durch zu viel Düngen und Gießen verfault und das Wurzelwerk dadurch erstickt worden. Wenn es zu diesem Erscheinungsbild mit schlaffen Blättern, vor allem bei *Phalaenopsis* kommt, ist es für eine Rettungsaktion durch Umtopfen fast schon zu spät. Manchmal regeneriert sich die Pflanze doch noch, wenn das Gießverhalten stark korrigiert wird. Es dauert jedoch Jahre, bis sich so eine Pflanze erholen kann.
- **wenn Urlaubsschäden auftreten:** Die hilfsbereite Nachbarin hat sich zwar rührend um Ihre Orchideen gekümmert, doch nun steht schon seit Längerem Wasser in den Töpfen, einige fangen sogar schon an, übel zu riechen. Hier sofort das stehende Wasser in

Zum Umtopfen von Orchideen benötigt man das richtige Substrat, am besten durchsichtige Plastiktöpfe und Styropor zur Drainage.

den Übertöpfen ausgießen, die schlimmsten Fälle umtopfen und in der nächsten Woche auf keinen Fall gießen.
- **wenn der Topf zu klein geworden ist:** Neutriebe oder frische Wurzeln haben keinen Platz mehr.
- **wenn das Substrat oder das Gießwasser im Topf übel riecht:** Schuld sind Bakterien, die durch Staunässe entstehen.
-

Das Pflanzsubstrat

Benutzen Sie nur so genannte »Orchideenerde«! Einzige Ausnahme sind Erdorchideen für den Garten, die draußen in normale Gartenerde gepflanzt werden. Sie gedeihen aber auch – ins Haus geholt – in Orchideenerde prächtig (z.B. *Pleione*, *Orchis*, *Bletilla striata*).

Hier sind zwei verschiedene Orchideensubstrate zu sehen: Rinden- und Torf-Rinden-Gemisch.

Das Substrat hat die Funktion
- den Wurzeln im Topf Halt zu geben,
- das Wasser entweder zu speichern oder für schnellere Abtrocknung zu sorgen,
- Feuchtigkeit um die Wurzeln herum zu halten, um Wachstum möglich zu machen, und, abhängig von der Substratsorte,
- die Pflanze mit Nährstoffen zu versorgen.

Der Name »Orchideenerde« trügt, denn sie ist im strengen Sinn keine Erde, sondern ein Substratgemisch aus Zutaten, die man bestellen muss. Dieses Orchideensubstrat kann aus Baumrindenstückchen von fast harzfreien Nadelbäumen, wie früher etwa Redwood-, heute Pinienrinde aus Frankreich, Styropor, Agrofoam, Weißtorf, Holzkohle, Kalk, Torfmoos, Kork, Kokosfasern, Perlite, Kuhmist, Orchid Chips, Steinwolle, Lavagestein oder Haselnussschalen bestehen.

Manche Züchter fügen ihrem selbst gemischten Substrat noch Vermiculite, einen Glimmer, hinzu, der dafür sorgen soll, dass die Spurenelemente des Düngers für die Pflanze verfügbar sind. Jede Orchideengärtnerei hat ihr Spezialgemisch.

Es sollte bitte niemand auf die Idee kommen, vollständig alle diese Zutaten zusammenzumixen oder sie selbst in der Natur zu sammeln! Orchideen vertragen zum Beispiel kein Harz, deshalb ist nicht jede Rinde zur Substratherstellung geeignet.

Hingewiesen sei in diesem Zusammenhang auf das Artenschutzabkommen. Davon betroffene Substratbestandteile, auf die man besser verzichten sollte, die aber leider immer noch im Handel sind, habe ich darum in der Aufzählung weggelassen (z.B. *Osmunda*-Baumfarn, auch für *Sphagnum*-Moos besteht eine Sammelbeschränkung).

Jeder Züchter, jede Orchideengärtnerei hat ihr eigenes Geheimrezept für die Herstellung des Substrats, auf das man schwört und mit dem man gute Erfahrungen gemacht hat – von diesem reichen Erfahrungsschatz kann der Orchideenliebhaber ruhig profitieren.

Substrat kann man ohne Probleme in größeren Mengen einkaufen und über Jahre aufbewahren, immer vorausgesetzt, man lässt die Tüten offen stehen. Schwitzwasser und damit einhergehende Fäulnis haben dann keine Chance. Manche Züchter raten, das Substrat nach dessen Austrocknung vor dem Einpflanzen kurz zu übersprühen. Bei meinen Orchideen ging es in den letzten 26 Jahren auch ohne diesen zusätzlichen Arbeitsaufwand problemlos.

Orchideensubstrat ist immer teurer als normale Blumenerde, weil es zum Teil von weit her transportiert wird und auch nicht in den großen Mengen wie herkömmliche Blumenerde hergestellt wird. Beziehen Sie das Substrat möglichst von dem Orchideenzüchter, bei dem Sie die entsprechenden Orchideen erstanden haben. Die Orchideen sind darin aufgewachsen und haben sich daran gewöhnt. Eine Umstellung auf anderes Substrat ist zwar möglich, beansprucht jedoch etwas Gewöhnungszeit und bringt ein gehemmtes Wachstum mit sich.

In Gärtnereien oder Baumärkten wird häufig »Orchideenerde« angeboten. Manchmal besteht diese »Orchideenerde« nur aus Weißtorf, enthält wenige oder gar keine Rindenstücke und ist deshalb nicht für alle Orchideengattungen zu benutzen. Für manche, zum Beispiel *Dendrobium* oder *Cattleya* sowie diverse Naturformen, kann das Experiment sogar tödlich ausgehen.

Welches Substrat ist für welche Gattung geeignet?

Es ist zu beachten, dass jede Orchideengattung, abhängig davon wo ihre Urahnen wachsen, ein passendes Substrat braucht, um zu gedeihen. **Dendrobien,** die oft in Australien auf Felsen wachsen, brauchen daher zum Beispiel ein anderes Substrat als **Erdorchideen**, wie *Orchis maculata*.

Zwei Grundsorten an Substrat haben bei allen meinen Orchideen bisher ausgereicht:

- Rindensubstrat-Mischung aus Pinienrinde, Agrofoam, Kalk und Holzkohle sowie
- Torf-Rinden-Gemisch, bestehend aus Weißtorf, Pinienrinde, Kalk und Holzkohle.

Hier nur die häufigsten Gattungen im Schnelldurchgang (Weiteres unter Pflegetipps bei den einzelnen Gattungen ab Seite 60):

Cattleya: Diese Gattung, ihre Hybriden und Mehrgattungshybriden wachsen gut in grobem Rindensubstrat.

Eine Schicht farbiges Granulat im transparenten Pflanzgefäß dient gleichzeitig als Dränage und optisches Highlight.

Cymbidium: Diese Orchideen werden häufig in Steinwolle kultiviert. Da der Hobby-Orchideenfreund jedoch in der Regel kein computergesteuertes Gewächshaus sein Eigen nennt, sollte er sie nach dem Kauf in dasselbe Substrat verpflanzen, wie es auch *Phalaenopsis* mögen.

Dendrobium: Es gedeiht nur in Rindensubstrat. Einige Arten sind sogar so empfindlich, dass sie auf Kork aufgebunden werden müssen.

***Miltonia*-Naturformen**: Sie setze ich in ein Gemisch, in dem mehr Rinde als Torf vorhanden ist.

***Oncidium, Odontoglossum, Miltonidium, Miltonia*-Hybriden, *Cymbidium*:** Alle gedeihen am besten in Torf-Rinden-Gemisch, weil ihre Wurzeln etwas mehr Feuchtigkeit brauchen, was durch Torf und Agrofoam möglich ist.

Paphiopedilum: Diese Orchidee, besser bekannt als »Frauenschuh«, gedeiht in Rindensubstrat-Gemisch sehr gut. Geübte Gießer kultivieren sie auch mit Torf-Rinden-Gemisch.

Phalaenopsis: Sie gedeihen am besten in einem Substrat aus Pinienrinde und Weißtorf mit Holzkohlestückchen oder Holzkohlepuder, Agrofoam und etwas Kalk. Auch in Rindensubstrat mit den gleichen oben genannten Zusätzen fühlen sich *Phalaenopsis* wohl, wachsen aber etwas langsamer. Ihre Naturformen bevorzugen dagegen Rindensubstrat-Mischung.

Vanda und Ascocentrum: Sie und ihre Mehrgattungshybriden kultiviert man in Holzkörbchen ohne Substrat. Auch in Styroporstückchen gedeihen diese Gattungen gut. Wichtig ist eine gute Belüftung der Wurzeln. Auch die Luftwurzeln brauchen genügend Platz, um sich auszubreiten.

Meine *Vanda teres* wurde von mir bisher als Einzige in Rindensubstrat kultiviert, allerdings musste gewährleistet sein, dass sie zwischendurch vollkommen abtrocknen konnte.

Orchideen in Hydrokultur

Immer wieder werde ich gefragt, ob man Orchideen nicht auch in Hydrokultur kultivieren kann, wie man dies hin und wieder auf Ausstellungen sieht. Hydrokultur bedeutet, dass die Pflanzen in Blähton stehen, mit den Füßen sozusagen im Wasser. Blähton hat zudem die undankbare Eigenschaft, nicht nur Wasser zu speichern, sondern auch Dünger. Dieser Dünger wird unkontrollierbar und auf einmal abgegeben, sodass die Gefahr einer plötzlichen Überdüngung besteht, an der die Pflanzen eingehen können.

Auf Dauer gesehen tolerieren diese Art der Kultur die wenigsten Orchideen. Ausnahmen bilden Pflanzen, die dauerhaft nasse Füße vertragen können, etwa *Ludisia/ Haemaria discolor*.

Orchideen in anorganischen Substraten

Anorganische Substrate sind nicht nur teuer und allein im Versand erhältlich, sondern setzen auch ein sehr gezieltes Düngen und Gießen voraus. Alle Nährstoffe müssen durch den Gieß- und Düngevorgang zugesetzt werden, denn im anorganischen Substrat sind keine Nährstoffe vorhanden. Im professionellen Anbau funktioniert dies gut. Dazu sind jedoch Spezialkenntnisse erforderlich, über die sich der Anfänger bei dem jeweiligen Anbieter gründlich informieren sollte.

Orchideen in Seramis

Es gibt Leute, die auf Seramis schwören. Gelegentlich, aber eher selten sieht man Fotos von Pflanzen, die mit diesem Tongranulat eingetopft wurden – allerdings nur in Frauenzeitschriften, nicht in der Fachliteratur. Orchideen wachsen in der Natur auch nicht in Seramis, sondern auf Bäumen, in Torfen und auf Steinen.

Praktische Alternative: die Glaskultur

Den Ausdruck »Glaskultur« gibt es in der Orchideenpflege eigentlich nicht. Er ist eine Erfindung von mir. Bei der Glaskultur ist kein Substrat nötig, denn die Wurzeln sitzen statt in einem Topf in einem Glas. Wenn die Pflanze zu groß wird, zieht sie einfach um ins nächste Glas. Das funktioniert recht gut, wenn man die Pflanzen nur kurze Zeit im Wasser stehen lässt.

Bei Orchideen in Körbchenkultur ohne Substrat, in der Regel Vandeen, Ascocendas usw., habe ich gute Erfahrungen mit der Glaskultur gemacht: einfach die Pflanze mit Körbchen und Wurzeln in ein übergroßes Glasgefäß stellen. So wird die Fensterbank geschont, die Feuchtigkeit hält sich im Bereich der Wurzeln länger, Restwasser steht unten im Glasgefäß und wird wie durch einen Strohhalm langsam von der Pflanze aufgesaugt.

Draußen bei einem warmen Gewitterregen wird den auf diese Weise kultivierten Pflanzen das Glas ohne viel Aufwand mit weichem Wasser gefüllt. Das Wasser wird nach ein paar Stunden oder spätestens am nächsten Tag auf ein Blumenbeet gekippt. Aber auch auf der Fensterbank gieße ich in Glaskultur gezogene Orchideen einmal die Woche bis vor die Unterseite des Stammes mit Wasser voll und lasse sie ein paar Stunden so stehen, bevor das Wasser wieder komplett ausgekippt wird.

Auch Pflanzen in Glaskultur dürfen nicht zu lange im Wasser stehen, da sonst die Luftwurzeln faulen und es leicht zu Stammfäule kommen kann. Hier fallen die Blätter von unten nach oben einfach ab.

Das Aufbinden von Orchideen

Aufgebunden werden Orchideen, die extrem anfällig gegen Staunässe sind, wozu auch mehrere der Mini-Orchideen und viele Naturformen gehören. Aufgebundene Pflanzen wachsen oft langsamer, da sie alle Nährstoffe vom Orchideenliebhaber zugeführt bekommen müssen.

Beim »**Mounten**« werden die Pflanzen mit Hilfe zerschnittener Seidenstrumpfstücke auf eine Korkplatte aufgebunden, auf die man zuvor ein wenig Torfsubstrat gelegt hatte. Bitte relativ locker aufbinden. Sollte das Korkstück zu klein werden, löst man, wenn möglich, vorsichtig die Pflanze ab und mountet sie anschließend auf ein größeres Korkstück.

Vom richtigen Umtopfen

Widrige Umstände wie Schädlingsbefall an Wurzeln oder im Substrat, Veralgung oder Verpilzung des Substrats, aussteigende Neutriebe, Platzmangel, veraltetes, übel riechendes Substrat, schlappe Blätter und abfallende Knospen sind Indikatoren, bei denen man sofort ein-

Das Aufbinden von Orchideen auf Kork ist nur bei einigen sehr empfindlichen Arten, den sogenannten Naturformen, nötig. Was Sie auf Kork kaufen, muss auch auf Kork bleiben.

greifen sollte, ohne an die Idealzeit zu denken, weil bis dahin die Pflanze schon eingegangen sein könnte.

Wann wird umgetopft? Generell gilt, dass die beste Zeit zum Umtopfen in der Wachstumsperiode nach der Blüte ist und in den Monaten, an denen die Tage länger werden, also ab frühestem Frühjahr bis Sommer. Dann können die neuen Wurzeln das Substrat am besten durchdringen und man stellt schon nach ein paar Wochen Erholung und Stärkung der Pflanzen fest. Das ist allerdings nur eine Faustregel, die ich ebenso oft durchbreche, wie ich sie einhalte.

Welche Orchideen machen beim Umtopfen Schwierigkeiten? Die meisten Orchideenarten lassen sich problemlos umtopfen, doch einige reagieren sehr empfindlich darauf und registrieren es als Störung. Sie hören eine Weile auf zu wachsen oder setzen sogar einmal mit der Blüte aus, wie etwa *Lycaste aromatica*.

Andere machen nach dem Umpflanzen eine ausgesprochene Ruhephase durch, zum Beispiel die Laub abwerfenden *Calanthen*, *Catasetum*, *Bletilla*, *Dendrochilum* und *Dendrobium nobile*, die auf weniger oder gar keine Wassergaben angewiesen sind.

Welche Gefäße sind geeignet? Für Orchideen eignen sich am besten Kunststoffgefäße, da man sie sehr gut reinigen kann. In Frage kommen aber auch Holzkörbchen, Blumenampeln oder Wannen. Das Wichtige bei den Pflanztöpfen ist ein guter Wasserabzug. Es müssen also genügend Löcher im Gefäßboden vorhanden sein, um Staunässe zu verhindern. Eine günstige Lösung ist, gebrauchte Plastiktöpfe in der Spülmaschine bei 70 Grad sorgfältig zu säubern und dann wieder zu verwenden. Durchsichtige Kunststoffgefäße unterstützen die Photosynthese vieler Orchideen und sind sehr zu empfehlen.

Welches Substrat ist richtig? Alles über das richtige Substrat können Sie ab Seite 22 nachlesen.

Muss Dränage sein? Ja, eine ausreichende Dränageschicht ist immer ein Muss. Dabei empfiehlt es sich, bei allen Orchideenarten in Topfkultur mit Übertopf immer eine doppelte Dränageschicht anzulegen. Diese sollte mindestens 3 cm stark sein und sowohl im Pflanzgefäß als auch im Übertopf eingebracht werden. Die Schicht kann sehr gut aus wasserunlöslichen (Vorsicht! Es gibt auch wasserlösliche!) Styroporteilchen, zum Beispiel von Verpackungsmaterial, bestehen und wirkt Staunässe entgegen. Selbst bei Vielgießern sind die Orchideen dann relativ sicher geschützt vor nassen Füßen, die Pflanzen behalten trockene Füße.

Doch trotz der Dränage kommt man nicht umhin, von Zeit zu Zeit die Übertöpfe auszukippen. Dieses mit Dünger angereicherte Wasser kippe ich auf meine Gartenpflanzen, die dadurch ebenfalls sehr gut gedeihen. Damit ist zwar, wenn man viele Orchideen betreut, viel Arbeit verbunden, aber es ist unumgänglich, denn leert man die Töpfe nicht regelmäßig aus, verfaulen die Wurzeln im Topf und die Pflanze geht ein.

Desinfektion von Schneidegeräten und Töpfen: Alle Schneidegeräte müssen vor jedem Gebrauch keimfrei gemacht werden. Damit beugt man der Übertragung von Viren und Bakterien, aber auch Pilzkrankheiten vor. So befinden sich zum Beispiel Viren im Pflanzensaft und stecken Orchideen, die als Nächste dran sind, über das Schneidegerät (Schere, Messer) an. Desinfizieren lassen sich die Schneidegräte am besten mit einer 70%igen Alkohollösung (aus der Apotheke, etwa Isopropylalkohol). Zusätzlich brennt man sie anschließend mit einem Feuerzeug ab. Dies ist die sicherste Methode der Desinfektion.

Scheren, gebrauchte Blumenüber- und Pflanztöpfe lassen sich gut nach vorhergehender manueller Reinigung bei 70°C in der Spülmaschine waschen oder mit Haushaltsdesinfektionsmitteln wie Sagrotan keimfrei machen. Bitte lassen Sie auch im Umgang mit diesen gebräuchlichen Desinfektionsmitteln Vorsicht walten und bewah-

Orchideen richtig umtopfen

Entnahme aus dem Topf.

Substrat abschütteln.

Faule Wurzeln abschütteln.

Alte Wurzeln abzupfen.

Drainage aus Styropor.

Wenig Substrat auf die Drainage geben.

Alte Bulben an den Rand setzen.

Paphiopedilen und monopodiale Orchideen mittig setzen.

Schüttelnd sacken lassen.

Drainage auch im Übertopf.

Namensetikett nicht vergessen.

So topft man richtig um

Richtiges Umtopfen will gelernt sein. Hier sehen Sie eine Step-by-Step-Anleitung. Keiner der einzelnen Schritte darf ausgelassen werden. Belässt man alte Wurzeln an der Pflanze, wird bereits der Keim zur Fäulnis gelegt. Pflanzt man Orchideen zu hoch, werden sie wackeln und keine neuen Wurzeln treiben. Pflanzt man sie zu tief, faulen die Triebe.

ren Sie diese vor Unbefugten und vor allem vor Kindern gesichert auf! Die Gebrauchsanweisungen des Herstellers müssen unbedingt beachtet werden! Die meisten Desinfektionsmittel haben eine Einwirkzeit von 10–15 Minuten, um wirksam zu werden. Bei Alkohol alleine ohne eine anschließende Abflammung dauert dies sogar 24 Stunden!

Wird das alte Substrat entfernt? Ganz wichtig ist beim Umtopfen, dass man das alte Substrat so gut es geht komplett entfernt. Es steckt voller Keime, ist eventuell mit Schädlingen und Pilzen belastet und mit Sicherheit verdichtet. Die Wurzeln werden nach dem Abschütteln über dem Mülleimer gut mit lauwarmem Wasser ausgespült. Alte Wurzeln, die sich schwammig anfühlen, lose und von bräunlicher Farbe sind, werden möglichst sauber entfernt, indem man sie abzupft. Bitte erkundigen Sie sich beim Hersteller Ihres Substrats (Packungsaufdruck), ob eine Entsorgung in der Biotonne möglich ist. Enthält das Substrat jedoch Styropor gehört es in den Restmüll!

Eine Desinfektion mit Alkohol bedarf 24 Stunden Einwirkzeit. Schneller geht es, wenn Sie das Schneidgerät mit einem Feuerzeug abflammen.

Das Umtopfen und die Zeit danach: Falls alte, braune, kollabierte Wurzeln nicht gleich beim Umtopfen abfallen, muss manchmal ein Wurzelrückschnitt durchgeführt werden. War dies nicht nötig und wurden keine alten Pseudobulben von der Pflanze abgetrennt, darf gleich in feuchtes Substrat gepflanzt werden.

Liegt das Substrat schon länger und ist sehr ausgetrocknet, sollte man es, falls möglich, ausbreiten, mit einer Sprühflasche übersprühen und einen halben Tag lang das Wasser einziehen lassen. Danach erst wird eingetopft.

Wem das zu umständlich ist: Es geht auch ohne Einfeuchten recht gut. Ich topfe viel lieber in trockenes Substrat, weil man dabei bei Wurzelrückschnitt oder Pseudobulbenabnahme keine Sonderbehandlung machen muss. Zudem rieselt das Substrat besser zwischen die Wurzeln. Trocken geht es schneller und einfacher.

»Orchideenerde« wird nie festgedrückt, sondern höchstens vorsichtig eingerüttelt, um einen Bruch der Wurzeln zu vermeiden.

Die nächsten vier bis sechs Tage nach dem Umtopfen sollte man nicht gießen und die folgenden vier bis sechs Wochen auch nicht über das Substrat düngen, da sich die Wurzeln erst umgewöhnen sowie Bruchstellen und Verletzungen abtrocknen und verheilen müssen.

Bei *Dendrobium nobile* und anderen Orchideenarten mit ausgeprägteren Ruhezeiten kann und sollte dies sogar zum nächsten Blütenansatz führen. Auch Laub abwerfenden Calanthen werden nach dem Umtopfen völlig in Ruhe gelassen.

Wann ist ein Wurzelrückschnitt nötig? Stellt man beim Umtopfen fest, dass manche Wurzeln braun und weich geworden sind, empfiehlt sich ein Wurzelrückschnitt bis hinein in die noch gesunden Teile des Wurzelbereichs. Möglicherweise muss man abgestorbene Wurzeln sogar ganz bis zum Stamm zurückschneiden.

Die Schnittstellen trocknen und heilen von selbst, lässt man die neu umgetopfte Pflanze 4–6 Tage trocken stehen, ohne sie zu gießen. Dies beugt Pilzbefall an den Schnittstellen vor.

Man sollte jedoch niemals im Wachstum begriffene, heile Wurzeln abschneiden oder abknicken. Sie sind die Nabelschnur für die funktionierende Versorgung der Pflanze. Gerade die Luftwurzeln, die über den Topfrand heraushängen, sind manchmal die einzige Rettung für Pflanzen, deren Wurzeln im Topf abgestorben sind.

Wie topft man sperrige Pflanzen um? Bei Orchideen, die gesund und kräftig sind, wird einem das Wurzelsystem, das mitunter sehr lang und komplex sein kann, einige Schwierigkeiten bereiten, weil es zu üppig ist, um in den neuen Topf zu passen. Statt aber nun zu Töpfen zu greifen, die viel zu groß sind und dadurch nur eine langsame Abtrocknung bewirken, legt man die Wurzeln von z. B. *Phalaenopsis* für etwa fünf Minuten in lauwarmes Wasser. Dadurch werden die Wurzeln geschmeidig und sind gegen Bruch gewappnet. Sie sind dann so biegsam, dass sie sich leicht um die Hand wickeln oder in das neue Pflanzgefäß sanft hineindrehen lassen.

Woran erkenne ich, dass sich meine Orchideen wohl fühlen? Vergleichen Sie die Anzahl der Blüten und Triebe über mehrere Jahre: Eine *Cattleya labiata*, die stets mit einer bis zwei Blüten einmal jährlich aufgewartet hat und nun seit zwei Jahren zweimal pro Jahr mit drei bis vier Blüten blüht, fühlt sich nun wohler als vorher. Sie hat sich an ihrem Standort etabliert.

Fast immer beobachte ich bei neu erworbenen *Phalaenopsis*, die ich in Blüte kaufe, dass nach einigen Monaten der Blütenstängel nach vorne weiterwächst und dabei deutlich an Durchmesser zunimmt. Die Pflanze fühlt sich anscheinend an ihrem neuen Standort wohl. Wahrscheinlich ist sie vorher unter optimalen Gewächshausbedingungen besonders schnell für den Verkauf gezogen worden, was allerdings nicht ihrem natürlichen Tempo entsprochen hat. Wachsen braucht Zeit!

CHECKLISTE: FÜHLT SICH MEINE ORCHIDEE WOHL?

- Das neue Blatt/die neue Bulbe/der neue Trieb sollten mindestens so groß sein wie das Blatt/die Bulbe/der Trieb des Vorjahres, wenn es/er/sie ausgereift ist.
- Die Blätter sollten sich bei *Phalaenopsis*, *Vanda* und *Cattleya* hart, kräftig und ledrig und auf keinen Fall schlapp anfühlen oder Falten haben.
- Jede Orchidee blüht einmal, manche auch zweimal pro Jahr. Bleibt die Blüte länger als ein Jahr aus, stimmt etwas nicht.
- Frische grüne oder rote Wurzelspitzen und graues Velamen um die Wurzeln herum zeigen, dass das Wurzelwerk hier intakt ist und die Pflanze richtig gepflegt wurde.
- Die Blätter sollten makellos, gleichmäßig gefärbt und ohne Flecken und Schädlinge sein.
- Das Blattgrün muss frisch und gesund aussehen und weder hellgrün noch dunkelgrün sein.
- Der Blütendurchmesser sollte mindestens genauso groß wie im Vorjahr sein. Werden die Blüten von Jahr zu Jahr immer kleiner, ist die Pflanze unterversorgt oder es liegt ein Wurzelschaden vor.
- Der Blütentrieb sollte mindestens die Dicke des vorjährigen Blütentriebes haben oder noch kräftiger sein.
- Es liegen keine Blütenmutationen vor.
- Die Pflanze kippelt nicht im Pflanztopf hin und her, sondern hat einen festen Stand. Kipplige Pflanzen mit einem Holzstab absichern.
- Nicht das Blühen der Pflanze ist ein Indikator des Gedeihens, sondern gesunde Blätter und Wurzeln. Auch eine sterbende Orchidee blüht noch.

Licht und Schatten

Viele Orchideen vertragen mehr direktes Sonnenlicht, als man meint. Dabei sind zum Beispiel geflecktblättrige Arten von *Phalaenopsis* und *Paphiopedilum* unempfindlicher gegenüber höheren Temperaturen und direktem Licht als rein grünblättrige. Steif- und dickblättrige (z. B. *Cattleya*) sowie rohrförmige *(Vanda teres)* oder die extrem hartblättrige *Schomburgkia tibicinis* vertragen nach einer kurzen Eingewöhnung sogar volles Sonnenlicht.

Als Faustregel gilt: Je dicker und härter die Blätter, desto unempfindlicher gegen Sonne sind die entsprechenden Orchideenarten. Auch die Herkunft der einzelnen Orchideenarten spielt eine wichtige Rolle. So vertragen zum Beispiel lithophytische Orchideen in Australien mehr Licht als eine dänische Erdorchidee.

Abnahme der Lichtintensität am Fenster. Bei zu dunklem Stand bleiben Blüten einfach ganz aus.

Der beste Platz auf der Fensterbank

Die Kunst bei der Orchideenpflege ist, an seinen eigenen Fenstern herauszufinden, wie viel die dort stehenden Orchideen an direkter Sonne maximal vertragen können, bevor es richtig gefährlich für sie wird.

Licht ist die Voraussetzung für ein kräftiges, gesundes Wachstum und eine erfolgreiche Blüteninduktion. Herrscht Lichtmangel, fallen die Blüten bei *Phalaenopsis* ab. Und bei *Cattleya* bleiben die Knospen in der Blattscheide stecken oder es bilden sich nur leere Blattscheiden. In beiden Fällen bleibt die Blüte aus.

In den Wintermonaten, im frühen Frühjahr und im Spätherbst ist direktes Sonnenlicht an allen Fenstern ideal für alle Orchideen. Es beschleunigt das Wachstum und beugt bei *Phalaenopsis* Knospenabfall wegen Lichtmangel vor. Zu diesen Jahreszeiten ist ein Standort am Südfenster bei den meisten Orchideen am besten.

Richtig ist, dass man Orchideen bis zu einem gewissen Grad langsam an eine höhere Lichtzufuhr gewöhnen kann. Das gilt besonders für die Orchideenhaltung draußen im Garten während der Sommermonate. So kommen selbst die empfindlichen Miltonien ohne Sonnenbrand über den Sommer, wenn während der gefährlichsten Sonnenzeit des Tages schattiert und an sonnenfreien Tagen auf die Schattierung verzichtet wird.

Ab April bis in die Sommermonate heißt es am Zimmerfenster achtsam zu sein, denn zu dieser Zeit brauchen die meisten Orchideen so viel indirektes Licht wie möglich. Doch direktes Sonnenlicht kann an manchen Fenstern problematisch werden, da es zu Sonnenbrand kommen kann. Besonders gefährdet sind während dieser Monate Orchideen, die in erster Reihe an einem Süd-, Südwest- oder Südostfenster ihren Platz haben.

- **Südfenster**: Die Orchideen mögen keine direkte Sonnenbestrahlung von April bis Mitte September über die erweiterten Mittagsstunden von 11 bis 16 Uhr.
- **Südostfenster:** Hier sind die Orchideen von morgens bis nachmittags dem direkten Sonnenlicht ausgesetzt und es ist daher sinnvoll zu überprüfen, ob eventuell eine Schattierung bereits ab 10 Uhr morgens von Nöten ist.
- **Südwestfenster:** Die Orchideen sind auch hier der Gefahr eines Sonnenbrandes ausgesetzt. Hier sollte zumindest über die heißeren Stunden des Tages in den Sommermonaten schattiert werden.
- **Ost- und Westfenster:** In diesen Lagen kann auf eine Schattierung verzichtet werden. Dies gilt erst recht für Fenster auf der Nordseite.

Es ist darauf zu achten, dass die Orchideen im Sommer wegen der Gefahr der Verbrennung keinen direkten Kontakt mit dem Fensterglas haben, denn die Scheiben wirken bei starker Sonnenbestrahlung und hohen Außentemperaturen wie ein Brennglas.

Besonders anfällig für Sonnenbrand sind *Phalaenopsis* und die Neutriebe aller anderen Orchideenarten. Sonnenempfindliche Orchideen und solche mit Neutrieben sollten deshalb ihren Platz in der zweiten oder dritten Reihe auf der Fensterbank erhalten. Cattleyen, Laelien, Lycasten, Calanthen, Vandeen, *Schomburkia* und viele andere wachsen jedoch gerne am Licht und gehören deshalb am besten nach vorn. Aber auch bei sonnenhungrigen Orchideen wie den genannten sollte man Vorsicht walten lassen. Manche Gattungen blühen allerdings erst kurz vor dem Verbrennen (z. B. *Rhyncholaelia digbyana*, manche *Dendrobium*-Naturformen, *Schomburgkia*).

Und denken Sie umgekehrt im Winter daran, dass Pflanzenteile, die direkt an der Scheibe liegen, der Gefahr ausgesetzt sind, durch Vereisung und Unterkühlung schweren Schaden zu nehmen.

Schattierungsvorrichtungen

Eine effektive Schattierung für Südausrichtungen kann man auf verschiedene Art und Weise erreichen:
- durch Außen- oder Innenrollos,
- Mückenschutzvlies,
- Seidenpapier,
- Transparentpapier,
- eine Markise,
- eine kippbare Lamellenjalousie,
- einen Sonnenschirm vor dem Fenster
- oder durch einen Balkonvorbau über dem Fenster,
- durch einen vom Fenster entfernten Standort auf Blumentischen oder Hockern oder
- durch sonnenhungrige Pflanzen mit breiten Blättern, die man, als Sonnenschirm benutzend, vor die lichtempfindlicheren Orchideen stellen kann.
- Bäume und Sträucher

Gewebekollaps durch Sonnenbrand bei *Dendrobium phalaenopsis.* Hier wurde nicht richtig schattiert.

In den letzten Jahren hatte ich keine Probleme mehr mit dem Schattieren: Ich spanne über die Sommermonate vor dem Südostfenster bis in den späten Nachmittag immer einen Sonnenschirm auf. Alle anderen Südausrichtungen meiner Fenster haben im Rahmen ein mit Klettband befestigtes Mückenschutzvlies bekommen, das ich im Herbst abnehme – es schattiert fast so gut wie eine Gardine, lässt aber noch genügend Licht durch. Es hat zudem den dankbaren Nebeneffekt, dass keine Schädlinge von draußen auf die Orchideenfensterbank gelangen können. Im Spätherbst wird das Mückenvlies abgenommen und kommt in die Waschmaschine.

Der Gartenpavillon: Schattierungsvorrichtung und Regenfänger

Gartenpavillons sind z. Z. »in« und noch dazu – trotz Wirtschaftskrise – niemals so günstig wie jetzt zu haben.

Ob mithilfe von Markise, Sonnenschirm oder Mückenschutzvlies – achten Sie darauf, dass Ihre Orchideen an einem Südfenster zur Mittagszeit schattig stehen.

Man kann sie generell sonst aber in allen Preisklassen erwerben. Es gibt kostengünstige Leichtmetallgestelle, die sich mit ein bisschen Übung installieren und in der Terrasse verdübeln lassen. Tipp: Achten Sie beim Neukauf darauf, dass ein Windabzug im Pavillondach ist, weil den nicht jeder Pavillon aufweist. Das ist ganz wichtig, damit der Pavillon bei den zunehmenden Sommer- und Herbst-Stürmen nicht wegweht. Schon hat man ein Gewächshaus für draußen auch für seine Orchideen und einen schönen Ruheplatz im Garten für die Gartenmöbel. Der Pavillon ist der ideale Aufenthaltsort für Orchideen im Sommer, weil es an ihm und in ihm sowohl gut belüftete Sonnenplätze als auch Schattenplätze gibt. Es gibt Stellen am Pavillon, die dem Regen sehr gut ausgesetzt sind und andere, die regensicher sind. So bietet der Pavillon im Garten ungeahnte und sehr praktische Möglichkeiten, seine Orchideen sinnvoll unterzubringen.

Hat man etwa im Sommer Probleme mit Spinnmilben oder Schmierläusen und ein paar Orchideen mit Schädlingsmitteln übersprüht, lassen sie sich danach einfach und regensicher im Pavillon aufstellen bis sie abgetrocknet sind und man sie zurück ins Haus holen kann.

Daneben ist das Pavillondach ein genialer effektiver Regenfänger. Durch die große Fläche der Tuchbespannung bedingt, fängt das Dach an jedem Tag mit kräftigem Regen in fünf 20 l-Eimern locker an die 100 l Regenwasser auf, für die man anschließend eben kein Abwasser zahlen muss und mit dem sich meist Orchideen und Garten hervorragend gießen lassen.

Wer bei Regen seinen Pavillon beobachtet, sieht die Stellen, an denen besonders viel Regen in Strömen herabfließt und kann dort die Eimer positionieren. Bei den schön verregneten Sommern der letzten Jahre eine tolle Möglichkeiten Wasser- und Abwassergeld zu sparen. Sehr zu empfehlen gerade in Gebieten, wo eventuell das Trink- und Gießwasser aus der Leitung sehr hart ist.

Die Belüftung

Frischluft verteilt die Luftfeuchtigkeit und macht die Orchideen widerstandfähiger gegen Krankheiten und Schädlinge.

Ventilatoren (Decken-, Standventilatoren) sind eine gute Methode, um nach dem Gießen oder Sprühen schnell alles wieder zuverlässig abtrocknen zu lassen.

Regelmäßiges Öffnen von Fenstern und Türen ist jedoch genauso effektiv und funktioniert ohne größeren Aufwand. So kann in einem Wohnzimmer den Sommer über bis in den Herbst hinein oft eine Terrassentür offen stehen, sodass ständige Frischluftzufuhr gegeben ist. Mehrere Fenster auf Kippstellung eignen sich auch bei Regen und feuchtwarmer Gewitterluft, um die Orchideen zuverlässig mit frischer Luft zu versorgen.

Durchzug ist an sich für Orchideen im Frühjahr oder Sommer nicht schädlich, doch stellen sich dadurch leicht Läuse von draußen ein. Durchzug bei Minustemperaturen wirkt sich jedoch katastrophal auf die Orchideen aus, weil dann leicht und sehr schnell Bakteriosen entstehen können.

Hat man Warmhausorchideen und will man länger lüften, dürfen die Temperaturen draußen nicht kälter als 5 °C sein. Doch an sonnigen Wintertagen ist es durchaus möglich, für einen kurzen Zeitraum und ohne Zugluft für Frischluft zu sorgen.

Besonders wichtig ist eine gute Luftzufuhr und Belüftung während Ihres Urlaubs; vor allem wenn er zwei Wochen oder länger dauert. Das Lüften ist bei der Urlaubsversorgung Ihrer Orchideen ebenso wichtig wie das Gießen – am besten täglich. Durch den regelmäßigen Luftaustausch beugen Sie vorzeitigem Verblühen vor, ebenso wie der gefährlichen Grauschimmelfäule (*Botrytis*).

Temperaturansprüche

Oft hört man das Vorurteil: »Ich kann leider keine Orchideen halten, denn ich habe eine Heizung unter der Fensterbank.« Das ist Unsinn. Heizung ist bei Orchideen aus den Tropen im Winter ein Muss, sofern man auf ausreichende Luftfeuchtigkeit achtet und diese gegebenenfalls künstlich beeinflusst. Bei zu trockener Luft kann es zu Schädlingsbefall und braunen Blattspitzen kommen. Kalthausorchideen (manche *Masdevallia*, *Coelogyne cristata*) sollten im Winter ihren Platz jedoch nicht auf einer Heizung, sondern in einem nur leicht beheizten oder besser noch unbeheizten Zimmer bekommen. Die meisten Schlafzimmer, aber auch Wintergärten eignen sich als kühler Überwinterungsplatz hervorragend.

Temperaturansprüche von Orchideen

Manche Orchideen sind großzügig, was die Temperaturansprüche angeht. Sie halten sich nicht immer an die ihnen in Büchern zugesprochenen Wärmegrade und nehmen es nicht übel, wenn man mit der Temperatur etwas daneben liegt. Mit der Zeit ergeben sich durch Ausprobieren und etwas Erfahrung eine Menge Möglichkeiten, Orchideen im Haus unter auch für Menschen ganz normalen Bedingungen zu halten. Jede Gattung, manchmal auch die einzelnen Arten haben aber im Allgemeinen individuelle Temperaturansprüche, die sich nach den klimatischen Verhältnissen der Ursprungsländer ihrer Urahnen richten. Wir müssen versuchen, diesen Temperaturansprüchen so gut es geht gerecht zu werden, wollen wir Orchideen erfolgreich zu Hause kultivieren.

Die richtige Temperatur ist Voraussetzung für Wohlbefinden, Wachstum und Blüteninduktion bei Orchideen. Man kann die Orchideen einteilen in: **Kalthausorchideen, Warmhausorchideen, Orchideen für den temperierten Bereich,** aber auch **wechselwarm zu haltende Arten.** Diese Einteilung ist ein grobes Hilfsmittel, gegliedert nach den Bereichen, in denen die Orchideen optimal wachsen und vor allem auch blühen.

Anschließend sollen nun Richttemperaturen angegeben werden, nach denen die Heizung eingestellt (oder ausgestellt!) werden kann. Alle diese Temperaturbereiche lassen sich ohne Schwierigkeiten in einer normalen Wohnung mit Balkon oder Garten wiederfinden und sind für Mensch und Orchidee gleichermaßen angenehm. Ist man sich unsicher, in welchen Temperaturbereich eine Pflanze gehört, sollte man sie zunächst temperiert kultivieren und beobachten.

- **Kalthaus (K):** Die Temperaturen sollten im Winter zwischen mindestens 5 °C bis höchstens 14 °C liegen. Im Sommer kann die Temperatur auch bis 20 °C ansteigen. Das Kalthaus entspricht in der Wohnung etwa einem unbeheizten Schlafzimmer. Kalthausorchideen lassen sich sehr gut bis in den späten Herbst nach draußen auf den schattigen Balkon oder in den Garten stellen, wo sie sich auf die winterliche Kühle im Haus einstellen können. Orchideen, die optimal bei diesen Temperaturen gedeihen: zum Beispiel *Pleione*, *Bletilla striata*, heimische Cypripedien.
- **Temperierter Bereich (T):** Die Temperaturen sollten tagsüber zwischen 18 und 20 °C liegen, nachts zwischen 15 und 18 °C. Das entspricht einem nur leicht beheizten Raum. Im Winter dürfen sich die Temperaturen zwischen 15 und 17 °C bewegen. Orchideen, die optimal bei diesen Verhältnissen wachsen: zum Beispiel *Cattleya*, viele *Miltonia*, viele *Paphiopedilum*, viele *Dendrobium*-Arten.
- **Warmhaus (W):** Hier kann die Temperatur tagsüber bei 21 bis 25 °C (kurzfristig auch bis zu 30 °C) liegen. Nachts darf die Temperatur nur geringfügig (1–2 °C) niedriger als tagsüber sein und nicht unter 18 °C im Winter abfallen. Dieser Temperaturbereich entspricht einem im Winter als Wohnraum beheizten Zimmer. Je höher die Temperatur, desto verträglicher und willkommener die Luftfeuchtigkeit. Orchideen, die in diesen Bereichen gut wachsen: viele *Phalaenopsis*, manche *Vanda*, *Dendrobium phalaenopsis*.
- **Wechselwarm zu haltende Orchideen (WW):** Sie können nicht nur große Temperaturschwankungen aushalten, sondern benötigen sie geradezu. Auf diese Weise wird die Blüteninduktion angeregt. In unseren Breitengraden erreicht man das am besten, indem man sie ab Mitte Mai nach draußen stellt. **Vor** dem ersten Nachtfrost werden diese Pflanzen ins Haus geholt und hell, warm und etwas feuchter gehalten. Orchideen, die diese Temperaturen brauchen: *Dendrobium nobile*, *D. kingianum*, *D. spectabile*, *D. deliciosum*.

Einige Orchideengärtnereien setzen die Temperaturansprüche als Kürzel hinter die Namen. Fragen Sie am besten gleich beim Kauf nach dem Temperaturbereich, falls dies nicht auf dem Namensetikett ausgeschildert ist. Manchmal sind die Temperaturansprüche jedoch auf dem Etikett im Pflanztopf mit K, T, W, WT (warm/temperiert), KT (kalt/temperiert) oder WW vermerkt. Oftmals sind Orchideen temperaturtoleranter als man denkt.

Hell, aber vor Sonne geschützt: Ein Sommer auf dem überdachten Balkon sorgt ohne Gefahr für genug Licht.

Der optimale Standort

Zu jedem Fenster gibt es die passenden Orchideen. Egal welche Lage, ob doppelt verglast oder nicht, ob schmal oder breit – Orchideen gedeihen überall. Es gilt nur die geeigneten Orchideen für seine Fensterbänke zu finden. Bereits ab Seite 30 haben Sie schon einiges über die Lichtansprüche von Orchideen erfahren, anschließend praktische Tipps für Ihre Orchideenzucht am Zimmerfenster.

- **Nordfenster**: Besonders im Winter fällt hier sehr wenig Licht und Sonne ein. *Phalaenopsis* würden die Knospen abwerfen, die meisten anderen Orchideen spärlich oder gar nicht wachsen.
- Aber auch für das Nordfenster gibt es Orchideen mit sehr geringen Lux-Anforderungen, die gut gedeihen: zum Beispiel *Comparettia falcata*, *Odontoglossum pulchellum*, *Oncidium flexuosum*, viele grünblättrige, schmalblättrige *Paphiopedilum*, dazu *Coelogyne cristata*, *Masdevallia*, um nur einige zu nennen.
- Nicht schlecht ist das Nordfenster als **Sommerquartier** für sehr sonnenempfindliche Arten, etwa *Phalaenopsis*.
- **Ost- oder Westfenster**: Sie sind uneingeschränkt für fast alle Orchideen das ganze Jahr über geeignet. Doch auch hier kann es sein, dass *Phalaenopsis* im Januar/Februar einige Knospen abwirft.
- **Süd-, Südost- und Südwestfenster:** Sie sind nach meinen Erfahrungen hervorragend geeignet, selbst wenn sie durch das Schattieren von April bis Mitte September mehr Arbeit machen. Von etwa 10 bis 17 Uhr Sommerzeit muss dann schattiert werden. Sie haben aber den unbestreitbaren Vorteil einer auch im Winter hohen Lichteinstrahlung, durch die das Wachstum und die Blütenentwicklung gefördert werden: Südfenster verfrühen die Blütenbildung um zwei bis drei Monate, zum Beispiel bei *Phalaenopsis*, und ermöglichen bei vielen Cattleyen und Vandeen zwei Blütezeiten pro Jahr.
- Fenster mit Südausrichtung sind mit Schattierung besonders geeignet für Orchideen mit großem Lichtbedarf, wie Cattleyen, Vandeen und deren Hybriden sowie Mehrgattungshybriden.

Zusatzbeleuchtung – ja oder nein?

Eine Zusatzbeleuchtung halte ich generell für den privaten Orchideenliebhaber aus Kostengründen nicht für erforderlich, wenn Fenster mit Südausrichtung vorhanden sind. Er wird auch ohne Zusatzbeleuchtung eine große Menge an Orchideenarten erfolgreich kultivieren können.

Nur wer keine andere Möglichkeit hat, als seine Orchideen im Raum in einer dunklen Ecke zu halten, oder gar Orchideen im beheizten Keller kultiviert, sollte sich im Fachhandel dementsprechende Leuchtstoffröhren besorgen. Sie sind allerdings, wenn es die richtigen sind, so teuer wie eine ganze Fensterbank voller Orchideen.

Das Übersommern

Im Freien übersommern kann man Kalthausorchideen, wechselwarm zu haltende Orchideen, aber auch *Vanda*, *Cattleya*, *Miltonia*, *Odontoglossum*, *Dendrobium nobile*, *Schomburgkia*, *Oncidium*, etc.

Außer *Phalaenopsis*, *Zygopetalon*, *Zygosepalum* und *Paphiopedilum* lassen sich fast alle anderen Orchideen problemlos draußen übersommern. Immer vorausgesetzt, man sorgt für einen schattigen, vor Dauerregen geschützten Standort und stellt die Pflanzen nie direkt auf den Boden, sondern auf eine Dränageschicht, Gitterregale, Tische oder ähnlichem, bei dem Gießwasser ungehindert ablaufen kann oder in Übertöpfe mit Abzugsloch, die erhöhten Stand haben.

Ein Rankgitter unter einem Balkonvorbau schafft Platz für Ascocendas und alle Orchideen in Ampeln und auf Kork.

Für die Übersommerung draußen eignen sich Nischen, die die Sonne weitgehend abhalten. Bäume mit dichtem Laub, Überbaue von Balkonen, aber auch Pavillons schützen die Orchideen vor zu starkem Sonneneinfall. Meine Orchideen stehen zum Übersommern direkt an der Hausmauer, teilweise auf dem Fenstersims und auf einer Bank, gut geschützt von zwei Sonnenschirmen, sodass sie zwar über eine gewisse Zeit direkte Sonne abbekommen, dies jedoch nur morgens und abends (siehe Bild Seite 34).

Vorsicht ist bei einer Übersommerung draußen vor Schnecken, Kellerasseln und Tausendfüßlern geboten. Ich lege deshalb unter den Wasserabzug eines Übertopfes und auf das Substrat ein paar Körner Schneckenkorn. Einige wenige Körner reichen bereits aus, um die Schnecken von den Neutrieben fern zu halten. Vorsicht, Schneckenkorn ist wegen seiner giftigen Dämpfe nur für den Außenbereich geeignet!

Eine Übersommerung draußen kommt etwa einem viermonatigen Idealurlaub mit Kuranwendungen gleich, wenn man versucht, dies auf menschliche Ebene zu übertragen. Durch die ständige Frischluftzufuhr, zeitweiligen Gewitterregen mit schwüler Luft und höheren Temperaturen wirkt der Sommeraufenthalt im Freien für Orchideen wie ein Jungbrunnen. Das Wachstum beschleunigt sich, schnellere Abtrocknung des Substrats ist gewährleistet, genügend Licht vorhanden. Die Pflanzen wachsen, gedeihen, werden gestärkt und damit auch widerstandsfähig für die kommenden Wintermonate. Sie gehen gewissermaßen gestärkt in die lichtarme Jahreszeit. Bei vielen Orchideengattungen, wie bei vielen Cattleyen und *Dendrobium nobile*, werden gerade zu dieser Jahreszeit die Blüten induziert.

Masdevallia, die für das Kalthaus geeignet sind, bekommen nur draußen ihre intensive pinkfarbene Blütenfarbe, drinnen werden sie blass orange.

Hohe Luftfeuchtigkeit ist wichtig

Ideal sind etwa 40–80% relative Luftfeuchtigkeit. Aber auch hier gilt: Ihre Orchideen lesen kein Hygrometer und sind in gewissem Maße tolerant.

Eine hohe Luftfeuchtigkeit erreicht man am leichtesten durch die Kultur möglichst vieler Pflanzen zusammen in einem Raum. In meinen Räumen hält sich die Luftfeuchtigkeit auf diese Weise völlig ohne Übersprühen konstant auf 80–90%, ohne dass ich irgendetwas dafür tun müsste. Dies funktioniert jedoch wirklich nur bei extensiver Orchideenhaltung mit 30–100 Orchideen pro Zimmer, was nicht immer lustig für die Tapeten und das Fensterputzen ist. Optimal ist dieses feuchte Klima jedoch für Orchideen, aber auch für die Atemwege der Bewohner des Hauses. Vor allem Allergiker fühlen sich hier meist sehr wohl. Die Orchideen schaffen sich ihr eigenes Mikroklima, in dem sie wachsen und gedeihen.

Die Luftfeuchtigkeit erhöhen

Bei Sonneneinstrahlung sinkt die Luftfeuchtigkeit, nachts dagegen steigt sie bei Temperaturabfall an. Sinkt die Luftfeuchtigkeit unter 50%, etwa bei Heizungsluft im Winter, muss ein Ausgleich geschaffen werden, sonst ziehen Schädlinge ein, etwa die Rote Spinne.

Wer nur einige wenige Orchideen kultiviert (es können ja auch langsam immer mehr werden!), kann einige Tricks anwenden, um auf eine ausreichende Luftfeuchtigkeit zu kommen:

- Wenn Sie die Orchideen zum Beispiel auf Blähton oder einer anderen Dränageschicht in Pflanzenwannen oder in auf diese Art ausgelegten Blumentöpfen kultivieren, sorgen Sie schnell für ein gutes Mikroklima.
- Tägliches Übersprühen der Pflanzen ist nicht so geeignet, wie allgemein immer behauptet wird. Vorsicht, nicht alle Orchideengattungen mögen das, und auch die Fenster und Gardinen danken es nicht sehr! Wer übersprüht, sollte mit Hilfe von Ventilatoren die Feuchtigkeit wieder abtrocknen. Ein Übersprühen ist daher nur in Gewächshäusern mit hohen Temperaturen zu empfehlen.
- Elektrische Luftbefeuchter, ein oder mehrere Zimmerspringbrunnen, Wasserschalen oder Wasserverdampfer (am besten aus unglasiertem Ton) an der Heizung, aber auch Wäscheständer mit feuchter Wäsche, vor der Heizung aufgestellt, erhöhen die Luftfeuchtigkeit in beheizten Räumen erheblich.
- Dasselbe bewirken auch manche Pflanzen, zum Beispiel Zyperngräser und Papyrus.

Wenn Ihr Blumenfenster direkt über einer Heizung liegt, helfen folgende Hilfsmittel:
- In Küche und Bad Koch- oder Wasserdampf,
- in Wirtschaftsräumen der Schlauch eines Wäschetrockners in Blumennähe.

Achtung: Ein Ausbleiben der Blüte hat meist andere Ursachen als mangelnde Luftfeuchtigkeit.

Eine Pflanzenwanne mit Blähton und Plastikgitter erhöht die umgebende Feuchtigkeit ohne nasse Füße.

Die tägliche Pflege

Vorsicht mit dem Übersprühen im Haus

In der Heimat der meisten Orchideen gibt es täglich einen oder mehrere feuchtwarme, tropische Regenschauer, zumindest während der Regenzeit. Und auch in unseren Breiten herrscht – bedingt durch häufige Regenperioden und warme Heizungsluft – meist eine ausreichend hohe Luftfeuchtigkeit. Nur selten ist die Luftfeuchtigkeit deshalb für unsere Orchideen zu gering. Hier gilt: Eine Luftfeuchtigkeit, die unseren Atemwegen angenehm ist, bekommt auch den Orchideen.

Vielfach liest man in Büchern und Zeitschriften, man sollte seine Orchideen – womöglich auch noch täglich – übersprühen. Das stimmt, wie ich selbst erfahren musste, aber nur für Gewächshausbesitzer und für Orchideen im Sommerlager draußen an heißen Tagen. Zu viel Schaden kann bei Orchideen in Zimmerkultur angerichtet werden, wenn man übersprüht. Denn so einfach ist das Übersprühen nicht.

Häufig werden durch das Übersprühen bei *Paphiopedilum* die Knospen vernichtet, werden Blattflecken und Pilze bei anderen Gattungen gefördert, werden Tapeten, Fenster und Gardinen von kalkigen Ablagerungen unansehnlich. Darum ist das Übersprühen wie das richtige Gießen auch, eine Kunst, die man erst erlernen muss. Ein Übersprühen ist in der Regel nur im Sommer bei wochenlangen Hitzeperioden sinnvoll. Ansonsten schadet Übersprühen in Zimmerkultur mehr, als es Nutzen bringt.

Im Hochsommer bei Zimmertemperaturen um die 30 °C kann man tatsächlich übersprühen. Die günstigste Zeit dazu ist der Morgen, da dann die Sonneneinstrahlung noch nicht so stark ist. Die Wassertröpfchen können, wenn in der sommerlichen Mittagssonne gesprüht würde, wie Brenngläser wirken und Brandflecken hinterlassen. Wer morgens sprüht, gibt der Pflanze den ganzen Tag über Zeit zum Abtrocknen. Stehendes Wasser auf Orchideen über Nacht kann auf die Dauer zu Fäulnis und Pilzbefall führen.

Bei besonders hohen Außentemperaturen – über 30 °C im Schatten – darf bei Orchideen im Sommerlager eventuell sogar zweimal am Tag gesprüht werden, also zusätzlich am Abend, denn manche Orchideengattung, zum Beispiel *Vanda,* nimmt Feuchtigkeit am Abend besser auf. Und bei solch warmen Temperaturen trocknet das Sprühwasser auch am Abend noch genügend ab.

Am ehesten empfiehlt sich das Übersprühen bei im Freien übersommernden Pflanzen, die in Körbchen-

Der Gartenschlauch sieht brutal aus, ist für Orchideen im Sommeraufenthalt aber eine ideale Lösung. *Ascocenda*, hier im Bild, mag das sehr.

oder Blockkultur stehen und nun, vor allem bei sehr heißen Temperaturen und insbesondere einem Standort dicht an der aufgewärmten Hauswand, besonders schnell abtrocknen. Vor dem Übersprühen in den Sommermonaten sollte vorher schattiert werden. Die Sonne und das Wasser wirken zusammen wie ein Brennglas und können Blätter verbrennen.

Je feiner der Sprühnebel auf den Blättern, desto besser. Ein Druckluft-Pumpsprüher erleichtert diese Arbeit ungemein. Er verfügt über eine Feinsteinstellung und erspart Zeit und Daumenkraft. Nur die Blätter, nie die Blüten übersprühen! Stehendes Wasser auf den Blüten hinterlässt unschöne Flecken und begünstigt Pilzbefall.

Bitte nur mit handwarmem Wasser sprühen, da die Pflanzen auf kaltes Wasser, vor allem an warmen Tagen, sehr empfindlich reagieren und dies mit gelben Blättern quittieren könnten. Einmal in der Woche kann während der Wachstumszeit – die bei jeder Pflanze anders liegen kann – Flüssigdünger (nicht mehr als 0,5 bis 1 ml pro Liter Wasser) dem Sprühwasser zur Blattdüngung zugefügt werden. Eine Faustregel dabei ist: Lieber häufiger in geringerer Menge düngen als selten und hochkonzentriert. Der Vorteil einer Blattdüngung besteht darin, dass die empfindlichen Wurzeln dabei geschont werden, da die Aufnahme der Nährstoffe über das Blattwerk erfolgt. Somit eignet sich die Blattdüngung auch für frisch umgetopfte Pflanzen. Bei Vandeen öffnen sich die Spaltöffnungen erst abends!

Orchideen, die das Übersprühen nicht vertragen, sind

- die Laub abwerfenden *Calanthen*, bei denen Sprühwasser auf den Blättern hässliche Flecken hinterlässt und die Neutriebe zum Faulen bringt,
- *Zygopetalum* und *Zygosepalum*, die mit schwarzen Flecken und Pilzbefall auf Sprühwasser reagieren,
- *Paphiopedilum*, sobald die Pflanze eine Knospe zwischen den Herzblättern zeigt, denn diese bleibt entweder stecken, verfault oder entwickelt sich nicht richtig,
- die Neutriebe, besonders von *Bifrenaria* und *Lycaste*, denn ihre gefälteten Neutriebe wirken wie ein Trichter und sammeln geradezu das Sprühwasser im Herzen des Neutriebs.

Ständiges Beobachten der Orchideen

Unter dem ständigen Beobachten der Orchideen verstehe ich nicht nur das tägliche, zumindest aber wöchentliche Durchsehen der Pflanzen nach Schädlingen, sondern vor allem auch das Aufzeichnen der wichtigsten Informationen über eine Pflanze. Wer genau wissen will, wie lange seine Orchidee blüht, wie groß ihre Blüten sind, ob sie duften, wann der Triebbeginn ist, wie lange man sie schon hat, wie teuer sie beim Einkauf war, wo er/sie sie einmal gekauft hat, sollte sich alles auf einem Blatt mit dem betreffenden Foto aufschreiben.

Besonders wichtig ist es, unter die Blätter und hinter die Blüten zu schauen, wenn man nach Schädlingen sucht. Befall durch Läuse oder Stress ergibt Tröpfchen.

Jede Orchidee hat bei mir ein Kunststoffschild im Substrat, auf dem der genaue Name, Erwerbsdatum, Preis und Erwerbsort vermerkt sind sowie eine Nummer, falls von der Gattung mehrere Exemplare vorhanden sind. Zudem ist es ratsam, mit einem oder zwei Buchstaben auf dem Etikett Namen und Kulturansprüche aufzuschreiben: also K, KT, T, W, TW, WW (siehe Seite 34). So weiß man auch im verblühten Zustand der Pflanze, mit welcher Orchidee man es zu tun hat und wie sie zu behandeln ist. Dieses Namens- und Pflegeschildchen ist ein absolutes Muss für Anfänger und Fortgeschrittene.

Zur täglichen Pflege der Orchideen gehört auch, alle paar Wochen die Dränage in den Blumenübertöpfen auf Schädlinge hin zu untersuchen und das überschüssige Wasser auszukippen. Allerlei kleines Getier mag sich im überschüssigen Wasser angesammelt haben, oder die Pflanzen stehen mit den »Füßen« im Wasser, was auf Dauer tödlich für sie ist. Ist tatsächlich Schädlingsbefall oder Veralgung im Übertopf, muss dieser von innen und der Plastik-Innentopf von innen und außen gereinigt werden. Bei Veralgung der Dränage empfiehlt es sich, diese durch neue ersetzen. Ist die Dränage nur vom Substrat beschmutzt, reicht es aus, sie tüchtig unter fließendem warmem Wasser auszuspülen, bis sie wieder sauber ist. Man bedenke: Zurückgebliebener Weißtorf kann eine Brutstätte für Kleinlebewesen werden!

Wichtig ist auch das ständige Abzupfen von verwelkten oder gar faulenden Blättern, da vor allem letztere ein Herd für Bakteriose sein können oder aber Schädlingen Schutz bieten.

Das Hochbinden der Blütenstiele

Eine weitere häufige Aufgabe ist das Hochbinden der Blütenstiele. Wer nicht gerade seine Orchideen mit hängenden Rispen in Körbchen kultiviert, kommt bei den meisten Arten nicht umhin, die Stängel hochzubinden. Gerade auf der Fensterbank kommen sie so am besten zur Geltung und bekommen Halt gegen eventuelles Abknicken. Das Hochbinden ist insbesondere wichtig für Pflanzen mit großen und schweren Blüten, oft Hybriden, die bereits durch ihr Eigengewicht abbrechen können, wenn man sie zum Beispiel an einen anderen Ort stellen will.

Zum Hochbinden eignet sich

- am besten runder, mit grünem Kunststoff beschichteter Draht. Andere Drähte schneiden in den Blütentrieb ein, während er sich im Wachstum befindet und sich in Länge und Breite weiterentwickelt. Das wiederum hinterlässt Narben.
- Es gibt auch mit Bast umwickelten Draht, doch Bast ist ein Naturprodukt, das Feuchtigkeit nicht so gut verträgt, sodass er schnell unansehnlich wird und der Draht darunter rostet. Der grüne Draht ist dagegen immer wieder neu verwendbar, korrodiert durch die Beschichtung nicht so leicht und lässt sich in vorher zurechtgeschnittenen Stücken praktisch in einem Keramiktöpfchen auf der Fensterbank immer griffbereit aufbewahren und anwenden, ohne dass man ihn aufwändig knoten muss.
- Bast ist billig, hat jedoch den Nachteil, dass man ihn nur einmal verwenden kann.
- Tesafilm hat den Nachteil, dass er sich manchmal nicht ohne Beschädigung der Pflanze wieder vom Stängel oder von der Bulbe entfernen lässt.
- Im Handel sind auch dünne, naturfarbene oder oft grün gefärbte Holzstäbe erhältlich, die nach unten hin spitz zulaufen. Man schiebt sie vorsichtig in Stängelnähe in die Erde und achtet darauf, dass man dabei keine Wurzeln verletzt. Vermeiden Sie möglichst, die Stäbe in Nähe des Topfrandes zu stecken, da sich bei gesunden Pflanzen die Wurzeln oft dicht an die Innenseite des Topfes wickeln. Ab einer Stängelhöhe von 10 cm bindet man in regelmäßigen Abständen den Stängel so lose mit dem Draht an den Holzstab, dass er zwar Halt hat, aber nicht im Wachstum behindert wird. So lässt sich die Wuchsrichtung des Stängels (zum Beispiel zur Fensterscheibe hin) behutsam

korrigieren. Vorsicht allerdings bei der Wiederverwendung von Holzstäben! Verrottete Teile müssen unbedingt weggeschnitten werden, denn der sich im Topf befindliche Teil des Holzstabes entwickelt sich – bedingt durch die Feuchtigkeit im Substrat – leicht zum Infektionsherd und fördert die Entwicklung von Fäulnis und Pilzbefall.

- Bei der Anbringung des Drahtes an *Phalaenopsis* ist darauf zu achten, dass man ihn nicht direkt über ein ruhendes Auge bindet, da dort immer die Möglichkeit eines neuen Seitentriebes besteht. Binden Sie deshalb locker an den Abschnitten zwischen den Augen.
- Bei *Cattleya* oder anderen Pseudobulben ausbildenden Pflanzen empfiehlt es sich, die Wuchsrichtung der neuen Bulben zu beeinflussen, denn sie wachsen mit den großen Blättern sonst kreuz und quer.
- Gerade frisch austreibende Bulben, die drohen waagerecht zu wachsen anstatt senkrecht, kann man mit Hilfe eines Plastikschildchens (z. B. des Namensetiketts) über das Substrat und nach oben leiten. Ist diese Bulbe dann mindestens 15 cm groß, lässt sie sich vorsichtig an eine alte, in der Nähe stehende Bulbe oder an einen Holzstab anbinden.
- Die Blattscheiden dienen zum Beispiel bei *Cattleya* als natürliche Stützen des Blütenstängels. Trotzdem sollte man großen Blüten durch Hochbinden zusätzlichen Halt geben. Hierzu kann man einen dünnen Holzstab am oberen Ende einige Zentimeter einschneiden und die Blüte vorsichtig in die Kerbe legen.
- Für *Paphiopedilum* gibt es besondere Drahtstäbe mit Plastikhalterungen, in die man die Blütenknospe einlegen kann. Diese ist häufig beim Erwerb einer solchen Pflanze bereits dabei und stützt die große Blüte durch eine halb offene Rundung hindurch. Solche Stützen sollte man auf jeden Fall aufbewahren.

Bei Orchideen mit kurzen, sehr geraden, kräftigen Stängeln oder leichten Blütenständen ist ein Aufbinden des Blütenstängels nicht nötig. Orchideen mit hängenden Stängeln wirken sehr schön in einer Hängeampel: So hängen bei *Coelogyne cristata* oder *Dendrobium densiflorum* und *D. thyrsiflorum* die Blütenstände kaskadenartig nach unten. Auf der Fensterbank kann man diese Pflanzen auf eine Blumensäule oder, was noch billiger ist, einen umgekehrten Blumenübertopf stellen, damit die Blüten frei nach unten hängen können und trotzdem noch oberhalb der Fensterbank zu sehen sind.

Wer einen Epiphytenstamm hat, braucht bei den sich daran befindlichen Orchideen die Stängel natürlich nicht hochzubinden. Bei Orchideen mit extrem kurzen, nur kapp über der Erde liegenden Blütenstängeln, wie dies zum Beispiel bei *Phalaenopsis violacea* der Fall ist, sollte man die Blütenstände mit Hilfe eines Plastikschildchens über den Topfrand leiten oder durch ein Miniholzstück über das Substrat anheben, da sonst leicht Pilze oder Fäulnis Stängel und Blüten befallen können.

Zum Hochbinden der Blütenstängel eignen sich Clips oder mit Plastik umhüllter Spezialdraht.

Orchideen im Urlaub

Im Frühjahr oder Herbst kann man getrost 8 Tage in Urlaub fahren, ohne zu gießen. Kritisch ist es im Sommer, wenn die hohen Außentemperaturen zweimaliges Gießen pro Woche, tägliches Lüften sowie eine veränderbare Schattierung der Orchideen während der Übersommerung draußen nötig machen. Das Beste ist in so einem Fall, eine zuverlässige Person in die Kunst des Orchideengießens, Lüftens und Schattierens einzuweisen. Bewässerungssysteme mit Wollfäden vom Topf zu Wasserbehältern sind zwar billig, aber nicht nur mühsam einzurichten, sondern zudem auch unzuverlässig. Etwas einfacher sind die auf ähnliche Art und Weise funktionierenden Systeme aus einem Ton- oder Plastikröhrchen mit Schlauch, die einfach in die Erde gesteckt werden. Sie sind allerdings sehr kostspielig und sie verstopfen leicht, sodass die Wasserzufuhr stoppen kann, während Sie im Urlaub sind.

Ein Problem im Urlaub stellen die Vandeen und alle anderen Pflanzen in Körbchenhaltung oder auf Kork ohne Substrat dar, da sie einmal pro Tag je nach Jahreszeit übersprüht oder spätestens alle zwei Tage getaucht werden müssen. Man kann zwar mit Wasser gefüllte Blumenröhrchen an gesunde Luftwurzeln klemmen, was aber kein gleichmäßiges Übersprühen der Pflanze ersetzen kann, da sie spätestens nach zwei Tagen leer getrunken sind. Eine Alternative ist, während eines zweiwöchigen Urlaubs die Vandeen über eine mit Wasser gefüllte Badewanne zu hängen. Ein eventuell bestehender kurzfristiger Lichtmangel wird von ihnen ertragen, solange sie genügend Luftfeuchtigkeit haben. Am besten lässt man eine oder mehrere Wurzeln in das Wasser hängen – auf diese Weise ernährt sich die Pflanze von selbst und nimmt sich, was sie braucht. Nachteil: Es kann sein, dass die Wurzeln in dieser Zeit verfaulen. Wer länger als eine Woche in Urlaub fährt, kommt allerdings ohne fachkundige bzw. gut eingewiesene Nachbarn nicht aus.

Ein Problem ist die Schattierung über die Sommermonate. Man kann seine Orchideen für den Zeitraum seines Urlaubs zwar vom Fenster wegnehmen und auf Tische oder den Fußboden stellen, muss aber berücksichtigen, dass man die Pflanzen dabei von ihrem gewohnten hellen Standort entfernt, was unter Umständen mit vorzeitigem Verblühen oder aber Knospenabfall quittiert wird (insbesondere bei *Phalaenopsis*), ansonsten aber nicht weiter schadet.

Bessere Erfahrungen habe ich mit dem Abkleben der Fensterscheibe mit Transparent- oder Seidenpapier gemacht. Einfacher ist ein Sonnenschirm, der über die Urlaubszeit aufgespannt vor dem Orchideenfenster stehen bleibt. Man kann aber auch zum Beispiel Rollläden teilweise herunterlassen, Scheibengardinen aufhängen oder Mückenvliese anbringen. In solchen Fällen sollte man jemanden hinzunehmen, der regelmäßig über mehrere Stunden lüftet. Meine favorisierte Lösung ist »Sonnenschirme plus Mückenvliese«. Die Pflanzen bleiben am gewohnten Standort, bekommen genügend Licht, können aber keinen Sonnenbrand erleiden.

Orchideen müssen während Ihres Urlaubs gut gegen zu viel Sonne geschützt werden, z. B. durch Mückenvliese.

Was tun nach der Blüte?

Wie eine Orchidee nach der Blüte zu behandeln ist, ergibt sich aus den klimatischen Bedingungen der Heimat ihrer Vorfahren oder, bei Hybriden, der jeweiligen Elternteile, durch deren Kreuzung häufig auch temperaturtolerantere Variationen herangezogen werden konnten.

Es ist also sehr wichtig, dass die unterschiedlichen Orchideengattungen und -arten nach der Blüte teilweise unterschiedlich behandelt werden müssen. Generell gilt: Umtopfen, etwas weniger gießen und ein paar Grad kühler reicht für die meisten Orchideen aus, um wieder erfolgreich Blüten anzusetzen.

Die meisten Orchideen lieben es nach der Blüte etwas trockener und ein paar Grade kälter, doch einige werden auch das ganze Jahr gleichbleibend gegossen und gedüngt. Das nennt man »durchkultivieren«.

Andere machen ausgeprägte Ruhezeiten durch, in denen das Gießen und Düngen weitgehend oder sogar ganz eingestellt wird. Trotzdem brauchen sie viel Licht. Solche Pflanzen benötigen für die Blüteninduktion und nach der Blüte oftmals größere Temperaturunterschiede zwischen Tag- und Nachttemperaturen. Wer diese Ruheperioden nicht einhält, wird solche Orchideen nicht wieder zum Blühen bekommen. Erkundigen Sie sich beim Kauf einer Pflanze deshalb nach den genauen Kulturbedingungen. Nun ist für viele Orchideen der richtige Zeitpunkt zum Umtopfen gekommen. Frisches, luftdurchlässiges Substrat hilft der Pflanze bei der Regeneration.

Orchideen ohne ausgeprägte Ruhephase

Phalaenopsis
Die wohl häufigste Orchidee auf unseren Fensterbänken hat keine besonders ausgeprägte Ruhezeit nach der Blüte, aber dennoch Phasen, in denen sie langsamer wächst. Das ist in der Regel dann, wenn das neue Herzblatt mindestens so groß oder größer als das Blatt vom Vorjahr geworden ist.

Phalaenopsis werden das Jahr über gleichmäßig gegossen und gedüngt, also »durchkultiviert«. Ist eine *Phalaenopsis* verblüht, schneidet man den Blütenstängel entweder über dem dritten ruhenden Auge von unten oder nach der untersten verblühten Blüte ab. Manchmal wachsen die alten Blütenstängel noch vor dem Verblühen weiter nach vorne und bekommen neue Knospen. Gibt es dafür bereits Anzeichen, kappt man natürlich den Stängel nicht. Auch bei allen *Phalaenopsis*-Naturformen bleibt der Stängel nach dem Verblühen stehen.

Nicht abgeschnitten werden die ausgeblühten Blütenstängel von Naturformen von *Phalaenopsis* (z. B. *P. equestris, P. hieroglyphica, P. manii, P. cornu cervi, P. violacea, P. lueddemanniana, P. gigantea*). Sie treiben im nächsten Jahr zugleich mit dem neuen Trieb auch aus den alten Trieben wieder aus. Sobald man aber merkt, dass der alte Blütenstängel gelb wird und eintrocknet, sollte man ihn bis 2 cm über dem Stamm abschneiden. Auf diese Weise wird der Stamm nicht verletzt. Aus dem vertrockneten Blütenstängel kann auch kein neuer Blütenstängel mehr austreiben.

Hält man *Phalaenopsis* nach dem Verblühen acht Wochen bei etwas niedrigeren Temperaturen, etwa 16–18 °C, treibt sie in dieser Zeit zumindest einen neuen Seitentrieb, manchmal sogar einen neuen Blütentrieb aus.

Weitere Orchideen deren Stängel nicht abgeschnitten werden dürfen
Immer wieder am selben Blütenstängel blühen auch zum Beispiel *Oncidium papilio* und *Oncidium* Kalihi

(=*Psychopsis*-Arten), *Epidendrum anceps*, *Epidendrum ibaguense*, *Epidendrum radicans*, daneben bringen auch manche *Paphiopedilum* 15 bis 24 Blüten innerhalb von ein bis zwei Jahren an einem Stängel hervor, z. B. *Paphiopedilum primulinum*, *P. glaucophyllum*, *P.* 'Pinocchio' und vor allem *P. chamberlainianum*. Das gilt auch für viele Phalaenopsis-Naturformen und Phalaenopsis, bei denen der Stängel noch grün ist. Lockhartiablüten fallen von selbst ab und Stängel trocknen einfach ab.

WARUM BLÜHT MEINE ORCHIDEE NICHT?

Bekommt eine Orchidee länger als ein Jahr keinen neuen Blütentrieb, kann es daran liegen,
- dass die Pflanze hoffnungslos überdüngt oder aber tot gegossen worden ist und nun keine lebenden Wurzeln im Substrat vorhanden sind,
- dass die Ruhephase nicht eingehalten worden ist,
- dass die Pflanze einen falschen, meist zu warmen oder auch zu dunklen Standort hatte,
- dass sie zur falschen Zeit umgetopft wurde,
- dass Schnecken die Blütentriebe weggefressen haben,
- dass Schädlinge im Wurzelwerk sitzen,
- dass die Pflanze durch Kultur- und Pflegefehler zu langsam gewachsen und so zum falschen Zeitpunkt ausgereift ist (bei sympodialen Orchideen) und damit die Blüteninduktion ausblieb.

Was kann ich tun?
Überprüfen Sie die einzelnen Möglichkeiten und versuchen Sie, eine nach der anderen auszuschalten. Das kann unter Umständen sogar mehrere Jahre dauern. Am besten zeigen Sie die blühunwillige Pflanze einem Orchideenzüchter und lassen sich beraten. Er wird sofort feststellen können, ob das Wurzelwerk in Ordnung ist und ob richtig gedüngt oder gegossen wurde.

Orchideen mit ausgeprägten Ruhezeiten

Andere Orchideen haben ganz ausgeprägte Ruheperioden, bei denen die Nachttemperaturen gesenkt und/oder das Gießen teilweise oder ganz eingestellt werden muss. Orchideen dürfen während einer ausgeprägten Ruhepause auch nicht gedüngt werden. Orchideen mit ausgeprägten Ruhephasen sind zum Beispiel: *Dendrobium nobile*, *Coelogyne cristata*, manche Cattleyen, laubabwerfende Calanthen, *Catasetum*, *Brassavola digbyana*, *Schomburgkia*.

Viele Orchideen mit Pseudobulben machen eine Ruhephase durch. Sie sind durch ihren Bau auch dazu besonders angepasst. Eine Pseudobulbe ist ein hervorragendes Speicherorgan für Wasser und Nährstoffe, mit dem diese Orchideen in ihrem Ursprungsland längere Dürre- oder Trockenperioden überbrücken können. Eine Temperaturabsenkung in der Nacht erreicht man am besten durch eine Übersommerung der Pflanze draußen bis Ende September, bei Pleionen, *Bletilla striata* und manchen anderen Gattungen sogar bis kurz vor dem ersten Nachtfrost. Es reicht aber auch bei vielen Orchideen, wenn man sie einfach über die Dauer von acht Wochen in ein anderes, um 4–8 °C kälteres Zimmer stellt, etwa im September und Oktober, und weniger gießt. Man kann Kalthauspflanzen auch den Winter über in einen hellen, aber unbeheizten Raum oder Wintergarten stellen. *Pleione* lassen sich sogar, wenn man den Amseln und Drosseln im Garten misstraut, im Gemüsefach des Kühlschrankes überwintern.

Laubabwerfende Calanthen sollten nach der Blüte unbedingt in einzelne Pseudobulben geteilt und auch einzeln eingetopft werden, da die Wurzeln der alten Bulben sich leicht zersetzen und die Bulben des Vorjahres häufig kollabieren. Danach müssen die neu eingetopften Pflanzen völlig trocken gehalten und in Ruhe gelassen werden. Man kann sie entweder in einen dunklen Keller stellen oder unter einen Tisch, aber auch auf eine helle Fensterbank, bis sich die neuen Bulben an dem Fuß der alten

Bulbe zeigen. Ab da wird wieder gegossen und kräftig gedüngt, damit sich die Neutriebe schnell entfalten können und überhaupt eine Blüte ermöglicht werden kann. Dabei ist unbedingt darauf zu achten, dass der Neutrieb kein Wasser abbekommt, da er sonst wegfault. Auf keinen Fall sollte man Calanthen übersprühen. Die Blätter und Neutriebe sind diesbezüglich sehr empfindlich.

Im Herbst werden bei den Laubabwerfenden Calanthen die Blätter hellgelb, verfärben sich schließlich braun und fallen ab. Wenn die Blätter braun sind, können sie auch getrost abgeschnitten werden, aber bitte nicht vorher! Die Reserven der Blätter sind nämlich erst mit Braunwerden der Blätter in der Bulbe gespeichert. Das ist der Zeitpunkt, an dem das Düngen ganz eingestellt werden muss, da ohne die Blätter der Dünger ja nicht mehr von der Pflanze verarbeitet werden kann. Meist zeigen sich mit Verfärbung der Blätter auch zugleich ein oder mehrere neue Blütentriebe am Fuß der neuen Bulbe. Ab da wird wieder gegossen und gedüngt, aber in langsamer Steigerung. Zeigt sich zu diesem Zeitpunkt kein Blütenstängel, ist die neue Bulbe zu schwach und bringt keinen Blütentrieb in diesem Jahr hervor.

Auch bei *Rossioglossum grande* und bei *Lycaste aromatica* verringert man über einen Zeitraum die Wasserzufuhr, und zwar nach Ausreifung der Pseudobulben und Blätter. Ganz darf man das Gießen hier nicht einstellen, da die Pseudobulben nicht austrocknen und nicht schrumpfen dürfen. Anders *Dendrobium nobile*, die gerade durch das Schrumpfen der Pseudobulben erst richtig mit der Blütenbildung in Gang kommt. Reduzierte Wassergaben und Absenkung der Temperatur führen schließlich zur Blüteninduktion.

Laubabwerfende Calanthen haben sehr ausgeprägte Ruhezeiten. Dabei werfen sie die Blätter im Herbst ab.

Diese *Calanthe* gehört zu den laubabwerfenden Arten mit ausgeprägter Ruhezeit.

Rund um die Blüte

Die Blühdauer ist gattungs- und artbedingt und variiert deshalb stark. Sie hängt natürlich auch von dem Gesundheits- oder Pflegezustand der Pflanze sowie der Temperatur des Standortes ab. Leider bedeuten oftmals die Angaben in Orchideenbüchern über den Zeitpunkt und die Dauer der Blüte keineswegs, dass es sich bei Ihren Orchideen zu Hause genauso verhält. Eine Veränderung des Standortes oder Pflegezustandes kann eine Verzögerung oder Beschleunigung des Blühverhaltens der Pflanze bewirken.

Grob eingeteilt kann man alle Orchideen in Frühjahrs-, Sommer-, Herbst- und Winterblüher unterscheiden. In der Regel halten sich die Orchideen auch zu Hause auf der Fensterbank ungefähr an diese Blütezeiten, nachdem sie sich erst einmal an ihren Standort gewöhnt haben.

Blüht eine Orchideenart in ihrem Ursprungsland immer im September, kann, aber muss sie das nicht zwangsläufig auch bei Ihnen zu Hause tun, denn der Unterschied zwischen Dschungel oder Hochebene und Fensterbank ist doch ein ganz gewaltiger. Meiner Erfahrung nach blühen alle meine Orchideen um ein Vielfaches länger als in Büchern angegeben, und zumeist trafen die Blütezeitangaben nur recht vage – wenn überhaupt – zu.

Eine frisch gekaufte Pflanze braucht in der Regel etwas Zeit für die Umstellung, da sie sich an den neuen Standort und die veränderten Kulturbedingungen erst anpassen muss. Sie wird zwar blühen und wachsen, doch an dem neuen Platz wird sie sich erst nach zwei Jahren akklimatisiert haben. Folgende Angaben beruhen auf Beobachtungen meiner Orchideen auf der Fensterbank:

Dendrobium spectabile blüht nur bei sehr hellem Standort, nach einer Trockenphase, dann aber 8–12 Wochen lang.

BLÜHDAUER NACH ARTEN UND GATTUNGEN

Art / Gattung	Blühdauer	Besonderes
Bifrenaria harrisoniae	3–4 Wochen	starker Maiglöckchenduft
Bletilla striata	3–4 Wochen	blüht draußen viel länger als drinnen
Cattleya	sehr großblütige Cattleyen: 2–3 Wochen; Mehrgattungshybriden: bis zu 4 Monate; kleinblütigere Mehrgattungshybriden 8 Wochen – 3 Monate	Günstig ist, wenn eine *Cattleya* 2 Blütenstängel an verschiedenen Bulben bekommt, die nacheinander ausreifen. So hat man viel länger etwas von der Blütenpracht.
Coelogyne cristata	etwa 10 Wochen (im frühen Frühjahr)	Blüten duften, ähneln der *Cattleya*
Cymbidium	3–8 Wochen	brauchen im Wachstum viel Wasser und Dünger
Dendrobium minax und *D. antennatum*	6–12 Monate	Die Dauer der Blütezeit hängt vor allem von der Temperatur ab. Tragen sie Knospen, müssen sie kälter als 14 °C stehen (sonst fallen diese evtl. ab). Auch während der Blüte werden von den meisten Arten kühlere Temperaturen vorgezogen. Ideal ist ein Wintergarten. Mini-Cymbidien sind in der Regel viel platzsparender und leichter wieder zur Blüte zu bringen.
Dendrobium nobile	etwa 6–8 Wochen (meist im Frühjahr)	Wer diese wechselwarme Pflanze 2 x im Jahr für mehrere Wochen bei 10 °C halten kann, wird auch 2 Blütezeiten pro Jahr mit einer weiteren Blüte Ende des Sommers erhalten.
		Nach Ausreifen der neuen Bulben das Gießen für 6 Wochen stark einschränken, bis sie anfangen zu schrumpfen. Im Herbst holt man die Pflanzen ins Haus, stellt sie so hell wie möglich und steigert langsam das Gießen und Düngen.
Dendrobium phalaenopsis	pro Stängel etwa 3–4 Monate	Bei 2 Stängeln, die hintereinander zur Blüte kommen, kann die Blühdauer dadurch 6–7 Monate betragen – und das 2 × pro Jahr.
× *Doritaenopsis*-Hybriden	etwa 3 Monate	treiben oft Knospen im Sommer an den alten Blütenstängeln nach
Epidendrum	*Epidendrum ibaguense* und *E. radicans* 5–10 Monate (meistens ab Dezember); *E. fragrans* 6 Wochen (im Sommer)	Blütenstängel werden nicht nach dem Verblühen abgeschnitten
Haemaria discolor (Syn.: *Ludisia discolor*)	etwa 8–12 Wochen, je nach Anzahl der Triebe (Dezember bis Februar)	*Haemaria discolor* wird nach der Blüte bis oberhalb der Blätter abgeschnitten und treibt nicht nur aus den alten Blättertrieben, sondern auch noch aus den Stammstücken neu aus.
Laubabwerfende *Calanthen*	etwa 6–9 Wochen, je nach Stärke der Pflanze und Blütenanzahl (Dezember bis Februar)	Nach der Blüte darf 8 Wochen nicht mehr gegossen werden, wenn die Blätter abgefallen sind.

BLÜHDAUER NACH ARTEN UND GATTUNGEN

Art / Gattung	Blühdauer	Besonderes
Doritis pulcherrima	4–5 Monate (ab Sommer/Spätherbst)	bildet in den Sommermonaten Knospen an den alten Blütenstängeln nach
Lycaste aromatica	6 Wochen (Juni bis Spätsommer)	
Miltonia und *Miltonidium*	bis zu 4 Monate; manche Kreuzungen aus der Jersey-Foundation (kleinere Blüten): bis zu 7 Monate	Die Blüten sind sehr empfindlich gegen Sprühwasser, genauso wie die Neutriebe.
Odontoglossum laeve	etwa 5 Wochen (Januar bis April)	duftet würzig und ein bisschen nach Zimt
Paphiopedilum	variiert je nach Art oder Hybride; einzelne Blüte 1–4 Monate (über Winter meist länger)	*Paphiopedilum primulinum*, *P. glaucophyllum* und *P.* 'Pinocchio' sind »Revolverblüher«, die mehrere Blüten hintereinander an einem Blütenstängel hervorbringen. Sie blühen bei mir pro Stängel zumeist 14–15 Monate lang! *P. chamberlainianum* bringt mit seinen 24 hintereinander aufgehenden Blüten sogar einen Blühdauerrekord von 2 Jahren zustande. Danach ist so lange Ruhepause, bis der neue Blättertrieb voll ausgereift ist. Das kann bis zu 1 Jahr dauern (manchmal länger). Bei mehreren Blättertrieben in verschiedenen Größen kann so eine Pflanze zu einem ständigen Blüher werden.
Phalaenopsis	allg.: mind. 2–3 Monate; professioneller Erfahrungswert: oft 7–12 Monate (von der Öffnung der ersten bis zum Verblühen der letzten Blüte); ganzjährig möglich (bevorzugte Blühphasen liegen bei Hybriden meist im Frühjahr oder Herbst)	Sie lassen sich in Gewächshäusern so ziehen, dass sie zu einem bestimmten Zeitpunkt zur Blüte kommen (etwa zu Weihnachten). Bei guter Pflege im Gewächshaus treiben nacheinander (oder gleichzeitig) 1–3 Blütenstängel pro Jahr (zu Hause wird es jedoch meist bei einem bleiben). Manche Hybriden oder Naturformen haben auch 3–4 Blütenrispen gleichzeitig. *Phalaenopsis* treiben pro Stängel aus den alten Trieben einen bis mehrere Seitentriebe aus den ruhenden Augen. So kann eine *Phalaenopsis* u. U. mehrere Jahre dauerblühen. Es gibt auch Pflanzen, die sich totblühen.
Pleione	im Freiland, bei Temp. kurz über dem Gefrierpunkt: 8 Wochen (meist im Januar und Februar); im Haus: etwa 6 Wochen (in stark beheizten Räumen nur 2–3 Wochen)	müssen regelmäßig im Freiland vor Schnecken geschützt werden (Schneckenkorn)
Renanthopsis	3 Monate	Zweigattungshybride
Rossioglossum grande (Syn.: *Odontoglossum grande*)	*Rossioglossum grande* (Syn.: *Odontoglossum grande*)	Auch hier gilt, dass sich die Blüten bei 16 °C besser halten als bei 22 °C im Wohnzimmer.
Vandeen	5–8 Wochen	sind sehr pflegeintensiv ohne Gewächshaus

DUFTENDE ORCHIDEEN

Orchidee	Duft
Cattleya-Naturformen und -Hybriden	C. sohma, C. guatemalense, C. bicolor, C. elongata und viele ihrer Hybriden duften honigsüß bis blumig. Cattleya intermedia duftet süß und schwer nach Zimt. Viele Sophrolaeliocattleyen duften, z. B. Riffe 'Brighton Farms', manche Brassolaeliocattleyen duften, etwa Toshie Aoki 'Pizazz' oder × Brassocattleya Bangkok White. × Laeliocattleya Leafwood Lane 'Willow Wind' × Brassolaeliocattleya Ruben's Verde 'Green Lace' duftet stark süß und würzig.
Dendrobium nobile und -Hybriden	Sie duften schwer, kräftig und blumigsüß – und zwar zimmerfüllend. Dendrobium kingianum hat einen sehr angenehmen, starken Blumenduft. Dendrobium anosmum duftet blumigsüß. Dendrobium arachnites duftet leicht nach Zitrone, Dendrobium primulinum 'Giganteum' blumig-schwer.
Encyclia	Encyclia cochleata duftet ganz zart wie Anis, Encyclia vitellina × radiata schwach in Richtung Maiglöckchen. Encyclia cordigera × Orchid Jungle hat einen schweren, süßen Duft.
Epidendrum	Epidendrum fragrans besitzt einen vanille- oder zimtartigen, sehr starken Duft. Epidendrum nocturnum duftet, wie der Name sagt, nachts. Epidendrum difforme riecht nach Zitronenschalen.
Lycaste	Lycaste aromatica besitzt einen feinen Vanille- oder Zimtduft.
Miltonia, Miltonidium, Miltoniopsis	Hier duftet sogar das Blattwerk. Miltonia schroederiana duftet stark würzig, Miltonidium Katrin Zoch nach Vanille. Miltonia warscewiczii, M. spectabilis var. moreliana duften süßlich. × Miltonidium Hawaiian Sunset und Pupukea Sunset und Miltoniopsis-Hybriden duften süßlich-blumig.
Odontoglossum	Odontoglossum leave riecht stark und würzig, fast wie Gewürzkekse.
Phalaenopsis	Phalaenopsis violacea ('Malaysia' und 'Borneo', 'Blau'), P. lueddemanniana, P. lueddemanniana var. hieroglyphica, P. sumatrana (riecht eher, als dass sie duftet), P. pulchra, P. gigantea, P. venosa, P. amboinensis, P. schilleriana (manche) und viele Phalaenopsis-Hybriden duften.
Weitere duftende Orchideen:	• Aerides • Angraecum sesquipedale (nachts) • Anguloa clowesii • Bifrenaria harrisoniae (duftet den ganzen Tag über nach Maiglöckchen) • Bletilla striata • Brassia-Hybriden • Catasetum planiceps (duftet nach Pfefferminz/Zimt) • Chysis aurea • Coelogyne cristata, C. ochracea, C. messangeana duften schwach nach Zitronenschale • Colmanara Babro Fehmers • Cycnoches loddigesii (duftet raumfüllend), auch C. chlorochilon • Laelia tenebrosa (zimtartig) • Maxillaria • Neofinetia falcata • Oncidium 'Cherry Baby' (starker Vanilleduft) • Oncidium ornithorhynchum (Vanilleduft) • Oncidium Tiny Twinkle • Oncidium Twinkle 'Fragrance Fantasy' • Oncidium-Kreuzungen • Miltonia, Miltoniopsis • Pescatoria dayana • Pleione formosana, P. bulbocoides • Polystachya-Arten • Rhyncholaelia digbyana • Stanhopea jenischiana duftet nach Zimt • Trichopilia tortilis • Vanda tricolor • Vanilla planifolia Schoten duften nach Vanille • Zygopetalum (z. B. 'Patrizia Eisenbeiß')

Orchideen vermehren und kreuzen

Die Vermehrung durch Samen

Die früher wohl gebräuchlichste Art der Vermehrung – sie wird von den meisten Orchideengärtnereien heute noch praktiziert – war die Vermehrung durch Sämlinge. Inzwischen ist diese Art der Vermehrung längst der Meristemvermehrung gewichen.

Für den privaten Orchideenliebhaber ist beides viel zu aufwändig und auch unrentabel, deswegen nur eine kurze Erklärung, wie sich Orchideen durch Samen vermehren lassen: Pflanzen werden untereinander gekreuzt, indem man den Pollen einer Pflanze auf den Stempel einer Pflanze anderer Art überträgt. Danach lässt man die sich bildende Samenkapsel reifen. Die Dauer der Reife ist von Gattung zu Gattung sehr unterschiedlich, kann aber durchaus auch neun Monaten dauern.

In Orchideengärtnereien nimmt man eine unreife, noch geschlossene Samenkapsel ab. Sie hat den Vorteil, innen noch steril zu sein. Dann sterilisiert man sie auch auf ihrer Außenseite, öffnet die Kapsel und legt die Samen »auf Flasche« in eine Nährlösung. Dies geschieht unter sterilen Bedingungen im Labor. Mehrere Jahre lang müssen die Sämlinge von Flasche zu Flasche umziehen, bevor sie pikiert werden und in ein »Babyhaus« kommen, in dem eine besonders hohe Luftfeuchtigkeit herrscht und auch die Temperaturen relativ hoch sind.

Bei *Phalaenopsis* beträgt die Zeit von der ersten Flasche bis zur ersten Blütenbildung mindestens vier Jahre, bei *Cattleya* sogar fünf bis zehn Jahre. *Paphiopedilum* (Frauenschuh) benötigt je nach Sorte vier bis zwanzig Jahre, bis die ersten Blüten erscheinen, und Vandeen brauchen sechs bis zwölf Jahre. Doch die Herstellungsprozesse werden immer schneller. So schaffen es zum Beispiel die Japaner, *Dendrobium compactum* innerhalb von zwei Jahren blühstark zu machen. Die hohen Verkaufspreise orientieren sich an der Zeit der jahrelangen Pflege, und somit ist verständlich, dass eine *Phalaenopsis* billiger als eine *Vanda* angeboten werden kann.

Samenkapseln wie an dieser *Encyclia* benötigen zur Reife bei vielen Gattungen etwa 9 Monate.

Meristemvermehrung und Klonen

Diese Art der Vermehrung wird in Orchideengärtnereien häufig angewandt. Sie ist noch aufwändiger als das Ziehen von Jungpflanzen aus Sämlingen. Doch sie bietet noch ganz andere Möglichkeiten, nämlich das Klonen und damit das Herstellen von Pflanzen in großer Zahl, die identische Erbinformationen besitzen.

Bei der Meristemvermehrung entnimmt man einen Teil des Meristems einer Pflanze, also die Spitze einer neuen Bulbe oder eines Blütentriebes. Dieses Stückchen wird im Labor in viele kleine Teile zerschnitten, die unter sterilen Bedingungen in eine Nährlösung im Glasbehälter gegeben werden. Diese Behälter sitzen auf einer sich kontinuierlich drehenden Unterlage. Dadurch erreicht man eine ständige Zellteilung, denn die Pflanzen verlieren durch das Drehen die Orientierung und wissen nicht mehr, wo oben und unten ist. Stoppt man die Rotation, bilden die Zellen auf festem Nährmedium nach oben Blätter und nach unten Wurzeln. So entsteht aus jeder Zelle eine eigenständige neue Pflanze.

Auf diese Weise entstandene Pflanzen nennt man Meriklone, meristemvermehrte Klone, die in allen genetischen Erbanlagen, also auch in Blütengröße, Blütenform und Duft, der Mutterpflanze aufs Haar gleichen. Bei einer Vermehrung aus Sämlingen dagegen kann man sich bei der Blütenfarbe nie sicher sein, welchem Elternteil sie ähnelt, denn sämlingsvermehrte Pflanzen »streuen« laut Mendelscher Vererbungslehre. Nur ein gewisser Prozentsatz hat die gewünschte Farbe, Form und Blütenanzahl. Der Rest sind leichte Varianten. Wenn etwa bei einer *Promenaea*-Hybride beabsichtigt ist, gelbe Blüten mit braunen Sprenkeln zu erhalten, wird ein kleinerer Prozentsatz reingelb ohne Zeichnung sein, während bei den anderen die Sprenkelung unterschiedlich intensiv verteilt ist.

Für den privaten Orchideenliebhaber sind die beiden erstgenannten Vermehrungsmethoden mit zu viel Umstand und Kosten verbunden. Außerdem: Wer möchte schon 10 000 *Phalaenopsis* Ever Spring 'King' haben, selbst wenn sie noch so schön sind. Also wird sich der private Orchideenliebhaber mit den folgenden Arten der vegetativen Vermehrung zufrieden geben müssen.

Vegetative Vermehrung von monopodialen Orchideen

Monopodiale Orchideen sind Pflanzen, die nur in die Höhe wachsen und auf einem »Fuß« stehen, wie zum Beispiel *Angraecum*. Sie lassen sich auf folgende Weise vermehren: Man kann die obere, bewurzelte Stammhälfte abschneiden und einpflanzen.

Vermehrung durch Kindel: Kindel bilden sich bei verschiedenen Orchideenarten am Blütenstängel bzw. an der Bulbe. So treiben zum Beispiel *Phalaenopsis*-Hybriden und botanische Arten wie *Phalaenopsis pulchra, P. hieroglyphica, P. equestris*, viele *Dendrobium nobile* oder manche Kalthaus-Dendrobien und temperiert zu haltende Dendrobien, aber auch andere botanische Orchideenarten in den langen hellen Sommertagen statt eines Seitentriebes eine neue kleine Pflanze mit Luftwurzeln aus: ein Kindel, auch **Adventivpflänzchen** oder **Keiki** genannt. Dieses Kindel lässt man etwa ein Jahr lang am Blütenstängel wachsen und dreht es dann vorsichtig ab, wenn die Wurzeln 5 cm und damit groß genug sind.

Geht eine Pflanze ein und ist abzusehen, dass sie den Tag, an dem man die Kindel abnehmen kann, nicht mehr erlebt, greift man zu einer Notlösung: Das Kindel wird zusammen mit einem mindestens 5 cm langen Stängelstück abgeschnitten und in Orchideen-Babyerde gesetzt. Das verbliebene Stück des alten Blütenstängels fungiert dabei vorübergehend als Nabelschnur und versorgt die Pflanze, bis diese sich an den neuen Standort

Phalaenopsis pulcherrima treibt im Sommer gerne Kindel. Diese kann man abdrehen und einpflanzen.

gewöhnt hat. Nach einem halben Jahr wird beim nächsten Umtopfen das alte Blütenstängelstück abgedreht.

Epidendrum radicans, *Dendrobium nobile*, *Dendrobium kingianum* bilden zum Beispiel Kindel, die sich leicht abdrehen lassen. Aber während bei *Epidendrum radicans* die Kindelbildung artspezifisch ist, ist sie bei *Dendrobium nobile* und *D. kingianum* auf zu hohe Temperaturen zurückzuführen, auf einen Pflegefehler also.

Vom Erscheinen des Kindels am Stängel bis zur ersten Blütentriebbildung am Kindel vergehen mindestens acht Monate bis zu einem Jahr und dann noch einmal drei bis vier Monate, bis das Kindel blüht – also ungefähr ein Jahr von der Kindelbildung bis zum Blühen des Kindels. Dies ist eine frühestmögliche Zeitangabe, der Reifeprozess kann auch bis zu zwei Jahre dauern, etwa bei Dendrobien oder Epidendren. Dies sind meine persönlichen Erfahrungswerte bei der Vermehrung durch Kindel, die ich bisher gezogen habe.

Eine Kindelbildung kann man auch künstlich mit **Keiki-Fix-Paste** hervorrufen. Diese Paste enthält ein Schwangerschaftshormon und wird bei *Phalaenopsis* auf die ruhenden Augen (Nodien) im Abstand von mehreren Tagen mehrfach aufgetragen. Die Paste hat den Nachteil, dass sie sehr teuer ist und der Erfolg dazu noch ausbleibt, wenn man Hybriden erwischt, die diese Hormonbehandlung nicht mit sich machen lassen. Aber auch dann, wenn die Orchideen auf die Paste reagieren, liegt die Erfolgsquote mit 50–70 % doch recht niedrig.

Vermehrung durch Stecklinge: Stecklinge kann man vor allem in Frühjahr und während der Sommermonate leicht von gut bewurzelten *Epidendrum*-Teilstücken, deren Adventivpflänzchen oder deren Kopfstücken gewinnen. Auch die Teilstücke schlagen mühelos wieder aus, vorausgesetzt, sie stehen hell und warm und es ist Frühjahr.

Ab dem Frühjahr kann man auch Stecklinge von *Haemaria discolor* nehmen. Es eignen sich insbesondere solche Pflanzenteile, wo an einem Stammstückchen schon der Durchbruch eines neuen Austriebes erfolgt ist. Auf diese Weise vermehrte Stecklinge können schon nach Ablauf eines Jahres selbst wieder blühen.

Sympodiale Orchideen (rechts) teilt man, indem man einfach das Rhizom durchtrennt.

Bei Vandeen lassen sich Kopfstecklinge abtrennen – vorausgesetzt, sie sind ausreichend bewurzelt.

Vegetative Vermehrung von sympodialen Orchideen

Sympodiale Orchideen sind Orchideen mit mehreren »Füßen«, nämlich Pseudobulben, die durch ein Rhizom in die Breite wachsen, wie zum Beispiel Dendrobien oder Cymbidien.

Vermehrung durch Teilung: Sympodiale Orchideen vermehrt man relativ einfach und unkompliziert durch Teilung. Dabei ist wichtig, dass jede geteilte Pflanze pro Topf mindestens drei Pseudobulben behält oder besser noch mehr. Sonst dauert es zu lange, bis die Pflanze wieder blüht. Man kann die Pflanzen teilen, wenn sie zu groß geworden sind, oder mindestens drei Pseudobulben oder Blättertriebe abnehmen, wenn die Pflanze droht aus dem Topf zu wachsen.

Vermehrung durch Rückbulben: Eine weitere Möglichkeit der vegetativen Vermehrung bei sympodialen Orchideen ist die Vermehrung durch Rückbulben. Dabei teilt man die hinteren, manchmal auch unbeblätterten Pseudobulben ab, bei Calanthen nur eine einzige, alte Bulbe, bei allen anderen sympodialen Orchideen mindestens drei bis fünf Bulben, und pflanzt sie neu ein. Bei Cattleyen bewirkt ein Einschnitt im Rhizom einen Neuaustrieb an der dahinter liegenden Bulbe. Nach dem Neuaustrieb kann man die Pflanze dann teilen.

Derart behandelte Pflanzen bekommen durch die Abnahme der älteren, oft auch unbewurzelten Teile wieder mehr Kraft für den Rest der Pflanze, da sie vorher die letzten Pseudobulben mitversorgen mussten. Vor allem bei *Cattleya* und deren Mehrgattungshybriden habe ich in den letzten Jahren damit viele Pflanzen deutlich stärken können und hatte dabei den dankbaren Nebeneffekt, aus den alten Teilen der Pflanze neue Orchideen zu ziehen.

Kreuzungen und Mehrgattungshybriden

Untereinander kreuzen kann man viele ähnliche und verwandte Arten mit gleichartiger Wuchsform, also viele monopodiale Orchideen ähnlichen Aufbaus untereinander und sympodiale Orchideen ähnlichen Wachstums untereinander.

Warum wird gekreuzt?

Naturformen von Orchideen haben sehr oft Sonderwünsche für ihre Behandlung. Sie sind immer empfindlicher als ihre Kreuzungen, sie sind außerdem denkbar intolerant, was die Temperaturen angeht und meist überempfindlich bezüglich der Staunässe. Der Orchideenliebhaber möchte jedoch Erfolgserlebnisse mit seinen Schützlingen haben. Sie müssen bei ihm überleben können. Außerdem legt er Wert auf schöne, bunte, extravagante, manchmal auch duftende Blüten, die er noch nicht hat. Um diese Ziele zu erreichen, wird gekreuzt.

Die besten Eigenschaften mehrerer Gattungen in einer neuen Mehrgattungshybride lassen sich durch Kreuzung vereinen. Durch Einkreuzungen lassen sich Blüten haltbarer machen, also die Blütezeiten verlängern. Auf diese Weise lassen sich Pflanzen züchten, die an unsere Temperaturen in den Häusern angepasst und darum dort auch leichter zu kultivieren sind als manche Naturformen. Die Blüten können durch das Kreuzen größer, bunter, duftend und interessanter geformt werden. Gekreuzte Orchideen und alle anderen gekreuzten Pflanzen nennt man »Hybriden«. Die Neuproduktion interessanter Hybriden wird immer schneller. In Äquatornähe und in tropischen Ländern können neue Orchideenhybriden zum Teil doppelt so schnell gekreuzt und aufgezogen werden wie in unseren Breitengraden, in denen man mit lichtarmen Wintern zu kämpfen hat. Auf diese Weise entsteht eine Fülle von neuen Kreuzungen, an denen sich der Orchideenliebhaber satt sehen kann.

Auf einen Blick: Praktische Tipps zur Orchideenpflege

- **Abgeknickte Blütenstängel** lassen sich mit Tesafilm oder Ähnlichem an einen Holzstab »schienen«, sodass die Blüten doch noch versorgt werden können. Manchmal regeneriert sich ein derart behandelter Blütentrieb wieder und heilt zusammen.

- Leicht **kippende Dendrobientöpfe** lassen sich mit Styroporstücken im Übertopf arretieren, damit sie das Gleichgewicht nicht verlieren. Herkömmlich wird ein dicker Kieselstein im Innentopf empfohlen. Dies hat jedoch den Nachteil, dass man umtopfen, also die Orchidee stören muss, will man den Stein in den Topf bekommen. Außerdem kann der Stein die Ablauflöcher des Pflanztopfs verstopfen.

- Wer die **Luftfeuchtigkeit** an warmen Sommertagen bei im Freien übersommernden Orchideen steigern will, kann in unmittelbarer Nähe der Pflanzen, zum Beispiel auf den Platten einer Terrasse, einen Eimer Wasser ausgießen. Eine zusätzliche Maßnahme neben dem Übersprühen an besonders heißen Sommertagen.

- **Orchideenwurzeln** sollte man niemals vorne an der Wachstumsspitze anfassen, da sie dann umgehend ihr Wachstum einstellen können.

- **Kunststofftöpfe** kann man günstig gebraucht in jedem Blumengeschäft oder Gartencenter kaufen. Sie kosten nur etwa die Hälfte des Neupreises, müssen dann allerdings auch sorgsamst gereinigt oder sogar desinfiziert werden. Manche Gärtnereien verschenken sie auch!

- Mit Kleenextüchern tupft man schnell und einfach **Stauwasser** aus Herzblättern. Beim Gießen ohne den nötigen Überblick, etwa durch den sehr dichten, mehrreihigen Stand der Orchideen, kann es immer einmal zu Staunässe in den Blattachseln kommen, vor allem bei *Phalaenopsis* oder *Paphiopedilum*. Hier bringt ein Papiertaschentuch, Küchentuch oder Stofftaschentuch rasch Abhilfe.

- Bei **Miltonien** ist es besser, nicht erst abzuwarten, bis die Blüten abfallen, sondern bei den ersten Verwelkungsanzeichen den Stängel abzuschneiden. Fällt nämlich eine verblühte Blüte auf ein Miltonienblatt, kann dies, wenn es über einen längeren Zeitraum nicht entfernt wird, an dieser Stelle Fäulnis hervorrufen.

- Viele gelbfarbige *Phalaenopsis* treiben neu aus den alten Blütenstängeln der Vorjahre mit aus. Darum vorsichtshalber bei ihnen die Stängel nicht abschneiden, solange sie noch grün sind.

- Styropor zur Dränage bekommt man in den verschiedensten Geschäften oder im Paketversand als Verpackungsmüll umsonst. So tun Sie zusätzlich etwas für die Umwelt. Leider sind viele **Naturformen** der Orchideen in der Natur schon »ausverkauft«. Bitte kaufen Sie auf keinen Fall aus der Natur entnommene Orchideen (Washingtoner Artenschutzabkommen!).

- Fragen Sie beim **Kauf** einer Orchidee immer nach ihrer Herkunft, und kaufen Sie prinzipiell nur künstlich vermehrte Naturformen oder aber Hybriden. Ähnliches gilt für alle Substrate, die noch Farnwurzeln enthalten. Auch sie sind geschützt und dürften eigentlich gar nicht mehr im Handel sein. Lesen Sie sich beim Kauf von Substraten deren Zusammensetzung auf der Packung durch und kaufen Sie nichts, was Farnwurzeln (*Osmunda*, Adlerfarn, Baumfarn) enthält. Die Händler dürfen jeweils davon nur Restbestände verkaufen, worüber sie zuweilen leider nicht einmal informiert sind. Achtung beim Kauf von Substraten im Baumarkt: oft kauft man nur Torf.

Auf einen Blick: Praktische Tipps zur Orchideenpflege

- Manche Orchideenliebhaber stecken mit Wasser gefüllte **Wasserröhrchen** (Blumengeschäft) an lebende, gut entwickelte Vandeen-Wurzeln. Die Pflanze kann so ununterbrochen in geringen Mengen Feuchtigkeit zu sich nehmen. Die Röhrchen sollten jedoch alle paar Tage auf andere Wurzeln gesetzt werden, damit keine Fäulnis entstehen kann.

- Wer Orchideen hängend über anderen, auf der Fensterbank stehenden Orchideen kultiviert (z. B. Vandeen, die häufig übersprüht werden müssen), muss darauf achten, dass die unter den hängenden Orchideen stehenden Pflanzen keinen **Pilzbefall** durch das Abtropfwasser bekommen. Man gießt also hängende Pflanzen, wenn es eben geht, nicht am Standort, sondern nimmt sie ab. Viele Monate im Jahr kann man diese Pflanzen auch draußen übersprühen und kurz abtrocknen lassen. Im Winter (oder bei Temperaturen unter 10 °C) muss man mit einer Spüle, Dusche oder Badewanne vorlieb nehmen.

- Wer bei schlimmem **Pilz-** oder **Schädlingsbefall** alle Blätter einer Pflanze und dazu Pseudobulben abschneidet, muss damit rechnen, dass sich die Pflanze erst ein bis zwei Jahre von dieser Rosskur erholen muss, bevor sie wieder blühen kann. Merke: Besser ein hässliches, von Pilzen entstelltes Blatt als gar keines!

- Welche Stifte eignen sich zur **Beschriftung von Etiketten** an den Orchideen? Viele Stifte sind weder licht- noch wasserfest. Und wer möchte schon alle paar Monate die Namensetiketten an seinen Orchideen neu beschriften? Die billigste Lösung einer haltbaren Beschriftung ist ganz normaler Bleistift. Es geht natürlich auch mit Allbleistift, lichtechten Lackstiften oder Edding-Stiften.

- Ihrer Phantasie werden in puncto Orchideenhaltung keine Grenzen gesetzt: Auch Frisbeescheiben, mit Blähton und Wasser gefüllt und auf die Heizung gestellt steigern die **Luftfeuchtigkeit**.

- Wer unlackierte **Tonübertöpfe** besitzt, kann diese übersprühen. Sie geben das Wasser nach und nach ab und steigern so die Luftfeuchtigkeit.

- **Orchideen duschen gerne.** Wer seine Orchideen über Jahre auf der Fensterbank stehen hat, kommt kaum umhin, sie einmal im Jahr zu duschen. Gerade die breiten Blätter von *Phalaenopsis* werden mit der Zeit tüchtig mit Staub bedeckt. Wer seine Orchideen nicht duscht, sollte sie jedoch mit einem feuchten Tuch abputzen. Reibt man allerdings alle Orchideen mit einem einzigen Tuch ab, kommt es vor, dass Schädlinge und Krankheiten übertragen werden. Hygienischer sind Papiertücher, die bei jeder Pflanze ausgetauscht werden.

- Sprechen Sie mit Ihren Orchideen? Ich schon, aber es ist mir immer etwas peinlich, wenn ich dabei erwischt werde. Es ist auch nicht wissenschaftlich belegt, dass die Orchideen dann besser wachsen und gedeihen, aber ich glaube schon, dass es irgendeinen Einfluss auf sie hat – vielleicht indirekt über die **Stimmung** und **Sorgfalt, Zeit und Zuwendung**, mit der man sie behandelt. Nie würde ich einer Orchidee sagen, dass ich sie hässlich finde und mit ihr schimpfen, wenn sie nicht blüht. Ein paar »Streicheleinheiten« können dagegen nicht schaden.

- Das aus Übertöpfen ausgegossene Wasser hat **Düngerrückstände**. Wenn man es sammelt, kann man damit im Sommer alle Gartenpflanzen gießen. Andere wie *Oerstedella* oder Epidendren brauchen eine Dusche wegen ihrer vielen Luftwurzeln.

- Sollten Sie Probleme mit der Luftfeuchtigkeit haben: Mittlerweile gibt es sowohl echte Papyrusstauden *Cyperus papyrus* als auch verschiedene Zypergräser *Cyperus cyperus* in Gärtnereien als Saisonpflanzen ab dem späten Frühjahr. Diese Pflanzen sehen nicht nur schön aus, sondern schaffen ein tolles **Mikroklima** für Sie und ihre Orchideen, bekommen aber im Winter gerne Spinnmilben.

- Mut zu mehr Orchideen auf der Fensterbank. Wer sich die Fensterbank mit Orchideen richtig schön vollstellt, braucht sich nie mehr Gedanken um seine **Luftfeuchtigkeit** zu machen. Die Orchideen schaffen sie sich selber.

- **Pavillons** für den Garten sind in! Ein hervorragender Platz für die Übersommerung ihrer Orchideen, sowohl in Topfkultur als auch in Körbchen oder Ampeln. So gibt es viel frische Luft, Schatten und trotzdem Licht und hin und wieder schräg kommende sommerliche Regengüsse. Ihre Orchideen werden sich fühlen wie am Äquator und danken die Frischluft mit großzügigem Wachstum.

- Es lebe die Erfindung der **Spülmaschine**! Nach einem Jahrzehnt Erfahrung, was eine Spülmaschine gut überleben kann, muss ich sagen: eine große Arbeitserleichterung! Es überleben nicht nur durchsichtige Plastiktöpfe, sondern alle gut gebrannten Keramikübertöpfe. Bei 70 °C werden Bakterien getötet, aber Billigkeramik schlägt leider Blasen. Manche Plastiktöpfe verbeulen, die guten nicht. Mit etwas Erfahrung hat man schnell heraus, was an Orchideenzubehör getrost in die Spülmaschine wandern darf und was nicht. Aber beachten Sie: Eine Spülmaschine hilft nicht gegen viruskontaminierte Töpfe!

- Denken Sie in diesem Zusammenhang auch an die Desinfizierung ihrer Scheren und Schneidgeräte nach jedem Schnitt!

- Denken Sie auch an das Überleben ihrer Spülmaschine und reinigen Sie die Töpfe vorher von grobem Schmutz und Substrat!

- Keine Angst um ihre **Orchideen im Urlaub**! Geben Sie ihrer Urlaubsvertretung einfach den Dauerauftrag jeden Tag gründlich mehrstündig zu lüften. Am besten Wohnzimmertür auf oder mehrere Fenster. Orchideen brauchen frische Luft, aber bitte Durchzug vermeiden. Denn wer kennt das nicht: Man kommt aus dem Urlaub, Freunde oder Nachbarn haben gegossen und trotzdem sind viele Orchideen verblüht. Häufig sind nicht die Freunde oder Nachbarn Schuld, sondern die fehlende Belüftung.

- Der **Gartenschlauch**, dein Freund und Helfer! Sieht brutal aus, ist sicherlich auch für die eine oder andere empfindliche Gattung eher ein Schock, aber meine Orchideen in der Übersommerung draußen haben sich noch nie über meinen Gartenschlauch beklagt, im Gegenteil. Wenn man auch sonst mit handwarmem Wasser im Haus gießen sollte, sind Orchideen draußen nicht so empfindlich, weil dort nur die Orchideen stehen sollten, die sowohl Wasser als auch kühlere Temperaturen vertragen können. Sie werden von mir erbarmungslos an warmen Tagen übergeduscht, wenn es nicht von selber regnet. Ich dusche *Vanda*, *Ascocenda*, *Cattleya* und -Mix, temperiert, kalt und wechselwarm zu haltenden Dendrobien, *Odontoglossum*, kurz alles, was zur Blüteninduktion in der Sommerfrische draußen steht. Da die Pflanzen auch über das Blattwerk Wasser und Nährstoffe aufnehmen, geht es ihnen dadurch besonders gut. Düngerrückstände werden so leicht ausgewaschen.

- **Flohmärkte** eignen sich hervorragend für den Kauf von schönen Übertöpfen oder Glasgefäßen für *Vanda* und *Ascocenda*-Mix. Hier kann man Geld sparen, weil die Preise im Fachhandel tüchtig gestiegen sind. Verwenden Sie dieses gesparte Geld lieber im Kauf von qualitätsvollen Orchideen im Fachhandel! Für Orchideen eignen sich die neueren hohen und schlanken Blumentöpfe hervorragend, da die Pflanzen darin nicht so leicht nasse Füße bekommen, die Wurzeln aber z. T. vom überschüssigen Wasser profitieren, wenn in regelmäßigen Abständen das überschüssige Wasser vor dem Befall mit Bakterien ausgekippt wird und die Wurzeln zwischendurch immer wieder abtrocknen können.

- **Regenwasser auffangen** kann man wiederum hervorragend mit **Pavillons**! Wer seinen Gartenpavillon und dessen Tuchplane genau beim Regen beobachtet, sieht an welchen Seiten das Wasser sturzbachartig bei Regengüssen abfließt. Darunter kann man Eimer stellen. Macht man das gleich an mehreren Stellen, kann man pro sommerlichen Regenguss locker 100 l Wasser auffangen, für die man kein Abwasser bezahlen muss! Die **Regentonne** wird dadurch natürlich nicht überflüssig, sondern fungiert als wertvolle Ergänzung. Übrigens: Mein Carportdach füllt die Regentonne nicht so schnell wie mein Pavillon meine Wassereimer! Aufpassen, dass das aufgefangene Regenwasser relativ zügig wieder verbraucht wird und nicht wochenlang steht, sonst siedeln sich Tiere und Bakterien im Wasser an.

- **Quarantänefensterbank:** Wer ernsthaft Orchideen hält, wird irgendwann auch Schädlinge bekommen und kommt nicht ohne den Einsatz von Schädlingsbekämpfungsmitteln aus. Meine Quarantänefensterbank befindet sich im Abstellraum, der nicht bewohnt, sondern nur betreten wird und der mit Waschmaschine und Trockner bestückt ist. Kranke Pflanzen brauchen Licht, gute Belüftung und gute Luftfeuchtigkeit. Ideal ist ein Abstellraum mit Fenstern, der auch im Winter leicht geheizt wird. Für die nötige Luftfeuchtigkeit können dort zum Beispiel Trockner und Waschmaschine sorgen. So haben Sie Schädlinge und Orchideen unter Kontrolle, aber ohne Gesundheitsrisiko.

- **Libellen- und Schmetterlingsclips** sehen nicht nur schön aus, sondern eignen sich auch noch sehr gut zum befestigen von Blütenstängeln an Holzstäben und auch zum Fixieren einer frisch umgetopften Pflanze im Topf. Orchideen lieben einen festen Stand im Topf. Bitte passen Sie auf, dass der Clip den Stängel nicht beschädigt oder einschnürt.

- **Tillandsien** sind ideale Begleitpflanzen für Orchideen, da sie selten von Schädlingen befallen werden. Sie profitieren von der Luftfeuchtigkeit in Räumen mit Orchideen. Die in Florida als »Spanish Moss« bezeichnete Tillandsie *Tillandsia usneoides* die dort fadenförmig von Zweigen und Telegrafenleitungen herunter zu hängen pflegt, existiert dort und in meinem Wohnzimmer ohne menschliches Zutun nur durch die feuchte Luft und sieht noch dazu sehr hübsch aus. Sie verleiht ihren Wohnräumen ein Flair von Dschungel, Tropen und Exotik. Diese Tillandsien-Art lässt sich leicht an ein bisschen Blumendraht oder einem Haken aus Draht über dem Orchideenfenster aufhängen. Wer möchte, dass sie wuchert, wächst und blüht, muss aber zusätzlich Sprühen und düngen. Auch als Topfpflanze sind Tillandsien die idealen Orchideenbegleitpflanzen. Minitöpfe mit Tillandsien passen gut in Topfzwischenräume Ihrer Orchideensammlung.

- **Lassen Sie sich beim Kauf** von Übertöpfen Zeit. Viele unlasierte Töpfe, die gerade »in« sind, haben den unschönen Nebeneffekt, dass sie unter dem Topf leicht schimmeln. Innen und außen glasierte Töpfe, am besten im Hochformat mit enger werdendem Rand im Fußbereich innen, funktionieren ideal bei Orchideen. Aufpassen sollte man bei Billig-Produkten, die bei niedrigen Temperaturen glasiert sind. Stellt man sie in die Spülmaschine, werfen sie hässliche Blasen oder bekommen helle Flecken in der Glasur. Leider sieht man erst nach dem Versuch, welche Übertöpfe maschinentauglich sind.

- *Vanda/Ascocenda/Rhynchostylis* **im Winter** Der hiesige Winter ist eine lichtarme und daher gefährliche Zeit für Orchideen. Kulturfehler verzeihen Ihnen Orchideen nun nicht mehr. Stehende Nässe in Blattachseln wirkt sich fatal aus. Orchideen in Korbhaltung quartiere ich ab Spätherbst ins Badezimmer um. Dort hänge ich die Pflanzen über die Badewanne und dusche alle Luftwurzeln mit lauwarmem Wasser ab, bis diese – deutlich sichtbar an der Verfärbung des Velamens – ausreichend Wasser aufgenommen haben. Sollte doch Wasser in die Blattachseln gekommen sein, lasse ich es ablaufen. Wenn die Pflanzen aufhören zu tropfen, hänge ich sie wieder zurück.

Änderungen der aktuellen Nomenklatur

Ständig kommt es zu Änderungen der seit dem vorletzten Jahrhundert gebräuchlichen Nomenklatur der Orchideennamen durch Botaniker oder Molekularbiologen. Teils werden dadurch alte Fehler korrigiert, teils genauere Abgrenzungen getroffen, teilweise scheinen aber diese Änderungen weniger einsehbare Gründe zu haben.

Nicht immer werden diese neuen wissenschaftlichen Untersuchungen von allen Züchtern und Orchideenliebhabern gleichermaßen angenommen oder akzeptiert. Zum Beispiel dass die Gattung *Dendrobium* von manchen Wissenschaftlern in 56 Gattungen aufgespalten wird, wird wohl für den Käufer von Orchideen relativ unübersichtlich werden, und so können Dendrobien in der Zukunft unter all diesen fremden Gattungsnamen möglicherweise im Handel Verwirrung stiften. Wer sich näher dazu einlesen will, sei auf den Aufsatz von K. Senghas verwiesen (Journal für den Orchideenfreund, Heft 4/2002. S. 308 ff.). Wenn Senghas in diesen Zusammenhang von einem Namenchaos in der Dendrobien-Verwandtschaft spricht, hat er sicherlich für den Bereich der Liebhaber und Laien Recht. So manch einer wird sich in Zukunft wohl so manche Orchidee doppelt kaufen, die einfach nur umbenannt wurde, wenn ihm der Überblick über die neuen Namen fehlt.

Da die Liste der Pflanzen, die einige Botaniker gerne umbenennen wollen, endlos wäre und in zahlreichen Veröffentlichungen mühsam zusammengelesen werden müsste, wird es dem botanisch interessierten Liebhaber nicht erspart bleiben, sich selbst zu informieren. Welche der vorgeschlagenen Änderungen in der Nomenklatur angenommen werden, wird sich erst im Laufe der nächsten Jahre herausstellen. Bisher berührt es die in diesem Buch abgehandelten Orchideen kaum, außer dass in der Gattung *Laelia* z. B. *Laelia praestans* und *L. tenebrosa* in Zukunft *Hadrolaelia praestans* und *Hadrolaelia tenebrosa* heißen werden.

Die früheren *Odontoglossum*-Arten, die man später zu *Lemboglossum* zählte, heißen fortan vielleicht *Rhynchostele*, wenn sich der Name durchsetzt. Alle brasilianischen Laelien werden möglicherweise künftig zu *Sophronites* gezählt. Felsenlaelien können demnächst *Hoffmannsegella* heißen. *Dendrobium lasianthera* und *D. antennatum*, also so genannte »Antilopenorchideen« mit gedrehten Petalen und Sepalen, heißen demnächst wohl *Ceratobium lasianthera* und *C. antennatum*. Dazu sollen in absehbarer Zukunft 80% der Orchideennamen von Dendrobien ebenfalls umbenannt werden. Für die Pflege reicht es jedoch, nach warm, kalt, wechselwarm, temperiert und Ruhezeiten bei allen Käufen von Orchideen sowieso, insbesondere aber bei Dendrobien zu fragen.

Hier eine Liste der neuen Namen für Dendrobien aus dem Artikel von Senghas:
Abaxianthus, Australorchis, Amybylanthus, Aporapsis, Aporum, Bouletia, Bolbidium, Callista, Calyptrochilus, Caraia, Ceprobaculum, Ceratobium, Chromatotriccum, Conostalix, Cuthbertsonia, Davejonesia, Dendrobates, Dendrocoryne, Desmotrichum, Dendrobium, Dichopus, Dilochopsis, Distichorchis, Dolichocentrum, Durabaculum, Eleutheroglossum, Ephemeratna, Eriopexis, Euphlebium, Exochanthus, Flickingeria, Gastridium, Herpetophytum, Inobulbon, Kinetochilus, Latouria/Latourorchis, Leionathum, Macrocladium, Microphyanthe, Monathus, Mycaranthe, Oxyglossum, Onychium, Pedilonum, Rhizobium, Sarcocadetia, Sayeria, Stelbophyllum, Tetrabaculum, Tetrodon, Thelychiton, Trachyrhizum, Tropilis, Vappodes, Winika.

Ein Trost bleibt dem Liebhaber, der schon Schwierigkeiten hat, den Namen *Phalaenopsis* zu behalten: Die Pflegebedingungen bleiben gleich, und vielleicht findet sich ein netter Orchideenzüchter, der ein aktuelles Namensetikett mit altem und neuem Namen versieht und Ihnen so durch das Chaos hilft.

> **HIER EINE AUSWAHL AN MEHRGATTUNGSHYBRIDEN MIT IHREN GÄNGIGEN**
>
> - × Ascocenda = Ascocentrum × Vanda (Ascda.)
> - × Asconopsis = Ascocentrum × Phalaenopsis (Ascps.)
> - × Beallara = Odoantoglossum × Brassia × Cochlioda × Miltonia
> - × Bepi = Brassavola × Epidendrum *(Bepi)*
> - × Brassada = Brassia × *Ada*
> - × Brassocattleya = Brassavola × Cattleya (BC)
> - × Brassolaeliocattleya = Brassavola × Laelia × Cattleya (BLC)
> - × Carpenterara = Baptistonia × Odontoglossum × Oncidium
> - × Colmanara = Miltonia × Odontoglossum × Oncidium (Col.)
> - × Doricentrum = Doritis × Ascocentrum
> - × Doritaenopsis = Doritis × Phalaenopsis (Dtps.)
> - × Epicattleya = Epidendrum × Cattleya (Epc.)
> - × Gomada = Gomesa × Ada
> - × Howeara = Leochilus × Oncidium × Rodriguezia
> - × Miltassia = Miltonia × Brassia
> - × Miltonidium = Miltonia × Oncidium
> - × Potinara = Brassavola × Cattleya × Laelia × Sophronites (Pot.)
> - × Renanthopsis = Renanthera × Phalaenopsis (Rntps.)
> - × Sophrolaeliocattleya = Sophronites × Laelia × Cattleya (SLC)
> - × Vandaenopsis = Vanda × Phalaenopsis (Vdnps.)
> - × Vandanthe = Vanda × Euanthe
> - × Vuylstekeara = Cochlioda × Miltonia × Odontoglossum; in Blumengeschäften oft als »Cambria« bezeichnet und häufig wegen ihrer schönen, farbenprächtigen Blüten angeboten und verkauft (Vuyl.)
> - × Wilsonara = Cochlioda × Odontoglossum × Oncidium (Wils.)

Orchideennamen und ihre Etymologie

Viele Orchideennamen stammen aus dem Griechischen oder Lateinischen:

Ascocentrum (griech.) ascos = Sack, kentron = Sporn
Calanthe (griech.) kalos = schön, anthä = Blüte
Cattleya nach dem englischen Gärtner W. Cattley
Cymbidium (griech.) kymbä = Schale, Kahn
Dendrobium (griech.) dendron = Baum, bios = Leben
Doritis (griech.) dory = Speer, als Beiname Aphrodites
Epidendrum (griech.) epi = auf, dendron = Baum
Laelia altrömischer Frauenname, auch eine der vestalischen Jungfrauen
Masdevallia nach dem spanischen Arzt und Botaniker Jose Masdevall
Miltonia nach dem Orchideensammler Milton

Odontoglossum (griech.) odontos = Zahn, glossa = Zunge
Oncidium (griech.) onkidion = kleine Masse
Paphiopedilum (griech.) Paphia = Name für Aphrodite, Venus, Sandale, pedilon = Sandalette, Schuh
Phalaenopsis (griech.) phallaina = Nachtfalter, opsis = Aussehen wie
Phragmipedium (griech.) phragma = Zaun, Hecke, Scheidewand, (lat.) Pos = Fuß
Pleione nach der Mutter der Pleiaden
Sophronites (griech.) sophron = verständig, züchtig
Trichopilia (griech.) tricho = Haar, pilos = Hut
Vanda Name dieser Pflanze aus dem Sanskrit
Vanilla (span.) vanilla = kleine Schote
Zygopetalum (griech.) zygon = Joch, petalon = Petale

Orchideen von A bis Z

Aeranthes grandiflora

   F

Diese *Aeranthes*-Art ist eine bizarrblütige, zart und durchsichtig wirkende grüne Naturform an meterlangen Stängeln mit einer enormen Ausdauer im Blühen.
Temperatur: Warme Wohnzimmertemperaturen werden gut vertragen.
Standort: Bis auf die Nordseite sind alle Ausrichtungen von Fenstern mit Schattierung geeignet.
Licht: Viel indirektes Licht. Bei Südausrichtungen muss schattiert werden.
Substrat: Rindensubstrat.
Umtopfen: Nur nach der Blüte.
Übersprühen: Gar nicht.
Gießen: Es wird nur sehr sparsam gegossen.
Düngen: Regelmäßige monatliche Düngungen über das Substrat sollten durchgeführt werden.
Schädlinge: Sind eher selten, am ehesten treten Woll- und Schmierläuse auf.
Kulturfehler: Zu viel Feuchtigkeit schadet.
Blütengröße: 7–9 cm.
Blütenanzahl: Nur eine einzige Blüte pro Stängel, der aber immer wieder weiterwächst und nachblüht.
Blütezeit: Meistens ab Herbst.
Blühdauer: Mehrere Monate. Die Pflanzen entwickeln an ein und demselben Blütenstängel eine Blüte nach der anderen, ähnlich wie bei Revolverblühern.
Nach dem Verblühen: Es werden die Stängel nur dann abgeschnitten, wenn sie nicht mehr grün sind, sondern eintrocknen.
Vermehrung: *Aeranthes* sind langsame Wachser, die relativ kompakt bleiben und man als monopodiale Pflanze nicht teilen kann.
Mein Rat: Die Blütenstängel werden manchmal sehr lang, die Pflanzen eignen sich deshalb für Ampeln, Blumensäulen oder eine Aufhängung oben im Fenster.

Aeranthes grandiflora ist ein fleißiger Blüher, der aus einem einzigen Stängel immer weiter blüht.

Angraecum sesquipedale, *A. germinyanum* und *A. veitchii*

Temperatur: Die Gattung *Angraecum* gehört in die Gruppe der warm bis temperiert zu haltenden Orchideen. *Angraecum sesquipedale* stammt aus Madagaskar. Die Tagestemperaturen sollten zwischen 20 und 28 °C liegen. Bei unter 16 °C fallenden Temperaturen kommt es leichter zur Blüteninduktion. Die Blüten sind wachsfarben und sternförmig und haben einen 30 cm langen Sporn. Darwin schloss aus dem Sporn auf einen Nachtfalter mit 30 cm langem Rüssel. Als dieser viele Jahrzehnte später gefunden wurde, nannte man ihn *Xanthopan praedictus*.

Angraecum germinyanum ist dagegen eine Mini-Ausgabe einer *Angraecum* in jeder Hinsicht, sie findet überall Platz.

Standort: Ost- oder Westfenster, Südost-, Südwestseite sind ohne Einschränkung geeignet. Wer seine *Angraecum* an einer Südseite kultiviert, muss ab April bis September an Sonnentagen über die Mittagsstunden schattieren. Eine helle Nordseite ohne Baumbewuchs vor dem Fenster ist zumindest über die lichtreichen Monate zu empfehlen.

Licht: *A. sesquipedale* steht ab Herbst am liebsten hell an der Südseite, da sie im Winter blüht. Im Sommer bekommen beide Arten bei zu hellem Standort an der dem Licht zugewandten Seite gelbe Blätter oder Sonnenbrand.

Substrat: Ein reines Rindensubstrat mit Agrofoam sorgt für gute Belüftung der Wurzeln und für ein schnelles Abtrocknen des Substrats.

Umtopfen: Besser nur alle paar Jahre, so selten wie möglich.

Übersprühen: Bei *Angraecum* sollte man in Zimmerkultur besser auf das Übersprühen verzichten, da sonst die Blätter leicht gelb werden und abfaulen. Allenfalls das Übersprühen von aus dem Substrat ragenden Luftwurzeln ist förderlich.

Gießen: Bedingt durch das Rindensubstrat verbrauchen die Pflanzen vor allem während der Wachstumsphase viel Wasser. Man sollte ähnlich wie bei *Cattleya* reichlich gießen, bis das Wasser aus dem Topf herausläuft, danach aber vor dem nächsten Gießen wieder völlig abtrocknen lassen. Einmal in der Woche reicht aus. Für den Ansatz der Blüten ist es notwendig, dass man im Herbst und Winter die Pflanzen etwas trockener und kühler hält.

Düngen: Es empfiehlt sich eine Düngung von ½–1 Milliliter Flüssigdünger auf l Liter Gießwasser in zweiwöchigen Abständen von März bis November.

Schädlinge: Die Blätter der *Angraecum sesquipedale* sind verhältnismäßig widerstandsfähig und werden nur selten von Schädlingen befallen, *Angraecum germinyanum* zuweilen jedoch von Spinnmilben.

Blütengröße: Der Blütendurchmesser beträgt in der Breite bei *Angraecum sesquipedale* 15–17 cm. Sie hat auffällige wachsartige, cremefarbene, sternförmige Blüten mit besonders langem Sporn, der 28–30 cm lang ist. Sie ist ein wahrer »Star«. *Angraecum germinyanum* ist dagegen eine platzsparende Mini-Ausgabe mit völlig anderen, sehr dünnen und kleinen Blättern und etwa 5 cm Blütendurchmesser mit Sporn.

Angraecum sesquipedale hat einen 30 cm langen Sporn.

Blütenanzahl: Der etwa 30–40 cm lange Stängel trägt bei *Angraecum sesquipedale* ein bis zwei auffällige Blüten, die dieser *Angraecum* den Namen »Stern von Bethlehem« eingebracht haben. Bei *Angraecum germinyanum* kommen bei idealer Pflege eine Vielzahl von Stängeln und Blüten hervor.

Blütezeit: Entgegen ihrem volkstümlichen Namen blüht *Angraecum sesquipedale* leider nicht immer zuverlässig zu Weihnachten, sondern oft erst im Februar bis April. Sie blüht also während ihrer nicht allzu strengen Ruhezeit und ist nur durch Temperaturabsenkungen zum Blühen zu bekommen. Von April bis September schließt sich die Wachstumsphase an.
A. germinianum blüht mehrmals im Jahr. *A. veitchi* im Spätherbst.

Duft: *A. sesquipedale* duftet recht zart.

Blühdauer: Zumeist beträgt die Blühdauer 2–3 Wochen.

Vermehrung: Für den privaten Orchideenliebhaber so gut wie unmöglich, gelegentlich durch Kindel.

Mein Rat: Auf keinen Fall sollte man die schöne Blüte (oder gar bereits schon die Knospen) von *A. sesquipedale* mit den Händen berühren, da diese sich nach einer Berührung innerhalb der nächsten paar Tage an den berührten Stellen schwarz verfärben können! Das wäre sehr schade, da die *Angraecum sesquipedale* nur einmal im Jahr, wenn überhaupt und dazu noch verhältnismäßig kurz blüht. In manchen Büchern findet man diese Pflanze auch unter dem Namen *Makroplektrum sesquipedale*.
Angraecums sind nicht einfach und der Anfänger sollte besser die Finger davon lassen, auch wenn die Blüten noch so bizarr und schön sind.

Nach dem Verblühen: Die Stängel werden bis kurz über dem Stamm abgeschnitten. Sobald die Pflanze sichtbar anfängt zu wachsen, können vorsichtig die Wassergaben gesteigert werden.
Falls die Wurzeln im Topf abgestorben, aber neue Wurzeln oben am Stamm reichlich vorhanden sind, empfiehlt sich ein Stammrückschnitt. Die Pflanze wird mit den alten Wurzeln neu eingetopft. Gießstopp.

× *Aranda*

☼   **F**

Die × *Aranda* ist eine Zweigattungshybride aus *Arachnis* × *Vanda*. Daher kann man sich in fast allen Punkten ihrer Pflege an denen für *Vanda* orientieren. Allerdings gibt es eine Ausnahme:
Der Blumenröhrchentrick funktioniert bei einer *Aranda* nicht. Die Wurzeln verfaulen zu schnell. (siehe dazu aus-

Diese × *Aranda*-Hybride behandelt man wie Vandeen. Sie gedeiht im Körbchen ohne Substrat.

führlich unter den Kulturanleitungen zu *Vanda* ab Seite 150 ff.

Blüten: Die Blüten sind um 7 cm groß und halten etwa 2 Monate lang. Die Blütenform erinnert mit ihren dünneren Petalen und Sepalen eher an *Arachnis* als an *Vanda*-Hybriden.

Blütezeit: Von Herbst bis Winter. Ein Aufenthalt im Freien mit großen Unterschieden zwischen Tages- und Nachttemperatur wirkt ausgesprochen anregend für die Blütenbildung.

Mein Rat: Man kann sehr große Exemplare auch in Hydrokies halten, allerdings nicht in Hydrokultur! Die Pflanze wird dann genauso gegossen wie in anderen Substraten und muss zwischendurch völlig abtrocknen. Über den Hydrokies darf nicht gedüngt werden, da sich dort alle Nährstoffe sammeln und mit einem Mal abgegeben werden. Also darf eine *Aranda* in Hydrokies nur über das Blattwerk gedüngt werden. Man kann diese Gattungshybride natürlich auch in Rindensubstrat kultivieren.

Generell sind Arandas nur für den begabten Anfänger oder fortgeschrittenen Orchideenliebhaber geeignet, der schon einige Erfahrung mit anderen Orchideengattungen wie *Vanda* und *Ascocentrum* hat.

× *Ascocenda*

☼ ｜ 🪣 ☞ **F**

× Ascocendas sind Kreuzungen aus *Ascocentrum* und *Vanda*. Man erhält durch die Kreuzung Hybriden mit sehr knalligen, ansprechenden Farben, deren Blütengröße kleiner als die von *Vanda*, aber wesentlich größer als die von *Ascocentrum* ist und zwischen 4 und 7 cm liegt. Diese Hybriden sind viel blühfreudiger als ihre Elternteile. Bei optimalen Pflegebedingungen und blühfreudigeren Hybriden blühen manche Ascocendas auch 2- bis 3-mal im Jahr.

× *Ascocenda* Princess Mikasa ist eine der bekanntesten Ascocendas und unkompliziert in der Blüte.

× *Ascocenda* Udomchai hat ihre intensive Farbe von *Ascocentrum miniatum* ererbt.

Recht beliebt und in den letzten Jahren häufiger im Angebot ist die leuchtend blaue × Ascocenda Princess Mikasa. Es gibt auch viele schöne orange-gelbe Kreuzungen mit Ascocentrum miniatum. In ihren Kulturansprüchen orientieren sich die Ascocendas an beiden Elternteilen und sind daher genauso zu pflegen wie Vandeen.
Mein Rat: Es erspart viel Arbeit und bringt zudem gute Erfolge in der Kultur dieser Pflanzen, wenn man sie entweder mit einem Holzkörbchen ohne Substrat oder einfach mit den Wurzeln ganz in einem Plastiktopf belässt und in einem wasserdichten Übertopf auf die Fensterbank stellt, anstatt die Pflanzen im Körbchen ins Fenster zu hängen. Den Übertopf lässt man alle paar Tage mit lauwarmem Wasser voll laufen, sodass gerade die Wurzeln bedeckt sind, nicht aber die Blätter. Dann lässt man die Pflanzen ein paar Stunden stehen und schüttet anschließend das Wasser aus. Danach lässt man die Pflanzen 3 Tage ganz abtrocknen, bevor der Topf erneut mit Wasser aufgefüllt wird. Sehr positiv wirkt sich auch der Blumenröhrchentrick aus, der bei den Vandeen nachzulesen ist. Die Blühdauer dieser Pflanzen beträgt 4–8 Wochen. 2-mal in der Woche ist eine Blattdüngung zu empfehlen.

Ascocentrum

Auch diese Gattung ist im Prinzip genauso zu pflegen wie warm zu haltende Vandeen, wächst nur langsamer. Ihre Blüten- und Blättergröße ist wesentlich kleiner, die Blüten sind nur etwas mehr als l cm groß. Die Blütenstände entspringen zwischen den Blattachseln der bei guter Pflege sehr eng stehenden Blätterpaare.
Die Art Ascocentrum miniatum blüht überwiegend im Sommer; je wärmer die Temperaturen und je höher das Angebot an indirektem Licht, desto besser. Je kräftiger und dichter die einzelnen Blätter nebeneinander stehen, umso wohler fühlt sich die Pflanze.
Da diese Pflanzen zu den Miniaturausgaben der Orchideen gehören und sehr empfindlich gegen zu viel Wasser sind, kann man sie am besten auf Kork aufgebunden halten und sie entweder tauchen oder regelmäßig 3mal die Woche übersprühen. Die Blütezeit liegt im Frühsommer bis Sommer. Die Blüten halten an der Pflanze etwa 4 Wochen lang.
Mein Rat: Die Naturformen dieser Gattung sind nicht ganz einfach zum Blühen zu bringen. Sie eignen sich besser für fortgeschrittene Orchideenliebhaber. Nur bei genügend Licht und Dünger entwickeln sich Blütenstängel.

× Beallara

Beallaras sind Mehrgattungshybriden aus Odontoglossum × Miltonia × Brassia.
Temperatur: Beallaras gedeihen bei temperierten bis

× *Beallara* Tahoma Glacier kann mehrere Monate blühen, wenn sie nicht zu warm steht.

warmen Bedingungen. Bei warmer Kultur wachsen die Pflanzen schneller.
Standort: Ost-, West- oder Südost-, Südwest- oder Südfenster. Vorsicht vor zu praller Sonnenbestrahlung über die Mittagszeit im Sommer!
Licht: Der richtige Standort ist ausschlaggebend für die Blüteninduktion. Die Pflanzen brauchen, um zur Blüte zu kommen, ähnlich wie Miltassien, einige Stunden Sonne am Tag. Sie vertragen, richtig dosiert und über die Mittagshitze schattiert, sogar die Sonne der Südseite, außer an Hochsommertagen. Man kann sie gut zusammen mit *Cattleya* kultivieren. Das Lichtangebot kann zur Blüteninduktion so hoch sein, dass sich die Bulben und Blätter zur Sonnenseite hin bereits rötlich färben. Gibt es weiße Brandflecken, stand die Pflanze zu sehr in der Sonne.
Substrat: Ein Torf-Rinden-Gemisch mit Agrofoam sorgt für gute Bewurzelung und kräftigen Wuchs.
Umtopfen: Auf jeden Fall erst nach der Blüte, wenn die neuen Bulben anfangen Wurzeln zu treiben.
Übersprühen: Nicht notwendig.
Gießen: Während der Wachstumsphase sollte reichlich gegossen werden. Danach wieder das Substrat gut abtrocknen lassen. Kurz vor Ausreifen der neuen Bulbe die Wassergaben zur Blüteninduktion etwas reduzieren und dabei gleichzeitig die Pflanze so hell stellen wie möglich. In ihrem Wasserbedarf ähnelt die × *Beallara Odontoglossum* und *Brassia*.

Bifrenaria harrisoniae duftet nach Maiglöckchen. Sie benötigt Ruhezeiten ohne Gießen und Düngen.

Düngen: Ein- bis zweimal im Monat empfiehlt sich eine Düngung über das Substrat (0,5–1 ml Flüssigdünger je nach Packungsbeilage auf 1 l Wasser). Dazu, wenn man viel Zeit hat, wöchentlich in derselben Konzentration eine Blattdüngung.
Schädlinge: Selten Spinnmilben, Woll- oder Schmierläuse. Die Pflanzen sind nicht so empfindlich wie *Miltonia*, sondern ähneln *Odontoglossum*.
Blütengröße: Die sternförmigen, auffällig markant gezeichneten Blüten haben 13–15 cm Durchmesser in der Breite. Der Blütenstängel ist etwa 30–50 cm lang, je nach Alter und Größe der Pflanze.
Kulturfehler: Beallaras sind relativ unkompliziert im Wuchs. Sie machen bei halbwegs vernünftiger Pflege keinen Knitterwuchs wie *Miltonia* und blühen bei hellem Stand relativ zuverlässig bei einer großen Spannbreite von Temperaturen.
Vermehrung: Vegetativ durch Teilung und nur dann, wenn mindestens 6 Bulben im Topf sind. Je größer die Pflanze, desto üppiger die Blütenpracht. Man sollte sich gut überlegen, ob man wirklich teilt.
Mein Rat: Beallaras wachsen langsam bei Schatten und zu niedriger Temperatur.

Bifrenaria harrisoniae

Temperatur: *Bifrenaria harrisoniae* wird meist in der Literatur zu den warm bis temperiert zu haltenden Orchideen gerechnet. Jedoch kann es sein, dass zur Blüteninduktion die Temperatur radikal gesenkt werden muss. Während die Pflanzen in der Wachstumszeit am Tage bei 18–24 °C stehen können und nachts bei 13–16 °C, sollten im Winter die Temperaturen am Tag bei 12–18 °C, die Nachttemperaturen noch viel niedriger, bei 7–10 °C, liegen. Diese Art ist durch die extremen Temperaturansprüche schlecht zum Blühen zu bringen. Meine eigene *Bifrenaria* blühte erst nach zwei Jahren, nachdem ich sie vor Verzweiflung ein paar Wochen lang

bei 5–8 °C im Frühjahr auf den Balkon stellte. Einige andere Orchideenzüchter haben offensichtlich dieselbe Erfahrung gemacht.
Standort: Ost-, West- oder Südost-, Südwest-, Südseite.
Schädlinge: Bei zu niedriger Luftfeuchtigkeit stellen sich Spinnmilben auf der Unterseite der Blätter ein.
Kulturfehler: Bei zu hohen Temperaturen und zu gleichmäßigen Wassergaben, aber auch bei fehlender Absenkung der Nachttemperaturen bleibt die Blüte hartnäckig so lange aus, bis man – notfalls auch erst nach Jahren des Experimentierens – die richtige Kombination herausgefunden hat.
Blütengröße: Die Blüten messen an ihrer breitesten Stelle 6–8 cm.
Blütenanzahl: 1–2 Blüten pro Stängel.
Blütezeit: April bis Frühsommer. Die Blütenstängel erscheinen am Fuß der Bulbe des Vorjahres.
Blühdauer: 3–4 Wochen.
Duft: *Bifrenaria harrisoniae* duftet äußerst stark und fast schon penetrant nach Maiglöckchen oder Zitrone.
Nach dem Verblühen: Die verblühten Stängel abschneiden und wenn nötig umtopfen.
Vermehrung: Nur Pflanzen mit 6 oder mehr Bulben sollten geteilt werden.
Mein Rat: Exemplare der Gattung *Bifrenaria* sollten sich nur erfahrene Orchideenfreunde zulegen.
Sollte die Blüte ausbleiben, muss man die Pflanze an ein Südfenster stellen und mehrere Wochen mit dem Gießen aussetzen, nachdem die neuen Bulben ausgereift sind.

Brassia rex und *B. verrucosa*

☼ ♨ ⚗ ☞ F

Temperatur: Pflanzen dieser beiden Arten gehören in den Temperaturbereich des Warmhauses. Die Temperaturen sollten nachts in der Ruhezeit nicht unter 13 °C abfallen. Ebenso gedeihen die Pflanzen im temperierten Bereich.
Licht und Standort: Brassias brauchen viel Licht, gerade auch zur Blüteninduktion. In ihren Lichtbedürfnissen kann man sie mit Cattleyen vergleichen. Südausrichtungen aller Art sind empfehlenswert, aber auch Ost- oder Westseiten sind möglich. Lediglich die pralle Mittagssonne im Hochsommer muss vermieden werden. Günstig ist ein Stand an einer Südausrichtung mit lichtdurchlässigen halben Kaffeehausgardinen während des Hochsommers.
Substrat: Rindensubstrat.
Umtopfen: Nur zur Wachstumszeit sollte verpflanzt werden, am besten im Frühjahr, bei Verwendung von Rindensubstrat alle 1–2 Jahre. Auf keinen Fall zur Blütezeit verpflanzen! Die Neutriebe steigen gerne aus dem Topf aus. Dann empfiehlt es sich, jährlich umzupflanzen.
Gießen: Zu trocken schadet nicht, aber zu feucht mögen es Brassien nicht! Während der Wachstumszeit kann reichlich gegossen werden, wenn man dazwischen das Substrat immer wieder abtrocknen lässt. Nach Ausreifen der Bulben sollte eine Trockenzeit angedeutet werden, in der man deutlich weniger gießt, bis sich der Blütentrieb zeigt.

Die *Brassia-rex*-Hybriden nennen manche Orchideenfreunde auch »Spinnenorchidee«. Ihre Blüten sind opulent.

Übersprühen: Nur bei Übersommerung draußen während Hitzeperioden.

Düngen: Gedüngt wird nach Angaben des Herstellers in zweiwöchigen Abständen. Wöchentlich können in derselben Konzentration Blattdüngungen durchgeführt werden, vor allem bei einer Übersommerung draußen.

Schädlinge und Kulturfehler: Rote Spinne oder Schildläuse können hin und wieder auftreten, erstere insbesondere bei mangelnder Luftfeuchtigkeit. Ohne Schattierung an reinen Südseiten kann es im Sommer bei extremen Außentemperaturen zu Sonnenbrand kommen, vor allem wenn ein Blatt Kontakt mit der Fensterscheibe hat. Er äußert sich zunächst in weißen Flecken auf dem jeweiligen Blatt. Zu viel Gießen lässt die Bulben faulen.

Blütengröße: Petalen und Sepalen der Gattung *Brassia* sind zum Teil sehr lang, wodurch die Blüten sehr grazil wirken und durchaus Blütengrößen von 25–30 cm erreichen können.

Duft: Der Duft dieser Pflanzen ist würzig und stark wahrnehmbar. Ob man ihn als angenehm bezeichnen will, hängt vom jeweiligen individuellen Geschmack ab.

Blütezeit: Sommer, Herbst.

Blühdauer: Die Blüten vergehen leider sehr schnell. Sie halten nur 2–3 Wochen.

Nach dem Verblühen: Die Stängel werden abgeschnitten und das Gießen etwas verringert.

Vermehrung: Vegetativ bietet sich dem Orchideenliebhaber auf der Fensterbank eine Vermehrung durch Teilung bei Pflanzen mit 6 oder mehr Bulben an. Das regelmäßige Teilen der Pflanze ist, durch den aussteigenden Wuchs sehr zu empfehlen.

Mein Rat: Die Pflanzen eignen sich sehr gut für eine Übersommerung draußen.

× *Brassocattleya* und × *Brassolaeliocattleya*

Pflanzen dieser Mehrgattungshybriden können in jeder Hinsicht so kultiviert werden wie *Cattleya*. Die Hybriden bestechen unwillkürlich durch ihre so unterschiedlichen, wunderbaren Blütenfarben, Formen und zumeist auch ihren Duft. Verschiedene Kreuzungen bringen zudem noch außerordentlich große Blüten (bis zu 25 cm Durchmesser in der Breite) hervor.

Nach meinem Geschmack optisch etwas Besonderes sind unter ihnen die Kreuzungen mit *Brassavola* bzw. *Rhyncholaelia digbyana*, deren ästhetisch schön gefranste Lippe sich in gewellter Form immer auch in den mit ihr gekreuzten Hybriden niederschlägt.

Brassavola digbyana ist ein beliebtes Elternteil und vererbt eine gewellte Lippe.

× *Brassolaeliocattleya* Alma Kee leuchtet in markant abgegrenzten Farben und ist eine Augenweide.

Temperatur: Die Temperaturen können bei dieser Gattung im Wachstum am besten warm, zur Blüteninduktion lieber temperiert sein. Auch im Winter sollten die Temperaturen nicht unter 16 °C sinken.

Licht und Standort: Die Pflanzen vertragen über den größten Teil des Jahres volle Sonne. Es ist nur über die Mittagsstunden im Hochsommer an Südausrichtungen zu schattieren, was generell zu empfehlen ist.

Substrat: Ein reines Rindensubstrat ist angebracht.

Umtopfen: Wenn die Wachstumsphase beginnt, kann umgetopft werden. Das ist in der Regel bei Herbstblühern im Frühjahr. Möglichst nicht zur Blütezeit verpflanzen. Durch den langen Wurzelstock bedingt, wachsen die Pflanzen schnell aus dem Topf heraus und können, je nach Elternteilen, sehr groß werden.

Gießen: Während der Wachstumszeit kann reichlich gegossen werden, ähnlich wie bei *Cattleya*. Zwischen den einzelnen Wassergaben muss das Substrat aber immer wieder abtrocknen.

Übersprühen: Nur bei Aufenthalt draußen bei längeren sommerlichen Hitzeperioden.

Düngen: Blattdüngung wöchentlich und Düngung über das Substrat einmal im Monat ist für die Pflanzen bei Verwendung von Rindensubstrat sehr zuträglich.

Vermehrung: Vegetativ durch Teilung zu großer Pflanzen.

Schädlinge: Die Blätter sind sehr widerstandsfähig. Schild-, Woll- und Schmierläuse können die Pflanzen trotzdem befallen.

Kulturfehler: Zu dunkler Standort, zu wenig Dünger, zu hohe Temperaturen können zu einem Ausbleiben von Blüten oder zum Steckenbleiben der Knospen in der Blattscheide führen.

Blütengröße: Je nach Art der Kreuzung können die Blüten bis zu 25 cm groß werden.

Blütenanzahl: Richtet sich nach den Elternteilen und der Größe der Blüten.

Blütezeit: Frühjahr oder Herbst, abhängig von den Elternteilen.

Blühdauer: 2–3 Wochen.

Duft: Die Kreuzungen duften unterschiedlich, je nach Erbanlagen.

Nach dem Verblühen: Es sollten die Blütenstängel abgeschnitten, wenn nötig umgetopft und das Gießen etwas reduziert werden, bis der Austrieb der neuen Bulbe erfolgt.

Mein Rat: Man sollte, um die Blüteninduktion anzuregen, einen Sommeraufenthalt draußen veranlassen, regelmäßig düngen, vor Ausreifung der Bulben die Wassergaben etwas reduzieren und mit phosphorhaltigem Dünger düngen. Blütenstängel müssen wegen des Gewichts und der Größe der Blüten unbedingt immer hochgebunden werden.

× *Brassocattleya* Maikai gedeiht im Sommer auch prächtig draußen.

Brassavola nodosa wird gern als Elternteil für *Brassavola* mit kleinen Blüten benutzt. Eine platzsparende Pflanze.

× Burrageara

   A

Die × Burrageara ist eine Viergattungshybride aus Cochlioda × Miltonia × Odontoglossum × Oncidium, bei der die Cochlioda für die Vererbung der knallig orangeroten Farbe verantwortlich ist.
Temperatur: Diese Hybride lässt sich sowohl warm als auch temperiert kultivieren, also im beheizten Wohnzimmer wie auch im unbeheizten Schlafzimmer. Je höher die Temperaturen und die Luftfeuchtigkeit, desto schneller der Wuchs.
Standort: Ost- und Westlage der Fenster ist ideal. Mit Schattierungsvorrichtung sind aber auch alle Südausrichtungen möglich.
Licht: Die Pflanzen sollten vor direkter Sonnenbestrahlung an Südfenstern über die Sommermonate geschützt werden. Im Allgemeinen gehört × Burrageara zu den Pflanzen, die halbschattig kultiviert werden. Darin ist sie also ganz ihren Elternteilen ähnlich.
Substrat: Ein Rinden-Torf-Gemisch ist zu empfehlen.
Umtopfen: Alle 1–2 Jahre sollten die Pflanzen umgetopft werden, auf jeden Fall nach der Blüte und am besten zu Beginn der Wachstumsphase.
Übersprühen: Ist nur an besonders heißen Tagen zuträglich und in Gewächshaushaltung.
Gießen: Es wird immer gegossen, wenn das Substrat trocken ist.
Düngen: Alle 4 Wochen mit dem Gießwasser verabreichen. Zusätzlich in derselben Konzentration eine Blattdüngung wöchentlich.
Schädlinge: Denkbar sind Läuse, die man aus dem Garten mit einschleppen kann, häufiger sind Spinnmilben sowie Woll- und Schmierläuse.
Kulturfehler: Wenn die Pflanze von Spinnmilben befallen wird, war die Luftfeuchtigkeit deutlich zu niedrig und muss umgehend erhöht werden.
Blütengröße: In der Längsrichtung messen die Blüten ca. 6 cm. Die Blütenstängel werden bis zu 30–40 cm lang.
Blütenanzahl: Je nach Größe und Alter der Pflanze trägt der Stängel zwischen 10 und 15 Blüten.
Blütezeit: Frühjahr oder Herbst, bei guter Pflege auch zweimal im Jahr.
Blühdauer: Meine Exemplare blühten bisher immer zwischen 4 und 7 Wochen.
Nach dem Verblühen: Blütenstängel abschneiden und wenn nötig die Pflanze umtopfen.
Vermehrung: Für den Laien kommt nur eine vegetative Vermehrung durch Teilung in Frage. Bitte nur bei Pflanzen mit mehr als 6 Bulben teilen, sonst wird die Pflanze in ihrem Wachstum zu sehr gehemmt und die Blütenbildung beeinträchtigt.
Mein Rat: In Gartencentern findet man häufig diese Mehrgattungshybride verblüht günstig angeboten. Leider sind sie dort zumeist nicht mit ihrem richtigen Namen, ungenau oder sogar überhaupt nicht beschriftet. Häufig angebotene Hybriden sind Living Fire, Nelly Isler und Stephan Isler.

× Burrageara Nelly Isler fällt durch ihr leuchtendes Rot auf.

Calanthen, laubabwerfend

   F

Laubabwerfende Calanthen gehören zu den Orchideenarten, die – wie unsere Bäume – ihre Blätter abwerfen. Die Nährstoffe speichern sie in ihren Bulben. Das ist gewöhnungsbedürftig. Wenn man nur durchzukultivierende *Phalaenopsis* kennt, ist die Pflege etwas gewöhnungsbedürftig.

Temperatur: Warm bis temperiert.
Licht: Calanthen wollen gerne hell stehen. Also kann man sie ruhig in die erste Reihe an der Fensterscheibe auf der Ost-, West- oder an Fenster mit Südausrichtung stellen.
Substrat: Torf-Rinden-Gemisch.
Umtopfen: Jedes Jahr nach der Blüte sollte man die Bulben einzeln neu eintopfen. Für die Entwicklung der Pflanze und einen kräftigen Wuchs mit reichhaltiger Blütenbildung ist es besser, wenn mehrere Bulben im Topf verbleiben, aber nur allzu leicht vergeht die Bulbe des Vorjahres und das wirkt sich auch auf den Rest der Pflanze aus. Also habe ich mich nach vielem Hin und Her dazu entschieden, die einzelnen Bulben auseinander zu nehmen und einzeln einzusetzen. Nach dem Umtopfen hält man die Pflanzen völlig trocken und sehr hell und warm, bis sich der Neuaustrieb unten an der Bulbenbasis zeigt.
Übersprühen: Auf keinen Fall! Um die Luftfeuchtigkeit gegen Spinnmilbenbefall zu erhöhen, ist es viel ratsamer, statt dessen Calanthen auf Schalen, die mit Wasser und Hydrokies gefüllt sind, zu halten.
Gießen und Düngen: In der Ruhezeit nach der Blüte hält man diese Pflanzen völlig trocken, bis sich die Neutriebe zeigen. Sobald der Neuaustrieb erscheint, fängt man vorsichtig wieder an zu gießen. Man sollte aufpassen, dass der Neutrieb dabei nicht mit dem Gießwasser in Berührung kommt, da er sonst leicht wegfault. Am besten gießt man also auf der gegenüberliegenden Seite des Neutriebes und benetzt dabei die Bulben nicht. Während der Wachstumsperiode kann wöchentlich reichlich gegossen und gedüngt werden. Man gießt so lange, bis das Wasser durchläuft. Dann lässt man die

Calanthe Grouville hat keine Blätter mehr, wenn sie blüht. Sie benötigt eine ausgesprochene Ruhezeit.

Pflanze wieder ganz abtrocknen. Alle Laub abwerfenden Orchideen müssen häufiger gedüngt werden, weil sie jedes Jahr Blätter und Bulben neu aufbauen müssen. Nachdem die Blätter gelb geworden sind, stellt man das Gießen und Düngen ein. Wenn sich der neue Blütentrieb am Fuß der Bulbe zeigt, fängt man langsam wieder an zu gießen. Die Pflanze lebt nun überwiegend aus ihrem Bulbenreservoir. Auch während der Blüte benötigt die Pflanze nicht so viel Wasser.

Düngen: Während der Wachstumszeit düngt man einmal pro Woche über das Gießwasser. Geschieht dies nicht regelmäßig, entwickeln sich die Bulben nicht richtig, und der Blütentrieb bleibt sehr klein oder ganz aus.

Nach dem Verblühen: Man schneidet den Stängel ab, topft um und stellt Gießen und Düngen bis zum Neuaustrieb ein.

Schädlinge und Kulturfehler: An Calanthen sitzen gerne ab Beginn der Heizperiode Spinnmilben oder Schildläuse. Ein häufiger Pflegefehler ist, die Pflanze zu feucht zu halten, während schon Blütentriebe erscheinen. Sind sie zu dieser Zeit noch klein, besteht die Gefahr, dass sie abfaulen.

Mein Rat: Das beste für Calanthen sind hohe Temperaturen und reichlich Luftfeuchtigkeit. Stehen sie in einer wassergefüllten Wanne auf Blähton, vermeidet man Staunässe und kann gleichzeitig die Luftfeuchtigkeit um die Pflanze deutlich erhöhen.

Blütengröße: Je nach Art, Hybride und Wohlbefinden der Pflanze zwischen 5 ½ und 7 cm im Längsschnitt. Die Blüten sind samtig glänzend, weiß, rosa, pink-rot oder zweifarbig.

Blühdauer: Sie hängt von der Blütenanzahl und Art oder Hybride ab. *Calanthe* 'Christmas White' blüht 2–3 Monate, *Calanthe rosea* 6–8 Wochen, *Calanthe* Grouville, ein großes Exemplar mit drei l m langen Blütentrieben, bis zu 6 Monate.

Blütezeit: Winter bis frühes Frühjahr.

Vermehrung: Vegetativ durch Teilung und Rückbulben. Dabei werden einfach die Bulben einzeln eingetopft und 8 Wochen lang völlig trocken gehalten, bis sich die Neutriebe zeigen. Dabei ist zu berücksichtigen, dass ein derart vermehrtes Teilstück wie eine Jungpflanze einzustufen ist und auch so blüht. Man kann von einer Rückbulbe keine meterlangen Blütenstängel erwarten.

Mein Rat: Ich habe nach einer Orchideenausstellung abgeblühte Calanthen für den Stückpreis von 50 Cent aufgekauft. Es lohnt sich, die Augen nach Angeboten offen zu halten!

Catasetum Orchiglade 'Jack of Diamonds' blüht um Weihnachten und ist in dunkler Zeit ein Farbpunkt.

Diese *Cattleya* Sohma zieht den Blick auf sich. Ihre Blüten sind besonders groß und duften.

Catasetum

 ☞ F

Viele *Catasetum*-Arten tragen bizarre, manche auch kräftig gefärbte Blüten, die relativ langlebig sind. Da sie ab Herbst in der dunklen Jahreszeit blühen, sind sie eine Augenweide für trostlose Wintertage. Zu empfehlen ist z. B. das dunkelrote *Catasetum* Orchiglade 'Jack of Diamonds', ein Weihnachtsblüher.
Temperatur: Warm bis temperiert.
Standort: Am besten gedeiht *Catasetum* an Fenstern mit Südausrichtungen.
Licht: Diese Pflanzen mögen es gerne hell und vertragen auch ein ordentliches Maß an direkter Sonne an Südwestseiten.
Substrat: Ausschließlich ein Rindensubstrat, das eine schnelle Abtrocknung gewährleistet.
Umtopfen: Nach der Blüte oder im frühen Frühjahr, wenn die Tage länger werden.
Übersprühen: Am besten gar nicht!
Gießen: Während der Wachstumsphase muss gut gegossen werden, aber nicht dort wo der Neutrieb wächst. Erst wenn dieser größer und gut bewurzelt ist, gießt man auch dort.
Schädlinge: Diese Gattung wird nur selten von Schädlingen befallen.
Kulturfehler: Wer allzu eifrig gießt oder die Pflanze allgemein zu feucht hält, wird zusehen müssen, wie die Neutriebe verfaulen.
Blütengröße: *Catasetum* Orchiglade 'Jack of Diamonds' hat 8–10 cm im Durchmesser der Lippe.
Blütenanzahl: *Catasetum* Orchiglade 'Jack of Diamonds' besitzt 3–8.
Blütezeit: Meistens Oktober bis Dezember.
Blühdauer: 2 Wochen.
Nach dem Verblühen: Der Blütenstängel wird abgeschnitten und die Pflanze etwas trockener gehalten, eventuell auch umgetopft.
Vermehrung: Vegetativ durch Teilung.
Mein Rat: *C.* kann man behandeln wie *Cattleya*.

Cattleya

 ☞ A

Für viele Orchideenliebhaber ist *Cattleya* die Königin der Orchideen.
Temperatur: Cattleyen gehören zu den temperiert bis warm zu haltenden Pflanzen. Sie vertragen Temperaturen zwischen 16 und 30 °C. Zur Blüteninduktion ist eine Temperaturabsenkung von Tages- zu Nachttemperaturen von mindestens 5 °C über einige Wochen hinweg nötig.
Luftfeuchtigkeit: Ab 50 % Luftfeuchtigkeit aufwärts.

× *Sophrolaeliocattleya* Hazel Boyd 'Eureka' blüht drei bis vier Monate lang. Sie ist eine Farbtupfer auf der Fensterbank.

Substrat: Am besten verwendet man ein reines Rindensubstrat.

Umtopfen: Die beste Umtopfzeit zeigt die Pflanze selbst an. Wenn die neuen Bulben etwa 5 cm groß sind und anfangen neue Wurzeln zu bilden, ist die beste Zeit zum Umtopfen. Häufig ist dann Frühjahr und die Tage werden länger, sodass die Lichtansprüche der Pflanzen ideal erfüllt werden können. Herbstblüher treiben im Frühjahr neue Bulben, Frühjahrsblüher treiben sie ab Sommer/Herbst. Beim Umtopfen von Cattleyen gibt es einen Trick, der dafür sorgt, dass die Pflanzen kräftiger werden: Man nimmt die letzten, ältesten Bulben, die ohne Wurzeln und/oder Blätter sind, beim Umtopfen ab, denn sie werden nur unnötigerweise von den Bulben mit Wurzeln mit versorgt. Man wird schon nach ein paar Monaten feststellen, dass die Neutriebe dann automatisch kräftiger werden, weil sie mehr Nährstoffe erhalten können.

Licht: *Cattleya* verträgt ein hohes Maß an Licht. Von September bis Mai auch direktes Sonnenlicht an Fenstern mit Südausrichtungen. Bei zu hohen Außentemperaturen im Hochsommer und zu starker Sonneneinstrahlung wird allerdings auch diese lichthungrige Pflanze geschädigt, wenn sie auf Dauer ohne Schattierung an einer Süd- oder Südostseite gehalten wird. Es gibt schwarze Brandflecken bei zu dichtem Stand an oder bei Berührung mit der Fensterscheibe. Folgeschäden von zu viel Sonne, die nicht so tragisch sind, sondern nur eine Warnstufe, sind auch rote oder braune Pigmentflecken. Bei Gelbwerden von Blättern muss allerdings sofort etwas unternommen und die Pflanze an einen anderen Standort gebracht oder schattiert werden.

Übersprühen: Cattleyen sind nur während einer Hitzeperiode bei Aufenthalt im Sommer im Freien hin und wieder zu übersprühen.

Gießen: Cattleyen brauchen viel Wasser auf einmal. Das Wasser muss reichlich unten aus dem Topf wieder herauslaufen. Danach muss das Substrat vor dem nächsten Gießen wieder völlig abgetrocknet sein. Wenn eine gerade nicht blühende *Cattleya* über 2 oder 3 Wochen kein Wasser bekommt, wird nichts Schlimmes passieren. Auch bei diesen Pflanzen gilt: Bei niedrigeren Temperaturen muss man das Gießverhalten anpassen und entsprechend weniger gießen. Es gibt Züchter, die *Cattleya* über Winter gar nicht gießen.

Düngen: Wichtig ist eine ausgewogene, gleichmäßige Düngung, sobald sich die neuen Bulben zeigen. Bei einer Verwendung von reinem Rindensubstrat ist zweimal im Monat eine Düngung mit Stickstoff und Phosphor über das Substrat durchzuführen.

Schädlinge und Kulturfehler: Bedingt durch die dicken, kräftigen Blätter werden Cattleyen nur selten von Schädlingen befallen. Falls doch, handelt es sich meistens um eingeschleppte Schildläuse, Schmier- und Wollläuse oder auch Schnecken. Bei einer Übersommerung draußen sollte man sich vor Schnecken, Kellerasseln und Ameisen in Acht nehmen, die von den für *Cattleya* spezifischen süßen Blütenstängelausscheidungen angelockt werden. Wer sowieso Probleme mit Ameisen um das Haus herum hat, sollte also wachsam sein. Ameisen schädigen zwar nicht die Pflanze, sind aber im Haus

× *Brassocattleya* Bangkok White hat riesengroße, leuchtend weiße Blüten.

doch sehr lästig und können auch in Orchideentöpfen ein Ameisennest aufbauen. Wollläuse werden meist durch neu dazuerworbene Pflanzen eingeschleppt. Die Tiere sitzen dann bevorzugt an der Basis der Blattscheiden, an den frischen, neuen Bulben, also leider genau da, wo sie den meisten Schaden anrichten können. Sie gehen auch gerne auf Blüten und sitzen dort am Stängel unterhalb des Blütenkopfes.

Bei nicht ausreichender Schattierung und zu starker Sonnenbestrahlung besteht die Gefahr eines Sonnenbrandes, auf dem sich gerne Pilze ansiedeln. Übersprühen bei zu niedrigen Temperaturen und mangelhafter Frischluftzufuhr im Winter führt zu Pilzbefall. Düngt man zu viel oder zu wenig oder leidet die Pflanze unter Lichtmangel und entwickelt ihre Neutriebe über die Wintermonate, werden manchmal die Neutriebe zu schwach und setzen mit der Blüte aus. Dasselbe passiert auch bei zu altem und zu dicht gewordenem Substrat. Auch Übergießen der Pflanzen ist äußerst schädlich für das Wurzelwerk.

Blütengröße: Manche Cattleyen und Brassocattleyen erreichen 16–20 cm Blütendurchmesser. Sophrolaeliocattleyen (Seite 101) sind zumeist kleiner, aber dafür oftmals vielblütiger und erreichen Blütengrößen von 7 bis 12 cm. Die Blüten der meisten Naturformen von *Cattleya* sind 8 bis 10 cm groß.

Duft: Die meisten Arten und Hybriden haben Duftnoten, die recht unterschiedlich und vielfach sehr intensiv sind und manchmal einen ganzen Raum ausfüllen können. *Cattleya labiata* duftet unbeschreiblich schön. Auch *Cattleya intermedia* hat einen süßlich, würzigen, kräftigen Duft, den ich jetzt gerade vor meiner Nase habe, weil sie neben meinem Computer steht. Bei sehr oft untereinander gekreuzten Hybriden geht leider der Duft häufig verloren.

Blühdauer: Je größer die Blüte, desto kürzer die Blühdauer. Besonders großblütige Cattleyen blühen 2–4 Wochen, kleinblütige 6–8 Wochen pro Blütenstängel.

Blütezeit: Die meisten Cattleyen sind Frühjahrs- oder aber Herbstblüher. Bitte erkundigen Sie sich beim Erwerb einer Pflanze nach ihrer Blütezeit.

Vermehrung: Vegetative Vermehrung durch Teilung von großen Pflanzen. Aber wie schön und üppig sieht ein großer *Cattleya*-Topf mit mehreren Blütenstängeln aus!

Eine besondere Kreuzung: × *Laeliocattleya* Leafwood Lane 'Willow Wind' × *Brassolaeliocattleya* Ruben's Verde 'Green Lace'.

Nach dem Verblühen: Blütenstängel abschneiden, wenn nötig umtopfen und etwas weniger gießen und düngen.

Mein Rat: Manchmal ist es bei *Cattleya* angebracht, bei den Knospen Geburtshilfe zu leisten und die Blattscheiden vorsichtig mit einem sterilisierten Messer oder einer Schere zu öffnen. Das erleichtert den Knospen den Weg nach draußen. Man hält die Pflanze gegen das Licht, um zu sehen, bis wohin die Blüten in der Blattscheide reichen. Dann schneidet man oberhalb der sichtbaren Knospen die Blattscheide mit einer desinfizierten Schere ab, lässt dabei aber immer am besten zwei Drittel der Blattscheide als natürliche Stütze stehen. Blüten von *Cattleya*, besonders ihrer großblütigen Hybriden, müssen generell abgestützt werden. Dazu eignen sich Holzstäbe, die in den oberen Zentimetern mit einem Seitenschneider gespalten wurden. In diesen Spalt wird die Blüte sehr behutsam und vorsichtig eingelegt, damit sie nicht abbricht.

Cattleyen sind dankbar für viel Frischluft und große Temperaturunterschiede. Sie sind deshalb für eine Übersommerung draußen prädestiniert und wachsen und gedeihen dort kräftig.

Manche *Cirrhopetalum*-Hybriden haben Blütenstände wie Wagenräder. Sie riechen nach Aas.

Cirrhopetalum ornatissimum, *C. cornutum, C. fascinator* und *C.* Louis Sander

Viele Kulturansprüche haben *Cirrhopetalum* mit *Bulbophyllum* gemeinsam.

Temperatur: Gleichmäßig warme Temperaturen entsprechen am besten den Kulturanforderungen der meisten Arten innerhalb dieser Gattung. Sie können also das ganze Jahr in winterbeheizten Wohnräumen gehalten werden.

Licht und Standort: Pflanzen dieser Gattung vertragen und brauchen viel Licht, ähnlich wie *Cattleya*, und sind nur über die Mittagszeit an einer Südseite im Hochsommer zu schattieren. Vor allem im Winter sollte man ihnen den hellstmöglichen Platz zur Verfügung stellen, vorzugsweise in Südausrichtungen.

Substrat: Rindensubstrat.

Umtopfen: Diese Gattung »steigt« gerne aus dem Topf aus und kann daher auch gut aufgebunden werden. Das erfordert allerdings Pflege durch tägliches Übersprühen. Weniger arbeitsintensiv ist die Haltung in Ampeln oder Schalen. Verpflanzt wird am besten nach der Blüte im frühen Frühjahr, spätestens alle zwei Jahre.

Gießen: Immer dann, wenn die Pflanzen trocken sind, wird gegossen.

Übersprühen: Nur bei aufgemounteten Pflanzen.

Düngen: Düngen etwa alle zwei Wochen über das Gießwasser ins Substrat und bei aufgebundenen Pflanzen eine wöchentliche Sprühdüngung reichen aus.

Schädlinge und Kulturfehler: Die Pflanzen sind relativ unanfällig. Möglich, wenn auch selten, ist Schildlausbefall.

Duft: *Cirrhopetalum cornutum* duftet zart und blumig, wohingegen *Cirrhopetalum fascinator* und *C.* 'Louis Sander' einen eher unangenehmen, starken Geruch verströmen, der eher Fliegen als Orchideenfreunde fasziniert.

Blütezeit: Spätherbst bis Winter.
Blühdauer: 2–3 Wochen.
Blütengröße: Bei *Cirrhopetalum cornutum* beträgt der Längsdurchmesser der Einzelblüte 2 cm, der Durchmesser des sonnenradförmigen Blütenstandes 11 cm. Bei *Cirrhopetalum fascinator* beträgt der Längsdurchmesser der Einzelblüte 11 cm.
Besonderheit: Der Blütenstand dieser Gattung wirkt durch ihre radförmige Doldenform sehr bizarr. Die Blüten hängen an einem 30–40 cm langen Blütenstängel hinunter.
Nach dem Verblühen: Blütenstängel abschneiden und, wenn nötig, umtopfen.
Vermehrung: Vegetativ durch Teilung bei Pflanzen mit mehr als 6 Bulben.
Mein Rat: Die Blüten kommen am besten in einer Ampel zur Geltung oder auch durch einen Platz auf der Blumensäule.

Cochleanthes

   ☞ **F**

Cochleanthes-Arten und Hybriden tragen auffallend schöne Blüten, deren Lippe sich oft kontrastartig von den Blütenblättern farblich abhebt. So trägt *Cochleanthes* Moliere eine lilafarbene Lippe zu rein weißen Blütenblättern.
Temperatur: Warm bis temperiert, ca 16–22 °C. Die Pflanzen vertragen auch über den Sommer höhere Temperaturen bis 28 °C.
Standort: Am besten gedeiht *Cochleanthes* an Fenstern mit Südwest- und Südausrichtungen.
Licht: Diese Pflanze mögen es gerne hell, jedoch an hellen Tagen nicht direkt in der ersten Reihe am Fenster sondern von davor stehenden Pflanzen etwas überschattet.
Substrat: Bitte ein Substrat benutzen, das die Fähigkeit hat, lange die Feuchtigkeit zu speichern. Moosanteile oder reines Moossubstrat sind angemessen und förderlich, dürfen aber nie ganz austrocknen.

Umtopfen: Nach der Blüte oder im frühen Frühjahr, wenn die Tage länger werden.
Übersprühen: Am besten gar nicht! Das Substrat fabriziert ein eigenes verträgliches Mikroklima.
Gießen: Während der Wachstumsphase muss sehr gut gegossen werden, aber vorsichtig dort, wo der neue Blatttrieb wächst. Erst wenn dieser größer und gut bewurzelt ist, gießt man auch an der Seite, wo der Neutrieb im Topf wächst.
Düngen: Alle zwei Wochen, meist also bei jedem zweiten Gießen, sollte während der Wachstumszeit gedüngt werden.
Achtung: Bei heißen Außentemperaturen ist manchmal zweimal Gießen pro Woche angeraten!
Schädlinge: Diese Gattung wird nur selten von Schädlingen befallen. Woll- und Schmierläuse machen auch vor dieser Gattung nicht halt.
Kulturfehler: Wer allzu eifrig gießt oder die Pflanze allgemein zu feucht hält und damit Staunässe erreicht, wird zusehen müssen, wie die Neutriebe und Wurzeln verfaulen. Wer die Pflanze dagegen zu sehr austrocknen lässt, wird nicht lange Freude an den Blüten habe, da diese welkende Ränder bekommen. Erst das rechte Maß

Cochleanthes-Hybriden sind eifrige Blüher, an denen man bei guter Pflege lange Freude hat.

an Feuchtigkeit und kurzzeitigem Austrocknen bringt die Pflanze und ihr Wachstum zum Boomen.
Blütengröße: *Cochleanthes* Moliere besitzt ca 5–6 cm große Blüten.
Blütenanzahl: Bei *Cochleanthes* Moliere sitzt nur eine einzige Blüte am Stängel. Die Pflanze kann aber pro Blütezeit mehrere Blütenstängel gleichzeitig oder nacheinander tragen.
Duft: Es ist kein Duft wahrnehmbar.
Blütezeit: Meistens Sommerblüher.
Blühdauer: 2–3 Monate bei optimaler Haltung.
Mein Rat: *Cochleanthes* lieben einen leicht von anderen Pflanzen beschatteten, aber hellen, von Sonnenlicht durchfluteten Standort.
Nach dem Verblühen: Den Blütenstängel abschneiden und die Pflanze etwas trockener halten, eventuell auch umtopfen.
Vermehrung: Als sympodiale Orchidee vegetativ durch Teilung.

Coelogyne cristata – weiß, luftig, duftend – eignet sich für Hängeampeln.

Coelogyne

◐ ┊–┊ ☕ ☞ **F**

Temperatur: Es gibt warm zu haltende Coelogynen, z. B. die cremefarbene oder braune *Coelogyne massangeana* und die leuchtend grüne *C. pandurata*, und solche für den kalten oder temperierten Bereich, z. B. die weißblütige, duftende *Coelogyne cristata*. Die Temperaturansprüche richten sich nach den ursprünglichen Herkunftsländern der jeweiligen Arten.
So erweist sich bei mir *Coelogyne massangeana* als hervorragend schnellwüchsig im Wohnzimmer bei Temperaturen zwischen 20° und 30 °C. Bei diesen Temperaturen treibt die Art entweder ganzjährig oder zumindest im Herbst und im Frühjahr neue Bulben und Blütentriebe.
Coelogyne cristata benötigt dagegen von Ende Mai bis Mitte September einen gut belüfteten, leicht schattigen Standort mit nächtlichen Temperaturabsenkungen (draußen, zum Beispiel auf einem Balkon). Wird sie ganzjährig zu warm gehalten, treibt sie durch, das heißt, sie bildet nur neue Bulben, aber keine Blüten.
Standort: Südwestlage, Ostfenster, Westfenster oder auch helle, große Nordfenster sind geeignet. Zu heller Standort, etwa reine Südlage, wird von den Pflanzen mit einer Braun- oder Gelbfärbung der Blätter quittiert.
Substrat: Ein durchlässiges, gut belüftbares Substrat, das schnell abtrocknet, ist wünschenswert, z. B. Rindensubstrat mit einem Zusatz von Agrofoam.
Umtopfen: *Coelogyne cristata* reagiert etwas empfindlich auf das Umsetzen. Dennoch ist es notwendig, weil gerne die neuen Bulben über den Topf der Ampel heraushängen und dort nur sehr schlecht bewurzeln und immer kleiner werden. *Coelogyne massangeana* erscheint mir robuster und pflegeleichter in dieser Hinsicht. Wichtig ist bei der Gattung *Coelogyne* – mehr noch als bei anderen Gattungen – der richtige Zeitpunkt des Umtopfens: auf jeden Fall erst nach der Blüte, wenn sich neue Bulben und Wurzeln zeigen. Das kann bei *Coelogyne massangeana* das ganze Jahr über sein,

bei *Coelogyne cristata* ist das in der Regel im Frühsommer der Fall. Beide Arten eignen sich wegen der zum Teil recht beachtlich langen Blütenstände vorwiegend für Hängetöpfe, die bei *Coelogyne cristata* zudem noch möglichst flach sein sollten. Weiße oder durchsichtige Töpfe eignen sich besonders gut, da sie sich nicht so stark erhitzen wie schwarze.

Licht: Man sollte die Pflanzen nach Ende März keiner direkten Sonnenbestrahlung an Fenstern mit Südausrichtungen aussetzen. Wie bei so vielen Orchideen ist auch hier der Halbschatten anzustreben, der leicht durch eine Aufhängung der Pflanze im oberen Drittel des Fensters erreicht werden kann. Auch eine Aufhängung an einem Südfenster mit Balkonüberbau oder Markise ist empfehlenswert. Meine *Coelogyne cristata* steht an einer Südostseite hinter einem mit Mückenvlies bestückten Fenster und von Sommer bis Herbst draußen.

Übersprühen: Ein regelmäßiges sanftes Übernebeln der Pflanzen über die Sommermonate bei einer Übersommerung draußen mit besonders hohen Temperaturen ist dem Wachstum der Pflanze sehr zuträglich und hält zudem Spinnmilben ab.

Gießen: Während des Wachstums sollten Coelogynen reichlich gegossen werden, bis das Wasser unten aus dem Topf läuft. Bei Ampeln mit fest verankerten Untersetzern muss man die Pflanzen regelmäßig auskippen. Danach das Substrat abtrocknen lassen. An warmen Sommertagen bei einem Standort draußen und der Kultur in Rindensubstrat ist das nach 2–3 Tagen der Fall. *Coelogyne cristata* benötigt im Herbst eine ausgesprochene Ruhezeit von 4–6 Wochen, in der sie deutlich weniger gegossen wird. Zeigen sich die Blütenstände, werden die Wassergaben wieder langsam gesteigert. Ständig nass zu stehen kann diese Gattung, wie die meisten anderen, nicht vertragen.

Düngen: Gedüngt wird nur während der Wachstumsphase. Einmal im halben Jahr sollte das Substrat richtig kräftig durchgespült werden, um eine Düngerkonzentration an den Wurzeln zu vermeiden.

Schädlinge: Über die Wintermonate ist *Coelogyne* recht anfällig gegen Spinnmilben oder auch Thrips. Bei Befall durch diese Schädlinge sind zunächst die Blätter gut abzuwaschen und dann mit ölhaltigem Spritzmittel nach Gebrauchsanweisung einzusprühen. Generell sollte man dann gleichzeitig auch die Kulturbedingungen verbessern, sprich die Luftfeuchtigkeit steigern. Bei hartnäckigem Befall durch Spinnmilben hilft nach meinen Erfahrungen manchmal nur noch Pentac (beim Pflanzenschutzamt erkundigen, ob es aktuell zugelassen ist!) oder Lizetan Zierpflanzenspray oder Bayer Garten Spinnmilbenspray plus.

Blütengröße: Je nach Art liegt der Blütendurchmesser quer gemessen bei 6–9 cm.

Duft: *Coelogyne cristata* duftet blumig leicht, *Coelogyne massangeana* hat den Duft von Orangen- oder Zitronenschalen.

Blütezeit: *Coelogyne cristata* blüht zumeist von Januar bis März mit 3–7 Blüten pro Blütenstängel und bei älteren Pflanzen 7–9 Blütentrieben, *C. massangeana* ganzjährig. *C. pandurata* ist exotisch schön, aber im Wachstum sehr kompliziert und nur selten zu bekommen. Falls sie blüht, dann im Herbst.

Coelogyne pandurata: Sie wächst am besten an einem korkbeschichteten Holzstück oben aus dem Topf.

Blühdauer: *Coelogyne cristata* zwischen 5 und 10 Wochen je nach Blütenanzahl und Trieben, *Coelogyne massangeana* blüht deutlich kürzer: etwa 3–4 Wochen, bei warmem Wetter mit hohen Außentemperaturen nur 2 Wochen, aber dafür bei guter Pflege mehrmals im Jahr. *Coelogyne pandurata* blüht nur 2–3 Wochen, ist aber sicher die attraktivste der drei Arten.
Nach dem Verblühen: Stängel abschneiden, wenn nötig umpflanzen und die Pflanzen etwas trockener halten.
Kulturfehler: Zu feuchte Haltung quittiert die Pflanze mit Blattflecken und Pilzbefall. Überdüngung macht sich in Form von dunklen Blattspitzen und mangelnde Luftfeuchtigkeit durch Schädlingsbefall (z. B. Spinnmilben, Woll- oder Schmierläuse) bemerkbar. Bei zu hohen Temperaturen bleibt bei *Coelogyne cristata* die Blüte aus.
Vermehrung: Coelogynen lassen sich leicht vegetativ durch Abtrennen von drei Bulben vermehren. Aber bereits schon aus einer Bulbe (sogar mit Blütenstängel) lässt sich eine neue Pflanze ziehen. Bei *Coelogyne massangeana* reicht ebenfalls manchmal schon eine einzelne Rückbulbe, was allerdings dann länger bis zur nächsten Blüte dauern kann.
Mein Rat: Coelogynen sollte man hin und wieder abduschen. Ich teile diese Pflanzen nur, wenn sie viel zu groß werden. Ansonsten sehen große Pflanzen mit vielen Rispen meiner Meinung nach sehr viel eindrucksvoller und dekorativer aus.

× *Colmanara*

Diese Mehrgattungshybriden sind sehr im Kommen, denn sie sind anpassungsfähige Pflanzen mit langer Blühdauer und unkompliziertem Wachstum, wie die dunkelrote × *Colmanara* 'Red Cat'.
Temperatur: Warmen Temperaturen ist der Vorzug zu geben.
Standort: Alle Fensterausrichtungen außer Nordseiten sind geeignet.
Licht: Es sollte diffuses Licht, eventuell durch davor stehende Pflanzen, ermöglicht werden.
Substrat: Rinden-Torf-Gemisch mit Agrofoam.
Umtopfen: Nach der Blüte, wenn nötig.
Übersprühen: Besser nicht.
Gießen: Es wird nur gegossen, wenn das Substrat vorher richtig abgetrocknet ist.
Düngen: Ein- bis zweimal im Monat reicht aus.
Schädlinge: Rote Spinne. Woll- oder Schmierläuse treten nur als Kulturfehler auf.
Kulturfehler: Staunässe ist auch bei dieser Gattung gefährlich.
Blütengröße: Je nach Hybride sind die Blüten 3–6 cm groß.
Blütenanzahl: Diese hängt ebenfalls von der Hybride ab. Bei × *Colmanara* 'Wildcat' sind es etwa 20 Blüten.

× *Colmanara* Red Cat blüht ca. 6–8 Wochen.

Blütezeit: Zumeist blühen Colmanaras im Frühjahr. Bei guten Pflegebedingungen auch noch einmal im Herbst.
Blühdauer: Etwa 6–8 Wochen.
Duft: Nur zart und bei Sonne, der Duft ist schlecht zu beschreiben. Er ist weder süß noch blumig, sondern bei × *Colmanara* 'Wildcat' eher ein bisschen herb und würzig, aber nicht streng.
Nach dem Verblühen: Stängel abschneiden und umtopfen, falls nötig.
Vermehrung: Vegetativ durch Teilung von großen Pflanzen.
Mein Rat: Bei Südausrichtungen erzielt man gute Erfolge mit zweimaliger Blüte im Jahr. Eine Übersommerung draußen ist für das Wachstum und die Blüte sehr zu empfehlen. Frische Luft ist auch für Orchideen gesund.

Schädlinge: Bisher habe ich keine beobachten können, aber bei Befall durch Schild-, Woll- und Schmierläuse muss man auch bei dieser Gattung und ihren Hybriden aufpassen.
Kulturfehler: Zu viel Nässe bringt die Pflanze schnell um.
Blütengröße: Die Blüten sind oft pinkfarben und höchstens 1,5 cm groß. Bei *Comparettia speciosa* sind die Blüten etwa 3 cm groß.
Blütenanzahl: Bei × *Rodrettia* 'Hawaii' und 2–4 Stängeln hatte ich bisher 40–70 Blüten. Bei *Comparettia speciosa* sind es meist nur 5–8 Blüten pro Stängel.
Blütezeit: × *Rodrettia* 'Hawaii' blüht ganzjährig. *Comparettia speciosa* ist ein Herbstblüher, der bis in den Winter hinein blüht.
Blühdauer: Bei × *Rodrettia* 'Hawaii' ist diese sehr lang,

Comparettia speciosa, C. falcata × *Rodriguezia secunda*

   ☞ F

Comparettias sind sehr langsame Wachser, die zudem auch nicht einfach zu halten sind. Eine ihrer Mehrgattungshybriden ist dagegen ein empfehlenswerter Dauerblüher: × *Rodrettia* 'Hawaii', eine Primärhybride aus *Comparettia falcata* × *Rodriguezia secunda*.
Temperatur: Diese Primärhybride verträgt problemlos Wohnzimmertemperaturen und blüht zuverlässig und ausdauernd. Reine Comparettias lieben es zur Blüteninduktion eher temperiert.
Standort: Alle Fensterausrichtungen sind angebracht, auch helle Nordseiten.
Licht: An Schattierung bei Fenstern mit Südausrichtungen ist bei der Hybride unbedingt zu denken.
Substrat: Reines Rindensubstrat mit Agrofoam gewährleistet schnelle Abtrocknung.
Umtopfen: Nicht während der Blüte.
Übersprühen: Nicht nötig.
Gießen: Nur sehr vorsichtig und wenig gießen.
Düngen: Regelmäßig einmal im Monat düngen.

Comparettias mögen es gerne etwas trockener.

etwa 7 Monate. Die alten Blütenstängel treiben immer wieder aus und blühen mit. Bei *Comparettia speciosa* nur etwa 8 Wochen Blühdauer.
Nach dem Verblühen: Man belässt bei × *Rodrettia* 'Hawaii' auf alle Fälle die Stängel an der Pflanze, solange sie noch grün sind, denn sie blühen dann immer weiter. Bei reinen Comparettias werden die Stängel hingegen abgeschnitten.
Vermehrung: *Comparettia*-Kreuzungen sind so langsame Wachser, dass man daran gar nicht zu denken braucht. Es besteht eher die Möglichkeit, dass die Pflanze totgegossen wird, als dass man sie teilen muss.
Mein Rat: *Comparettia* und ihre Kreuzungen sind nur etwas für fortgeschrittene Orchideenliebhaber. Staunässe nehmen sie besonders übel.

Diese duftende *Cycnoches* topft man in Rindensubstrat.

Cycnoches

   F

Cycnoches-Arten und Hybriden tragen ausgesprochen ausgefallene, exotisch geformte Blüten, die einzeln oder an kaskadenartigen Blütenrispen sitzen. *Cycnoches peruviana* ist z. B. bei ausreichend hellem Standort ein zuverlässiger Sommerblüher. Vom Wuchs her ist dies eine sehr kompakte und Platz sparende Art, die sich wegen der hängenden Triebe sehr gut für Ampeln oder einen erhöhten Stand in einem langen, schmalen, hohen Blumenübertopf eignet.
Temperatur: Warm bis temperiert.
Standort: Am besten gedeiht *Cycnoches* an Fenstern mit Südwest- und Südausrichtungen.
Licht: Diese Pflanze mögen es gerne hell und vertragen auch ein ordentliches Maß an direkter Sonne an Südwestseiten.
Substrat: Bitte nur in reines Rindensubstrat, das eine schnelle Abtrocknung gewährleistet.
Umtopfen: Nach der Blüte oder im frühen Frühjahr, wenn die Tage länger werden.
Übersprühen: Am besten gar nicht!
Gießen: Während der Wachstumsphase muss gut gegossen werden, aber nicht dort, wo der Neutrieb wächst. Erst wenn dieser größer und gut bewurzelt ist, gießt man auch an der Seite, wo der Neutrieb im Topf wächst.
Düngen: Einmal pro Woche sollte während der Wachstumszeit gedüngt werden.
Schädlinge: Spinnmilben, Woll- und Schmierläuse machen auch vor *Cycnoches* nicht halt.
Kulturfehler: Wer allzu eifrig gießt, oder die Pflanze allgemein zu feucht hält, wird zusehen müssen, wie die Neutriebe und Wurzeln verfaulen.
Blütengröße: Sehr unterschiedlich, 3–15 cm je nach Art.
Blütenanzahl: Bei *Cycnoches peruviana* sitzen viele kleine Blüten an mehreren Stängel pro **Blütezeit**. Es gibt auch Arten, die nur eine einzige, dann aber größere Blüte pro Stängel tragen.
Duft: Einige Arten duften. Eine grüne *Cycnoches*

Hybride auf meiner Fensterbank, die ich leider nicht mehr näher bestimmten konnte, duftete nach Zimt, so auch *C. loddi gesii*.
Blütezeit: Meistens Sommerblüher.
Blühdauer: Ca. 2 Wochen.
Tipp: *Cycnoches* kann man behandeln wie *Cattleya*.
Nach dem Verblühen: Wird der Blütenstängel abgeschnitten, und die Pflanze etwas trockener gehalten, eventuell auch umgetopft.
Vermehrung: Vegetativ durch Teilung.

Cymbidiella rhodochila

Dies ist eine Art der Gattung *Cymbidiella*, die noch gar nicht so lange und immer noch recht selten zu erwerben ist. Sie gleicht im Wuchs sehr der Cymbidie, zu der sie früher gerechnet wurde. Sie trägt dreifarbige markante Blüten mit grünen Petalen und Sepalen sowie eine kräftig rote Lippe, die mit schwarzen, plastischen Erhebungen geziert ist.
Temperatur: Während der Wachstumsphase werden warme Temperaturen vertragen. Da die Art aus Madagaskar stammt, ist zu empfehlen, sie zur Blüteninduktion temperiert bei etwa 16–18 °C zu halten.
Standort: *Cymbidiella* sollte relativ hell stehen, also an Fenstern mit Südausrichtungen oder Westfenstern.
Licht: Direktes Sonnenlicht wird vertragen, aber ab spätem Frühling bis Mitte September, je nach Wetter auch länger, muss an Fenstern mit Südausrichtungen schattiert werden.
Substrat: Rindensubstrat mit Agrofoam ist angebracht.
Umtopfen: Umgetopft wird auch hier nach der Blüte oder wenn der neue Blättertrieb mit der Bulbe zu wachsen beginnt und sich frische Wurzeln zeigen, vorzugsweise, wenn die Tage noch länger werden.
Übersprühen: Nur bei einer Übersommerung draußen sollte an ganz heißen Tagen auch noch zusätzlich zum Gießen übersprüht werden.

Gießen: Es sollte mit viel Wasser auf einmal gegossen und danach der Pflanze die Möglichkeit gegeben werden, wieder ganz abzutrocknen.
Düngen: Während der Wachstumszeit wöchentlich reichlich düngen.
Schädlinge: Schild-, Woll- oder Schmierläuse können auftreten. Generell sind die Pflanzen sehr robust und werden selten von Schädlingen befallen, wenn man sie richtig pflegt. Spinnmilben sind sehr häufig.
Kulturfehler: *Cymbidiella* verträgt viel Wasser, nur mag sie es wie die meisten anderen Orchideen nicht, wenn man sie dauerhaft übergießt oder ständige Staunässe verursacht.
Blütengröße: Von oben nach unten beträgt der Blütendurchmesser etwa 7–8 cm.
Blütenanzahl: Eine Blüte nach der anderen öffnet sich, und es werden bei Erstlingsblühern, die schon recht kräftige Pflanzen sind, 10–12 Blüten.
Blütezeit: *Cymbidiella* blüht im Frühjahr bzw. Sommer.
Blühdauer: Auch wenn die einzelnen Blüten nur etwa eine Woche halten, beträgt die Blühdauer doch mindestens 8–12 Wochen, da die Blüten erst langsam und hintereinander aufgehen.

Cymbidiella rhodochila hat knallige, dreifarbige Blüten.

Duft: *Cymbidiella rhodochila* duftet nicht.
Nach dem Verblühen: Die verblühten Blütentriebe abschneiden und umtopfen, wenn nötig.
Vermehrung: Die Vermehrung geschieht auch hier vegetativ durch Teilung bei großen Pflanzen mit mehr als 6 Bulben.
Mein Rat: Diese Pflanzenart braucht etwas weniger Platz als *Cymbidium*.

Cymbidium

Temperatur: Die großblütigen Hybriden mögen es kalt bis temperiert. In Santa Barbara, Kalifornien, gelten sie als Gartenpflanzen und stehen in der Nähe von bewaldeten Bergen im heftigsten warmen Regen draußen. Nachts werden die Temperaturen dort um einiges kühler. Mini-Cymbidien sind von den Temperaturansprüchen gemäßigter und gedeihen auch im Wohnzimmer ohne besondere Temperaturabsenkungen.
Ab Mitte Mai sollten Cymbidien bis Mitte September, bei einem warmen Herbst auch bis Mitte Oktober nach draußen in den Garten. Danach stellt man die Pflanzen an ein helles Fenster in einem unbeheizten Raum. Glücklich der, der einen Wintergarten besitzt. Er erfüllt am leichtesten die Platz-, Licht- und Temperaturansprüche von Cymbidien. Während des Ausreifens der Knospen sollten die Pflanzen nicht wärmer als 14 °C stehen, da es sonst zu Knospenabfall kommen kann. Nach Aufgehen der Blüten werden auch Temperaturen um 21 °C vertragen. Bei niedrigeren Temperaturen um 16 °C halten die Blüten allerdings länger.
Substrat: Torf-Rinden-Gemisch, Steinwolle.
Umtopfen: Die Pflanzen sollte so wenig wie möglich umgepflanzt werden. Cymbidien stehen gerne in zu kleinen Töpfen, genau wie Dendrobien. Muss dennoch irgendwann umgetopft werden, ist die beste Zeit dafür gekommen, wenn die neuen Triebe ungefähr 5 cm groß sind und neue Wurzeln bekommen.

Licht: Im Winter sollte man Cymbidien so hell stellen wie nur möglich, am besten an eine Südseite. Im Sommer sind auch diese Orchideen nur vor der ganz prallen Sonne zu schützen.
Übersprühen: Ein tägliches Übersprühen der Pflanzen mit Dünger über die Sommermonate bei einem Aufenthalt draußen fördert das Wachstum und Wohlbefinden der Pflanze und beugt Befall durch Spinnmilben vor.
Gießen: Während der Wachstumszeit sollte reichlich gegossen werden. Zwischen den einzelnen Wassergaben muss das Substrat wieder abtrocknen. Nach Ausreifen der neuen Blätter und Bulben etwas trockener halten, um die Blütenbildung in Gang zu bringen.
Düngen: Einmal in der Woche ist zu düngen. Die Menge richtet sich nach der obersten Grenze, die auf dem Düngeretikett empfohlen wird. Am besten düngt man über das Gießwasser und führt zusätzliche Blattdüngungen durch, solange die Pflanzen draußen stehen. Ein regelmäßiges, konzentriertes Düngen ist maßgeblich wichtig für Wachstum und Blüteninduktion. Außerdem ist es die beste Vorbeugung gegen Schädlinge.
Duft: Es gibt duftende Naturformen.
Blühdauer: Je nach Temperatur des Standortes und der Entwicklung der Pflanze blühen Cymbidien zwischen 6 Wochen bis zu 3 Monaten. Sie halten sich auch hervorragend, mindestens 3 Wochen, als Schnittblumen.
Blütengröße: Mini-Cymbidienblüten werden bis 7,5 cm groß, großblütige Cymbidien bis 13 cm.
Blütezeit: Viele Arten sind ausgesprochene Winter- oder Frühjahrsblüher.
Schädlinge: Leider werden Cymbidien bei nicht ganz optimalen Pflegebedingungen reichlich von Schädlingen heimgesucht: Thrips, Rote Spinne, Schildläuse, Woll- und Schmierläuse, bei Standort im Garten über Sommer auch von Kellerasseln, Schnecken, Tausendfüßlern und Ameisen.
Kulturfehler: Man sollte die Pflanzen draußen vor Regen und praller Sonne schützen. Am besten eignet sich ein überdachter Balkon als Sommerstandort. Bei zu schwachen Düngergaben, aber auch bei Überdüngung entwickeln sich die Triebe nur dürftig und setzen mit der

Blüte aus. Im Winter achte man peinlichst genau auf die nötige Luftfeuchtigkeit, sonst kehren Schädlinge ein.
Vermehrung: Vegetativ durch Teilen von Pflanzen mit mehr als 6 Bulben.
Mein Rat: Wichtig ist das Schälen der alten Cymbidien-Bulben. Dies ist nicht nur Kosmetik, damit die Pflanze gepflegter aussieht, sondern Prävention gegen Fäulnis und versteckte Schädlinge. Abgestorbene, trockene, alte Blätter schneidet man über der Bulbe ab und reißt das noch stehen gebliebene Stück des Blattes in der Mitte ein. Man beginnt mit dem äußersten Blatt und arbeitet sich bis zum innersten vor. Die einzelnen Blatthälften werden nach links und rechts abgezogen. Lässt man die abgestorbenen Blätter an der Pflanze, werden diese Teile gerne von Pilzen oder Schädlingen befallen.
Beim Kauf einer Cymbidie sollte man darauf achten, ob man ihren Platzansprüchen und dem mit ihr verbundenen Arbeitsaufwand gerecht werden kann. Weiße Cymbidien lassen sich im Topf schön als Weihnachtsgesteck umfunktionieren. Die Blüten halten 6–9 Wochen.

Dendrobium-Arten, wechselwarm zu halten und für das Kalthaus

Dendrobium nobile und -Hybriden, *D. kingianum, D. speciosum* und *D. delicatumi, u. a.*

Temperatur: Diese Arten sind während der Wachstumsphase warm zu halten und brauchen zur Blüteninduktion mehrere Wochen lang kühlere Temperaturen. Sie sind darum eigentlich eher als wechselwarm zu bezeichnen, denn auch Kalthaus-Dendrobien vertragen während des Wachstums warme Temperaturen. In der Wachstumsphase vom Frühjahr bis Herbst, während des Ausreifens neuer Bulben, können die Temperaturen tagsüber 20–25 °C betragen, nachts ist eine Temperatur um 15 °C sehr günstig. Während der Ruhezeit von Herbst bis Frühjahr müssen die Temperaturen auf 15–17 °C abgesenkt werden, nachts reichen sogar 10 °C aus. Sogar 5–8 °C werden noch von den Pflanzen vertragen, aber dann wird es langsam zu kalt und sie müssen hereingeholt werden. Von Mitte Mai bis Mitte Oktober sollten diese Pflanzen darum am besten nach draußen auf einen überdachten Balkon, unter einen Sonnenschirm oder Ähnliches, wo die Pflanzen vor Regen, direkter Sonnenbestrahlung und Schnecken geschützt sind.
Substrat: Auf jeden Fall ist bei allen Dendrobien ein reines Rindensubstrat angebracht.
Umtopfen: Es sollte so selten wie möglich umgetopft werden. Meist fühlen sich Dendrobien in Töpfen, die uns viel zu eng erscheinen, sehr wohl. Ausnahme ist, wenn

Cymbidium-Hybriden sind auch gute Schnittblumen.

das Substrat verdichtet und veralgt ist, übergossen wurde oder länger als 4 Jahre im Topf stand. Dann verpflanzt man ab Frühjahr bis Herbst, wenn sich neue Bulben zeigen, nicht aber während der Ruhezeit.

Licht: Dendrobien brauchen so viel direktes Licht wie möglich. Sie sollten also hell stehen, aber keiner direkten Sonnenbestrahlung über die Mittagsstunden der Sommermonate an Südfenstern ausgesetzt sein. Sehr hell sollten diese Dendrobien gerade während der Ruhephase über die Wintermonate stehen.

Standort: Ost-, West- oder Südseite mit Schattierungsmöglichkeiten.

Übersprühen: Während der Wachstumszeit täglich, besonders bei hohen Außentemperaturen draußen. Während der Ruhezeit nur an besonders sonnigen Tagen.

Gießen: Während der Wachstumszeit bis zum Ausreifen der Bulben wird reichlich gegossen, aber zwischendurch muss man das Substrat immer wieder abtrocknen lassen. Während der Ruhezeit und nach Ausreifen der neuen Bulben wird für ca. 6–8 Wochen das Gießen ganz eingestellt, bis die Bulben fast schon anfangen zu schrumpfen. In der Regel zeigen sich dann gerade bei *Dendrobium nobile* und -Hybriden die Blütentriebe durch Anschwellen der Nodien. Je niedriger die Temperatur, desto weniger Wasser. Wenn *Dendrobium nobile* zweimal im Jahr über mehrere Wochen bei 10 °C gehalten werden kann, sind zwei Blütezeiten im Jahr auch in Fensterbankkultur möglich. Zeigen sich Verdickungen an den Nodien, sollte wieder gegossen und über das Substrat gedüngt werden.

Düngen: Mindestens zweimal im Monat sollten diese Arten gedüngt werden. Während der Ruhezeit wird natürlich nicht gedüngt.

Duft: *Dendrobium nobile* und seine Hybriden duften intensiv, angenehm blumig. *Dendrobium kingianum* und *D. delicatum* duften blumigsüß und etwas zarter.

Diese *Dendrobium nobile*-Hybride duftet im ganzen Zimmer und blüht aus allen Nodien.

Blütenanzahl: *Dendrobium nobile* und Hybriden tragen, wenn man sie in einem Orchideenbetrieb im Frühjahr kauft, oftmals 20–70 Blüten! Die Pflanzen sind dann allerdings in der Regel aus Holland importiert und dort in computergesteuerten Gewächshäusern unter kontrollierten Bedingungen gezogen. Diesen Erfolgsmaßstab auf seine Fensterbank zu übertragen wäre für den Anfänger vermessen, der geübte Orchideenfreund mit viel Erfahrung wird jedoch mit Hilfe einer Übersommerung draußen und viel Intuition alle paar Jahre eine ähnliche Rekordblüte bei seinen Pflanzen hinbekommen. Allerdings können die Nodien jeweils nur ein einziges Mal Blüten austreiben. Darum bekommt die Pflanze die nächsten Jahre nach so einer Rekordblüte auf der Fensterbank maximal noch 10–15 Blüten, bis sie nach einigen Jahren mehrere neue Bulben ausgebildet hat, die allerdings bei optimalen Pflegebedingungen erneut aus allen Nodien gleichzeitig austreiben können und eine weitere Rekordblüte hervorbringen.

Blühdauer und **Blütezeit:** Recht unterschiedlich, 2–3 Wochen.

Blütengröße: *Dendrobium kingianum* trägt nur 2 cm große Blüten, während *Dendrobium nobile* und seine Hybriden einen Blütendurchmesser in der Breite von 6–10 cm erreichen. *Dendrobium nobile* hat bei optimalen Bedingungen je nach Größe der Pflanze 8–9 herrlich kräftig duftende Blüten im Frühjahr und im Herbst, die 8–12 Wochen halten. *Dendrobium kingianum* hat dagegen sehr viele winzig kleine rosa, zart duftende Blüten an einer Vielzahl graziler Stängel, die nur 2–3 Wochen halten und sich meist im Frühjahr oder Herbst zeigen.

Schädlinge: Befall durch Spinnmilben, Woll- und Schmierläuse bei zu trockener Luft oder durch Einschleppen.

Kulturfehler: Die Blüte bleibt aus, wenn die Temperaturabsenkungen nicht eingehalten werden. Es gibt Pilzbefall durch zu viel Feuchtigkeit, bei zu niedrigen Temperaturen und vor allem auch leicht bei zusätzlichem Lichtmangel über die Wintermonate. Man sollte sie trotzdem regelmäßig überduschen. Bei zu regelmäßigen Wassergaben bleibt die Blüte aus.

Dendrobium Stardust 'Chiyomi' ist besonders blühfreudig.

Dendrobium-Arten, temperiert zu halten

☼ 🌡 ⌖ ☞ **F**

Dendrobium thyrsiflorum, D. densiflorum, D. farmeri, D. griffithianum, D. chrysotoxum, D. arachnites, D. primulinum, D. lawesii, D. harveyanum

Temperatur: Die Tagestemperaturen sollten zwischen 18 und 20°C, die Nachttemperaturen etwas (5°C) niedriger liegen. Was die Temperaturansprüche anbelangt, sind diese Arten relativ unkompliziert und blühen auch dann, wenn man die genannten Temperaturen ein wenig überschreitet.
Licht: So hell wie möglich bei Vermeidung direkter Sonne über die Mittagsstunden in den Sommermonaten.
Standort: Ost-, West-, besser noch Südausrichtungen.
Substrat: Ein reines Rindensubstrat eignet sich für alle Dendrobien.

Umtopfen: So selten wie möglich. Wenn, dann zu Beginn der Wachstumsphase. Bitte die Töpfe so klein wie möglich wählen und frühestens nach zwei Jahren umtopfen.
Übersprühen: Bewirkt bei Zimmerhaltung zumeist nur Pilzbefall. Man sollte es also lassen.
Gießen: Es wird reichlich gegossen, bis das Wasser aus dem Topf unten herausläuft. Danach erst wieder gießen, wenn das Substrat ganz trocken ist und sich der Topf leicht anfühlt.
Düngen: Dünger, regelmäßig bei jedem dritten Gießen verabreicht, bewirkt ein kräftiges Wachstum und unterstützt den Ansatz von Blüten.
Blütenanzahl: Fast alle oben angeführten temperierten Dendrobien bilden eine Vielzahl von Blüten, *Dendrobium thyrsiflorum, Dendrobium farmeri, Dendrobium griffithianum, Dendrobium densiflorum* haben sogar kaskadenartige Blütenstängel, bei letzterer sogar mit 60–70 Blüten pro Stängel.
Blütengröße: Bei diesen Arten sind die Blüten teilweise recht unterschiedlich von 3–7 cm, *Dendrobium lawesii* hat etwa 1,5 cm große Blüten.

Dendrobium speciosum gehört im Sommer nach draußen.

Dendrobium harveyanum wirkt exotisch und fragil.

Blühdauer: Bei den hier angeführten Arten beträgt die Blühdauer zumeist 2–3 Wochen, bei *Dendrobium arachnites* 3–4 Wochen. *Dendrobium lawesii*, dessen Temperatur zwischen Warmhaus und temperiertem Haus liegt, blüht bei mir über 6 Monate.
Blütezeit: Alle oben aufgeführten Arten blühen im Frühjahr, *Dendrobium lawesii* im Sommer.
Schädlinge: Spinnmilben und Thrips bei zu trockener Luft über die Wintermonate sind eindeutig auf Pflegefehler zurückzuführen.
Kulturfehler: Diese stellen sich beim Übergießen, bei Staunässe und bei zu großen Töpfen ein.
Vermehrung: Die Vermehrung erfolgt vegetativ durch Teilung. Bei Dendrobien ist es allerdings zu empfehlen, auf das Teilen der Pflanze zu verzichten.
Mein Rat: *Dendrobium densiflorum* ist nur im Fachhandel zu erwerben, aber in Blüte wirklich eine Attraktion mit ihren kaskadenartig herunterhängenden Blütenstängeln mit – wie der Namen schon sagt – dicht gedrängten Blüten, die manche Leute wegen ihrer Farbe mit Spiegeleiern vergleichen.

Dendrobium harveyanum hat wohl außer *D. spectabile* die auffälligsten Blüten und ist eine der wenigen Orchideen, deren Blütenblätter am Rand wie dünne Fäden erscheinen. *Dendrobium*-Naturformen nehmen zu nasse Haltung sehr übel. Im Zweifelsfall also lieber immer etwas trockener.

Dendrobium-Arten, für das Warmhaus

 **A**

Dendrobium phalaenopsis und ihre Hybriden, D. bigibbum, D. bigibbum var. compactum, D. cruentum, D. victoriae-reginae, D. 'Dawn Marie', D. 'Winterdawn', D. miyakei, u. a.

Antilopen-Dendrobien: *Dendrobium antennatum, D. helix. D. spectabile, D. minax, D. 'Autumn Lace', D. 'Florida Twist', D. 'Hawaian Gem', D. 'Ekapol'*

Dendrobium spectabile macht seinem Namen alle Ehre.

Dendrobium densiflorum ist ein Star auf der Fensterbank.

Temperatur: Warme Temperaturanforderungen stellen diese Dendrobien. Sie können das ganze Jahr gleichmäßig gegossen und gedüngt werden. Das nennt man »durchkultivieren«. Sollte einmal die Blüte trotz zufriedenstellenden Wachstums der Pflanze ausbleiben, kann man mit geringfügigen Temperaturabsenkungen versuchen, den Blütenansatz herbeizuführen.

Substrat: Reines Rindensubstrat mit Holzkohlestücken sorgt für gute Durchlüftung der Wurzeln und verhindert Pilze im Substrat.

Umtopfen: So selten wie möglich, aber so oft wie nötig sollte umgepflanzt werden. Der Anfänger wird dies öfter tun als der fortgeschrittene Orchideenliebhaber. Zu kleine Töpfe finden die meisten Dendrobien gut. Der beste Termin ist, die neue Bulbe eine Größe von 5 cm hat, oder aber generell das Frühjahr.

Licht: Den Winter über sollten die Pflanzen sehr hell stehen, im Sommer muss aber bei einem Standort an der Südseite schattiert werden.

Standort: Am unkompliziertesten ist eine Ost- oder Westlage der Fenster. Wenn halbe Gardinen vor den Fenstern sind oder es andere Schattierungsmöglichkeiten gibt, können diese Dendrobien auch während des Sommers an allen Fenstern mit Südausrichtungen stehen.

Übersprühen: Dies bewirkt in Zimmerkultur höchstens Pilzbefall.

Gießen: Während der Wachstumszeit sollte man diese Arten immer vorsichtig und nicht zu viel gießen. Diese Dendrobien lieben es gern trocken.

Düngen: Zweiwöchentliche Düngungen während der Wachstumsphase kräftigen die Pflanzen deutlich.

Schädlinge: Spinnmilben, Thrips, Schildläuse, Woll- und Schmierläuse.

Kulturfehler: Bei mangelnder Luftfeuchtigkeit treten die ersten beiden der zuvor genannten Schädlinge auf. Bei zu hoher Luftfeuchtigkeit und gleichzeitig zu niedrigen Temperaturen kommt es zu Pilzbefall, insbesondere wenn über längere Zeit Wassertropfen auf den Blättern standen oder aber im Winter das Lichtangebot für die Pflanzen nicht ausgereicht hat. Bei ständiger Nässe sterben die Wurzeln ab und es kommt zu Fäulnis.

Dendrobium 'Ekapol' mag es warm und hell. Fenster mit Südausrichtungen sind nötig.

Blütengröße: 3–8 cm je nach Art und Hybride.
Blütenanzahl: Sie variiert je nach Art und Hybride zwischen 6 und 10 Blüten *(Dendrobium phalaenopsis)* sowie 30 und 40 bei den kleinen Blüten einer der Antilopen-Dendrobien.
Blühdauer: 3–7 Monate, manche Arten, wie oben beschrieben, auch 10–11 Monate, also deutlich länger als die Kalthaus-Dendrobien.
Blütezeit: Ganzjährig, bevorzugt im Frühjahr und Frühsommer.
Vermehrung: Man sollte es sich vorher gut überlegen, ob man eine Dendrobie wirklich teilt.
Mein Rat: Wer Orchideen hängend über Dendrobien kultiviert, muss auf Pilzbefall besonders achten. Sehr zu empfehlen sind *Dendrobium miyakei* und *Dendrobium cruentum*. Sie bringen von Frühjahr bis Sommer einen Blütenstängel nach dem anderen hervor. So blühte bei mir ein *Dendrobium miyakei* von Februar bis November und mein *Dendrobium cruentum* sogar 12 Monate hintereinander! Auch die Antilopen-Dendrobien blühen besonders häufig und lange.

Disa

Disa-Arten und ihre Hybriden tragen ausgesprochen ausgefallene Blüten, exotisch und grell gefärbt, häufig in pinken, roten oder orangenen Tönen. Sie sind auf jeder Fensterbank richtige Hingucker. Disas eignen sich zwar nicht für Anfänger, sind aber bei ausreichend hellem Standort und dem richtigen Know-How an Wasser ein zuverlässiger fleißiger Sommerblüher.
Temperatur: Warm bis temperiert. Im Sommer wird auch gerne ein Standort draußen vertragen.
Standort: Am besten gedeiht Disa an Ost-Fenstern, aber auch Südwest- und zu schattierenden Südausrichtungen.
Licht: Diese Pflanzen mögen es gerne hell, können aber bei zu dichtem Stand am Fensterglas über die Sommermonate verbrennen.

Substrat: *Disa* benötigt ein Substrat, das Feuchtigkeit speichern kann, also mit viel Sphragnum-Moos durchmischtes Substrat.
Umtopfen: Nach der Blüte oder im frühen Frühjahr, wenn die Tage länger werden.
Übersprühen: Am besten gar nicht!
Gießen: Während der Wachstumsphase muss gut gegossen werden. Trocknet die Pflanze nur einmal zu stark aus, ist es mit der Blüte vorbei. Staunässe verursacht dagegen Stammfäule.
Hier gilt es, das richtige Maß der Wassergaben am rechten Standort auszuprobieren. Meistens reicht 2 mal pro Woche.
Düngen: Einmal pro Woche sollte während der Wachstumszeit gedüngt werden.
Schädlinge: Diese Gattung wird nur selten von Schädlingen befallen.

Disas sind nur etwas für den fortgeschrittenen Orchideenliebhaber.

Besonderheit: *Disa* wirft über Winter alle Blätter ab, bzw. zieht ihre Blätter ein und lässt diese braun und verschrumpelt aussehen. Die Pflanze sieht aus wie eingegangen oder abgestorben. Nach dem Umtopfen im neuen Frühjahr wird sie sich jedoch wieder regenerieren. Nur Geduld!
Blütengröße: Sehr unterschiedlich. Manche Blüten werden im Verhältnis zur allgemeinen Größe der Pflanze sehr üppig groß: Sie erreichen locker 10 cm.
Blütenanzahl: Bei *Disa* sitzen mehrere nacheinander aufgehende große Blüten an dem monopodialen Blättertrieb.
Duft: Nicht duftend.
Blütezeit: Meistens Sommerblüher.
Blühdauer: Ca 2–4 Wochen.
Mein Rat: Haben Sie Probleme mit der Kultur von *Disa*, erkundigen sie sich am besten in der Orchideengärtnerei, die diese Pflanzen erfolgreich kultiviert und selber zieht und nicht nur verkauft. Fragen Sie sich zum Fachmann des Betriebes für diese Pflanzen durch und lassen Sie sich nicht abschütteln. *Disas* sind nicht einfach! Nicht aufgeben! Aber man muss Geduld haben. Über Winter keine Wassergaben.
Nach dem Verblühen: Wird der Blütenstängel abgeschnitten, und die Pflanze trockener gehalten, eventuell auch umgetopft. Über Winter zieht der Blättertrieb ein.

× *Doritaenopsis*

Diese Gattungshybride aus *Doritis* × *Phalaenopsis* gehört zu den sehr häufig angebotenen Orchideenhybriden. Ihre Blüten sind bei den meisten Hybriden von einem strahlenden Pink und etwas kleiner und robuster als die großblütigen *Phalaenopsis*, z. B. bei den häufig angebotenen × *Doritaenopsis* 'Aposya' und 'Eos', *D.* Kenneth Schubert ist lila.
Temperatur: Warm.
Standort: Südausrichtungen mit Schattierungsmöglichkeiten und Westseiten sind ideal.
Licht: Wie *Phalaenopsis* und *Doritis* bekommen die Pflanzen leicht Sonnenbrand. Ein Stand in zweiter oder dritter Reihe auf dem Fensterbrett ist günstig.
Substrat: Rindensubstrat oder Rinden-Torf-Gemisch. Vielgießer sollten lieber Rindensubstrat nehmen.
Umtopfen: Nach der Blüte oder wenn das Wurzelwachstum wieder beginnt.
Übersprühen: Ist nicht nötig.
Gießen: Vorsichtiges Gießen ist für die Pflanzen zuträglicher. Einmal in der Woche reicht aus.
Düngen: 1–2 Volldüngungen im Monat sind ausreichend.
Schädlinge: Bei schlechter Pflege Schildläuse. Durch Einschleppen auch Woll- und Schmierläuse.
Kulturfehler: Durch zu nasse Haltung verfaulen die Wurzeln, ebenso durch zu seltenes Umtopfen.

× *Doritaenopsis*-Hybriden kombinieren die knalligen Farben von *Doritis* mit der langen Haltbarkeit von *Phalaenopsis*.

Blütengröße: Je nach Hybride unterschiedlich: *Doritaenopsis* 'Eos' 6,5 cm, *Doritaenopsis* 'Aposya' 5 cm, *D.* I Hsin 'Jack' 7 cm.
Blütenanzahl: Diese Hybriden tragen beide 8–25 Blüten, je nach Alter und Pflegezustand der Pflanzen.
Blütezeit: Ganzjährig.
Blühdauer: *Doritaenopsis* ist ein ausdauernder Blüher mit einer Blütezeit von 3–4 Monaten.
Nach dem Verblühen: Stängel abschneiden, wenn nötig, umtopfen.
Vermehrung: Zuweilen treiben die Pflanzen neben sich Seitenkindel aus, die problemlos beim Umtopfen abgenommen werden können.
Mein Rat: Es gibt Doritaenopsis-Hybriden mit wundervollen dunkelroten Blüten; sie glänzen samtig. Manche scheinen wie aus Wachs.

Doritis

Diese Gattung ist der *Phalaenopsis* im Wuchs sehr ähnlich und könnte ihre »kleine Schwester« sein. Die Blüten sind sehr klein und zierlich und auch das Laub ist um einiges kleiner und schmaler als bei den meisten *Phalaenopsis*.
Temperatur: *Doritis pulcherrima* gleicht nicht nur in ihrem Äußeren, sondern auch in ihren Temperaturansprüchen der *Phalaenopsis*. Sie gedeiht sowohl warm als auch temperiert und kommt mit Temperaturen zwischen 18 und 24 °C sehr gut aus. Im Winter sollte die Temperatur nicht längere Zeit unter 16 °C abfallen.
Licht: Die Pflanzen sind hell zu halten, aber nicht über die Sommermonate direkter Sonnenbestrahlung auszusetzen.
Standort: Alle Fensterausrichtungen außer der reinen Nordseite sind geeignet.
Substrat: Rinden-Torf-Gemisch.
Umtopfen: Im Anbetracht der zwar dickfleischigen, aber empfindlichen Wurzeln von *Doritis* würde ich ein jährliches Umtopfen im Frühjahr empfehlen. *Doritis pulcherrima* nimmt mangelnde Belüftung im Plastiktopf sehr übel. Eine Verdichtung des Substrats ist durch regelmäßiges Umtopfen zu vermeiden.
Übersprühen: Ist nicht nötig.
Gießen: Diese Gattung kann lieber noch etwas trockener als *Phalaenopsis* gehalten werden. Das Substrat sollte vor dem nächsten Gießen auf jeden Fall wieder gut abgetrocknet sein.
Düngen: Die Wurzeln sind gegenüber Düngersalzen sehr empfindlich. Besonders auf der Substratoberfläche aufliegende Wurzeln werden leicht vom Dünger verbrannt. Am besten wässert man also die Pflanze vorher gründlich und hält sich beim Düngen an die geringste angegebene Düngerkonzentration des Herstellers.
Schädlinge: *Doritis* ist verhältnismäßig widerstandsfähig gegen Schädlingsbefall. Dennoch kann es zu Befall

Doritis pulcherrima mag es etwas trockener als *Phalaenopsis*.

durch Schild-, Schmier- oder Wollläuse kommen.
Kulturfehler: Staunässe bekommt dieser Gattung ganz und gar nicht. Durch regelmäßiges Umtopfen und vorsichtiges Gießen können Pflegefehler aber vermieden werden.
Blühdauer: 3–5 Monate.
Blütengröße: 3–4 cm, von oben nach unten.
Blütenanzahl: 10–30 Blüten pro Stängel je nach Größe, Hybride und Pflegezustand der Pflanzen.
Vermehrung: *Doritis* bildet gerne und häufig Seitenpflänzchen aus, Kindel, aber nicht am Blütenstängel, sondern neben der Pflanze am Stamm. Man kann sie beim Umtopfen mühelos abnehmen, denn sie bewurzeln sich leicht und schnell und wachsen rasch innerhalb von einem Jahr zu einer blühfähigen Pflanze heran.
Nach dem Verblühen: Es wird der Blütenstängel abgeschnitten und, wenn nötig, umgetopft. Anders als bei *Phalaenopsis* werden die Blütentriebe nach dem Verblühen bis auf 2 cm über dem Stamm abgeschnitten.
Mein Rat: Es gibt mittlerweile *Doritis* in allen möglichen Farbtönen, etwa *Doritis pulcherrima* 'Blue', aber auch weiße, rosafarbene, pinkfarbene und zweifarbene mit Aquinii-Zeichnung in Gelb/Weiß oder Rosa/Weiß.

Encyclia

Diese Gattung ist eng verwandt mit den Epidendren, und es kommt darum zu Schwierigkeiten mit der Gattungszuordnung bei einzelnen Arten und so für den Laien zu Verwirrungen: Manche Arten werden in der Literatur unterschiedlich eingeordnet und sowohl zu *Epidendrum*, oftmals auch zu *Encyclia* gerechnet. Die folgenden Kulturratschläge gelten darum zunächst nur für die unten stehenden Arten und Hybriden: *Encyclia cordigera*, *Encyclia vitellina*, *Encyclia vitellina* × *radiata*, *Encyclia mariae*.
Temperatur: Encyclias liegen mit ihren Temperaturansprüchen in einem Bereich zwischen temperiert und warm, den ich hier gerne als »mäßig warm« bezeichnen möchte. Temperaturen zwischen 18 und 21 °C sind ideal für Wuchs und Blütenbildung. Es ist keine nächtliche Temperaturabsenkung nötig.
Licht: Encyclias sind ebenso unempfindlich gegen pralle Sonne wie Cattleyas, obwohl sie zum Teil weitaus weichere Blätter haben. Allerdings müssen auch sie an Südfenstern im Sommer über die Mittagsstunden schattiert werden.
Standort: Die besten Erfahrungen habe ich bisher mit ihrem Stand an der Südseite gemacht. Im Sommer können Encyclias nach draußen. Ein Standort draußen tut ihnen zwar gut, aber sie brauchen die dortigen Tempera-

Encyclia vitellina ist neonorange und braucht es hell. Sie leuchtet im Gegenlicht besonders auffallend.

turen nicht notwendigerweise zu ihrer Blütenbildung.
Substrat: Zu empfehlen ist ein Torf-Rinden-Gemisch.
Umtopfen: Umgetopft wird, wie bei den meisten Orchideen, zur Wachstumszeit oder nach der Blüte.
Übersprühen: Ist in Zimmerkultur nicht nötig.
Gießen: Zur Wachstumszeit sind sie ausreichend, aber mäßig zu wässern. Zwischen den einzelnen Wassergaben muss das Substrat immer wieder abtrocknen.
Düngen: Gedüngt wird bei jedem vierten Gießen. In derselben Konzentration können Blattdüngungen wöchentlich durchgeführt werden, wenn man den Pflanzen etwas besonders Gutes tun möchte.
Schädlinge und Kulturfehler: Bei den dünnblättrigen *Encyclia*-Arten können Spinnmilben bei zu niedriger Luftfeuchtigkeit einkehren. Läuse können mit Blumensträußen aus dem Garten eingeschleppt werden, sind aber selten. Wer mit Woll- und Schmierläusen Probleme hat, kann sie auch auf Encyclias beobachten.
Blütengröße: Je nach Art und Hybride 3–6 cm.
Blütenanzahl: Die Blütenstängel tragen je nach Art und Hybride 4–15 Blüten.
Blühdauer: Viele Encyclias blühen 8 Wochen bis 3 Monate lang.
Duft: *Encyclia cordigera* duftet süß und schwer und kann ein ganzes Zimmer ausfüllen. *Encyclia vitellina × radiata* duftet sehr zart, aber nur an Sonnentagen.
Blütezeit: *Encyclia cordigera* blühte bisher bei mir immer von Juni bis August. *Encyclia vitellina × radiata* blüht zumeist ab Herbst/Winter bis in das späte Frühjahr. *Encyclia vitellina* ist dagegen ein reiner Frühjahrsblüher. *Encyclia mariae* ist ein ausgesprochener Sommerblüher und blüht meist ab Juni.
Kulturfehler: Bei zu feuchter Haltung verfaulen die neuen Blättertriebe.
Vermehrung: Vegetativ durch Teilung von großen Pflanzen mit mehr als 6 Bulben.
Nach dem Verblühen: Es werden die Blütenstängel abgeschnitten und, wenn nötig, umgetopft.
Mein Rat: Encyclias sind unkomplizierte und zuverlässige Blüher mit wunderschönen, oftmals duftenden Blüten. Sie sind auch für Anfänger geeignet.

Epidendrum

Epidendrum radicans, E. ibaguense, E. anthius, E. 'Joseph Lii', E. difforme, (Encyclia fragrans), E. cochleatum (Syn.: Encyclia cochleata), E. pseudepidendrum, E. ilense, E. anceps, E. nocturnum, E. arbusculum, E. capricorne, E. porpax und ganz modern im Moment wegen ihrer langen Blütezeit: Epidendrum Ballerina 'Oranje', 'Purple', 'Rood', 'Snow', 'Tiffany'

Temperatur: Epidendren gedeihen und blühen sowohl temperiert als auch warm. Sie sind, was den Temperaturbereich angeht, ziemlich anpassungsfähig. Wichtig ist, dass man der jeweiligen Temperatur auch das Gießverhalten anpasst. Je höher die Temperatur, desto feuchter

Epidendrum Black Comet ist fast unverwüstbar, wenn sie hell steht. Die auberginefarbene Blüte richtet die Lippe nach oben.

Epidendrum Ballerina kann man durch Kindel sehr gut selbst vermehren.

Epidendrum cochleatum ist ein Synonym zu *Encyclia cochleata*. Daraus entstand *Epidendrum* 'Green Hornet'.

muss die Pflanze gehalten werden, und je kühler, desto trockener.

Für *Epidendrum pseudepidendrum* möchte ich durchaus die Empfehlung für das Warmhaus geben, da sie dort besonders schnell wächst und unkompliziert zur Blüte kommt.

Licht: Alle oben aufgeführten Arten bevorzugen einen mäßig hellen Standort im Sommer, vor allem keine direkte Sonnenbestrahlung. Ein Zuviel an Sonne macht sich durch eine Rotverfärbung der Blätter und Sonnenbrand bemerkbar.

Standort: Ost- oder Westfenster, ideal aber überdachte oder zu schattierende Fenster mit Südausrichtungen.

Substrat: Eine Torf-Rindensubstrat-Mischung mit Holzkohle und Schaumstoffstückchen hat sich bei meinen Epidendren bisher bestens bewährt. *Epidendrum anceps, E. difforme* und *E. capricorne* gedeihen meiner Meinung nach am besten in reinem Rindensubstrat.

Umtopfen: Alle zwei Jahre kann man ab Frühjahr bis September umtopfen.

Übersprühen: Es sollte keinesfalls übersprüht werden, denn zu viel Luftfeuchtigkeit bewirkt bei *Epidendrum radicans* und *E. ibaguense* Pilzbefall. Man kann wohl bei älteren Exemplaren alle paar Monate oder einmal im Jahr den Staub abduschen.

Gießen: Während der Wachstumszeit kann reichlich gegossen werden, wenn man immer wieder danach das Substrat gut abtrocknen lässt.

Epidendrum fragrans macht nach der Blüte eine Ruhezeit durch, in der man entweder für 8 Wochen das Gießen ganz einstellt oder aber deutlich verringert, bis sich die neuen Bulben zeigen. Hält man die Pflanzen temperiert, wird dementsprechend weniger gegossen.

Düngen: Alle 2–4 Wochen sollte man die Pflanzen düngen. Über Winter bitte nicht!

Schädlinge und Kulturfehler: Spinnmilben stellen sich schnell bei zu niedriger Luftfeuchtigkeit ein und sind in Zimmerkultur leider häufig. Pilzerkrankungen und Bakteriosen bei *E.* Ballerina entstehen durch zu viel Feuchtigkeit und durch Übersprühen.

Blütengröße: *Epidendrum radicans* und andere schilfförmige Epidendren haben 4 cm große Blüten. Die Blüten von *Epidendrum fragrans* sind 5×4 cm groß. *Epidendrum difforme* trägt 2–4 cm große Blüten. Die dreifarbigen Blüten von *Epidendrum pseudepidendrum* werden 6,5 cm groß. Ebenso groß sind die Blüten von *Epidendrum cochleatum* im Längsschnitt. Andere Epidendren wie *Epidendrum capricorne* haben 1,5 cm große Blüten, *Epidendrum anceps* hat braune, 1,8 cm große Blüten.

Blühdauer: *Epidendrum radicans* und verwandte Epidendren: 3–7 Monate. *Epidendrum fragrans* und *Epidendrum difforme*: 6 Wochen. *Epidendrum pseudepidendrum*: etwa 8 Wochen. *Epidendrum cochleatum*: 7 Wochen. *Epidendrum anceps* blüht bei mir seit 7 Jahren durchgängig, da immer wieder neue Blüten an den alten Blütenstängeln aufgehen.

Duft: *Epidendrum fragrans* duftet süßlich vanilleartig, und *Epidendrum nocturnum* duftet, wie der Name bereits verrät, nur in den Abendstunden und nachts. Der Duft von *Epidendrum difforme* ist zitronen- oder limonenartig.

Blütezeit: Die meisten Epidendren sind Frühlings- oder Sommerblüher. *Epidendrum pseudepidendrum* und *E. anceps* blühen ständig das ganze Jahr hindurch oder sogar mehrere Jahre hintereinander jeweils immer wieder auch aus den alten Blütenstängeln. Darum sollte man die Blütenstiele immer stehen lassen und nie nach der Blüte abschneiden.

Blütenanzahl: Bei vielen Epidendren-Arten sind die Blüten unzählbar. Pro Pflanzen mit mehreren Blütenstängeln sind 300–400 Blüten durchaus möglich.

Nach dem Verblühen: Bei schilfblättrigen Epidendren (außer bei *E. Ballerina*) werden die Stängel nach der Blüte nicht abgeschnitten. Auch bei *Epidendrum anceps*, *E. pseudepidendrum* und *E. ilense* bleiben die Stängel unabgeschnitten stehen.

Vermehrung: Sehr einfach lassen sich gut bewurzelte Kindel oder Kopfstecklinge bei den ersten vier der oben genannten Epidendren abnehmen, auch bei *Epidendrum arbusculum*, dessen Wurzeln besonders dick und kräftig sind. Durch Teilung vermehrt man die Übrigen.

Mein Rat: Nehmen Sie es mit dem Düngen besonders ernst! So kann man Schädlingsbefall gut vorbeugen, indem man die Widerstandskraft der Pflanze stärkt und versucht, ihr die bestmöglichen Bedingungen zu ver-

Epidendrum pseudepidendrum blüht immer wieder aus den alten Stängeln. Die Kombination von drei verschiedenen Farben in einer Blüte macht sie zu einer auffälligen Erscheinung.

schaffen. Mit Biplantol und einem sehr hellen Standort habe ich bei Epidendren sehr gute Erfahrung gemacht.

Eulophia

☼ ╟─╢ ╦─╦ ☞ A

Eulophia-Arten und ihre Hybriden sind unglaublich unkomplizierte Wachser und recht unempfänglich gegen Schädlinge. Man kann beim schnellen Wachstum quasi zuschauen. Selbiges gilt auch für das fixe Entwickeln der oft sehr langen geraden Blütentriebe, die die Fensterbank weit überragen.

Eulophias blühen lange und ausdauernd und treiben sehr hohe gerade Blütenstängel.

Temperatur: Warm bis temperiert.
Standort: Am besten gedeiht *Eulophia* an Fenstern mit Südwest- und Südausrichtungen.
Licht: Diese Pflanzen mögen es gerne hell und vertragen auch ein erstaunliches Maß an direkter Sonne an Südwestseiten, obwohl ihre Blätter so zart sind.
Substrat: Bitte nur in reines Rindensubstrat, das eine schnelle Abtrocknung gewährleistet.
Umtopfen: Nach der Blüte oder im frühen Frühjahr, wenn die Tage länger werden.
Übersprühen: Am besten gar nicht!
Gießen: Während der Wachstumsphase muss sehr gut und reichlich gegossen werden, aber nicht gerade dort, wo der Neutrieb wächst. Erst wenn dieser größer und gut bewurzelt ist, gießt man auch an der Seite, wo der Neutrieb im Topf wächst.
Düngen: Einmal pro Woche sollte während der Wachstumszeit gedüngt werden.
Schädlinge: Diese Gattung wird nur selten von Schädlingen befallen.
Kulturfehler: Wer allzu eifrig gießt, oder die Pflanze allgemein zu feucht hält, wird so einen Pilz auf den Blättern erzeugen, der bei trockener Haltung von selber wieder sein Wachstum einstellt. Die unschönen Blattflecken bleiben aber davon zurück. Man kann die Blätter der Vorjahrestriebe mit Pilzbefall im nächsten Frühjahr einfach abschneiden, wenn sich der neue Blattrieb bildet.
Blütengröße: Sehr unterschiedlich. 2–5 cm je nach Art und Hybride.
Blütenanzahl: Bei *Eulophia* sitzen viele etwas weiter auseinander verteilte Blüten an einem kerzengeraden Stängel.
Duft: Mir ist keine duftende *Eulophia*-Art oder Hybride bekannt.
Blütezeit: Meistens zuverlässige Sommerblüher.
Blühdauer: Ca. 4–6 Wochen. Einige Arten deutlich länger!
Mein Rat: *Eulophia* kann man behandeln wie *Cattleya*. Nur ein Standort draußen im Sommer wird meist nicht vertragen.

Nach dem Verblühen: Wird der Blütenstängel abgeschnitten, und die Pflanze etwas trockener gehalten, eventuell auch umgetopft.
Vermehrung: Vegetativ durch Teilung.

Galeandra baueri

    F

Temperatur: Warme Temperaturen werden von dieser wirklich lohnenden Mini-Orchidee sehr gut vertragen.
Standort: Bis jetzt habe ich an Südwestseiten die besten Erfahrungen gemacht. Meine Exemplare bekommen zusätzlich indirektes Licht von einem gegenüberstehenden Südostfenster und stehen in vierter, also bei mir in hinterster Reihe.
Licht: *Galeandra* braucht viel indirektes Licht.
Substrat: Am geeignetsten ist wohl so genannte Babyerde aus kleinbrockigem Rindensubstrat, genau wie für Jungpflanzen von *Paphiopedilum*. Diese Erde gibt es nur in Orchideengärtnereien. Bitte fragen Sie nach!
Umtopfen: Seltenes Umtopfen, frühestens nach 2 Jahren. Die kleinen Pflanzen stehen in Minitöpfen von 5 cm. Man sollte also die Folgetöpfe so klein wie möglich wählen und für ein optimal wasserdurchlässiges Substrat sorgen.
Übersprühen: Ist nicht nötig.
Gießen: Sehr vorsichtig und sparsam, höchstens einmal in der Woche. Diese Pflanzen kann man tatsächlich mit einem Fingerhut gießen!
Düngen: Eine einmalige Düngung pro Monat ist ausreichend.
Schädlinge: Vorstellbar sind Spinnmilben und Woll- oder Schmierläuse, obwohl ich bisher keine Schädlinge an *Galeandra baueri* beobachten konnte.
Kulturfehler: Die Pflanzen sind eigentlich sehr pflegeleicht. Denkbar ist eine Überwässerung, die zum Abfaulen von Bulben führen würde.
Blütengröße: Obwohl die Pflanze an sich nur 10 cm hoch ist, sind die Blüten im Verhältnis erstaunlich groß: Der Durchmesser von oben nach unten beträgt 3 cm, vom Sporn von hinten nach vorne gemessen sogar 4,5 cm.
Blütenanzahl: Pro Stängel trägt *Galeandra baueri* 3–4 Blüten.
Blütezeit: Diese Art ist ein ausgesprochener Herbstblüher. Der Beginn der Blütezeit liegt anscheinend immer ganz exakt Anfang September.
Blühdauer: Die Blütezeit beträgt bei optimaler Haltung mehrere Monate.
Duft: Es ist kein wahrnehmbarer Duft vorhanden.
Nach dem Verblühen: Man lässt die Stängel stehen, denn *Galeandra baueri* treibt immer wieder erneut aus dem alten Blütenstängel aus.

Galeandra baueri, klein, aber fein – eine Mini-Orchidee, die fleißig blüht.

Vermehrung: Die Pflanzen sind so klein, dass man getrost auf eine Teilung verzichten kann.

Mein Rat: Eine *Galeandra baueri* passt in jeden kleinen Zwischenraum auf einer Fensterbank, auch wenn man glaubt, keinen Platz mehr zu haben.

Natürlich hat das eine Auswirkung auf Ihr Gießverhalten, denn kleine Pflanzen in kleinen Töpfen benötigen auch wenig Wasser. Wer eine dauerhafte Blüte erreichen möchte, geht behutsam mit dem Gießen um und sorgt aber in der Blüte für kleine regelmäßige Wassergaben. Sie kann auch in 2. oder 3. Reihe an einem Südwestfenster stehen.

Haemaria discolor lässt sich gut durch Stecklinge vermehren.

Haemaria discolor (Syn.: *Ludisia discolor*) Macodes, Liparis: Juwelenorchideen (Juwel Orchids)

Goodyera pubescens, Dossinia marmorata, Anoectochilus roxburghii und A. sikkimensis

Die Juwelenorchideen haben ihren Spitznamen von ihrem außerordentlich schönen, samtigen Blattwerk, das von in der Sonne wie Diamanten glitzernden Adern durchzogen ist. *Haemaria discolor* hat ein samtiges, dunkelrot-braunes Blatt mit hellen, glitzernden Adern. Die Juwel Orchids sind terrestrisch wachsende Orchideen.

Temperatur: Die Juwelenorchideen haben je nach Ursprungsland etwas unterschiedliche Kulturbedingungen. *Haemaria discolor* und *Goodyera pubescens* kann man jedoch trotz unterschiedlicher Ursprungsländer (*Haemaria discolor* kommt aus Malaysia, *Goodyera pubescens* aus Nordamerika) beide warm bis temperiert kultivieren. Eine Blüte blieb trotz warmer Wohnzimmerkultur bei beiden noch nie aus.

Standort: Die Pflanzen gedeihen an allen Fensterausrichtungen.

Licht: Diffuses Licht ist über die Sommermonate am besten. In den Monaten September bis April vertragen die Pflanzen auch direkte Sonne.

Substrat: Die Pflanzen gedeihen sowohl in einem Torf-Rinden-Gemisch als auch in gewöhnlicher Blumenerde oder Erde aus dem Garten!

Umtopfen: Man sollte nur umtopfen, wenn die Pflanzen aus dem Topf herauswachsen oder das Substrat nicht mehr in Ordnung ist.

Übersprühen: Ein Übersprühen in Zimmerkultur ist nicht nötig und auch nicht zuträglich für die Pflanzen.

Gießen: Die Pflanzen vertragen eine Menge Wasser und sogar ein bestimmtes Maß an Staunässe. Eine gewisse Zeit wird sogar Hydrokultur vertragen.

Düngen: Es sollte mindestens zweimal im Monat gedüngt werden.
Schädlinge: Bisher habe ich keine Schädlinge beobachten können.
Kulturfehler: Viele Kulturfehler werden von den Pflanzen vertragen, egal, ob sie zu trocken oder zu feucht stehen, zu viel oder zu wenig gedüngt werden.
Blütengröße: Die winzigen Blüten sind nur 1 cm groß. Ihre Lippe ist verdreht.
Blütenanzahl: Jeder Stängel trägt zwischen 20–30 Blüten, bei Jungpflanzen weniger.
Blütezeit: *Haemaria discolor* ist ein Winterblüher und blüht ab Dezember/Januar.
Blühdauer: Die Blüten halten mindestens 2 Monate.
Duft: Die Blüten duften nicht.
Nach dem Verblühen: Die Blütenstängel werden abgeschnitten und die Pflanze alle zwei Jahre umgetopft.
Vermehrung: Man vermehrt sie entweder durch Teilung, bei *Haemaria discolor* auch ganz unkompliziert durch Stecklinge von beblätterten Stammstücken.
Mein Rat: Die Pflanzen können eine Menge Pflegefehler aushalten und eignen sich hervorragend als Anfängerpflanzen.

× *Howeara* Mini-Primi

 **F**

× *Howeara* Mini-Primi ist eine Kreuzung aus *Oncidium* × *Rodriguezia* × *Leochilus*.
Temperatur: Warme Temperaturen in der Wachstumszeit und temperierte Temperaturen für die Blüteninduktion sind für diese Dreigattungshybride erforderlich.
Standort: Alle Fensterausrichtungen außer der Nordseite kommen in Frage.
Licht: Wegen ihres *Oncidium*-Anteils brauchen die Pflanzen eine Menge Licht und vertragen auch über die meiste Zeit des Jahres außer den Sommermonaten direkte Sonne.
Substrat: Ein Torf-Rinden-Gemisch ist zu empfehlen.

Umtopfen: Es ist immer ein Umtopfen alle zwei Jahre nach der Blüte angebracht. Es kann sein, dass die Pflanzen genau wie *Oncidium* nach Jahren aus den Töpfen »aussteigen«. Dann sind die hinteren Bulben abzunehmen und separat einzutopfen, damit die vorderen neuen Bulben eingepflanzt werden können und dadurch eine neue Wurzelbildung möglich ist.
Übersprühen: Davon ist in Zimmerkultur abzuraten.
Gießen: Ein einmaliges Gießen pro Woche ist ausreichend.
Düngen: Ein- bis zweimal pro Monat sollte eine Volldüngung durchgeführt werden.
Schädlinge: Mit Läusen aller Art ist wie bei allen Oncidien zu rechnen.
Kulturfehler: Bei zu langsamem Wuchs und Unterversorgung werden die Pflanzen nur spärlich blühen.
Blütengröße: Etwa 1,5 cm.
Blütenanzahl: × *Howeara* Mini-Primi bringt unzählige Blüten hervor. Die Blüten sitzen dicht an dicht am Stängel, sodass dieser kaum sichtbar ist.
Blütezeit: Frühjahr.
Blühdauer: Meistens beträgt sie mindestens 8 Wochen.
Duft: Ein Duft ist eindeutig wahrzunehmen, aber schlecht zu beschreiben.
Nach dem Verblühen: Es werden die Blütenstängel nach der Blüte immer abgeschnitten.
Vermehrung: Die Vermehrung geschieht durch Teilung.
Mein Rat: Trotz ihrer kleinen Blüten ist die Mehrgattungshybride ein eindrucksvoller Blüher. Sie sieht sehr hübsch in Ampeln aus, darf aber während der Blüte nicht richtig austrocknen.

Laelia, × *Laeliocattleya* und × *Sophrolaeliocattleya*

 **A**

Die Arten der Gattung *Laelia* und die genannten Mehrgattungshybriden sind in jeglicher Hinsicht in der Kultur wie *Cattleya* zu behandeln. Sie unterscheiden sich für den Laien auf den ersten Blick zunächst nur in der Blütengröße von *Cattleya*, denn sie sind in der Regel kleinblütiger, oft dafür aber mehrblütiger und vor allem haltbarer als Cattleyen. Blütengrößen von 5–8 cm sind die Regel bei z. B. der reingelben *Laelia flava* und deren Kreuzung LC Zitronenfalter der apricot-orangefarbene *Laelia milleri* oder auch *Laelia praestans*-Kreuzungen. Die Blüten halten 6–8 Wochen. Dies ist, abgesehen von den kräftigen Farben und dem kompakteren Wuchs, ein Grund für die Einkreuzung in die Gattung *Cattleya*. Recht beliebt sind die gelb-orangefarbenen × *Laeliocattleya* Sinola und die leuchtend roten × *Laeliocattleya*-Rojo-Kreuzungen. Sie haben Blütengrößen zwischen 8 und 9 cm und blühen 3–6 Wochen lang. Andere Laeliocattleyen, wie *Laeliocattleya* 'Mini Purple', werden sogar 10–11 cm groß.

Sophrolaeliocattleyen erobern stetig weiterhin den Markt. Sie sind sehr gefragt wegen ihrer wunderschönen *cattleya*-artigen Blüten (bis 12 cm Größe), ihren oft in kräftigem Rot und Orange leuchtenden Farben, ihrer für die Fensterbank sehr platzsparenden Größe und einer Blühdauer von 2–3 Monaten.

Natürlich hängen Größe und Blühdauer einer Blüte zum einen von den genetischen Voraussetzungen, also von den jeweiligen Elternteilen, ab, zum anderen aber auch vom Pflegezustand einer Orchidee.

Insgesamt würde ich diese Gruppe innerhalb der Orchideen als ziemlich unproblematisch bezeichnen. Manche Exemplare erweisen sich als besonders wuchs- und blühfreudig und blühen zweimal im Jahr. Da die Blätter sehr hart und fest sind, werden sie nur selten von Schädlingen wie z. B. Woll- oder Schmierläusen befallen. Sie können große Wassermengen vertragen und über die meiste Zeit des Jahres auch direkte Sonne. Zur Blüteninduktion über Sommer nach draußen stellen.

Lemboglossum bictoniense

☼–◐ ▮–▮ ⚱ ☞ **A–F**

Lange Zeit galt diese Art als zu *Odontoglossum* zugehörig und hat in der Tat auch vieles mit dieser Gattung gemeinsam.

Temperatur: Temperierte Bedingungen fördern den Blütenansatz.

Standort: Alle Ausrichtungen von Fenstern sind angebracht außer der Nordseite. Im Sommer gedeihen *Lemboglossum* besonders gut, wenn sie nach draußen gestellt werden.

Licht: Über die Sommermonate können die Pflanzen leicht verbrennen.

Substrat: Ein Rinden-Torf-Gemisch fördert deutlich das Wachstum und Wohlbefinden der Pflanzen.

Umtopfen: Alle 2 Jahre sollte nach der Blüte oder zu Beginn der Wachstumsphase umgetopft werden.

Übersprühen: Ist nur von Nutzen an heißen Sommertagen bei einem Aufenthalt im Freien.

Gießen: Einmaliges Gießen pro Woche reicht aus.

Laeliocattleya erkennt man an relativ kompakten Blüten und länglicher Lippe. Oft haben sie leuchtende Farben.

Düngen: Ein- bis zweimal im Monat sollte über das Gießwasser gedüngt werden.
Schädlinge: Woll- und Schmierläuse setzen sich gerne in die Blattachseln und an die Blüten dieser Pflanzen.
Kulturfehler: Die Pflanzen sind relativ robust.
Blütengröße: 7 cm.
Blütenanzahl: Es gibt Pflanzen, die nur 8–10 Blüten pro Stängel tragen, aber auch welche mit 20 Blüten.
Blütezeit: Diese Art ist ein ausgesprochener Herbstblüher und blüht zwischen September und November.
Blühdauer: 2–4 Monate.
Nach dem Verblühen: Es werden nach der Blüte die Stängel abgeschnitten und wenn nötig umgetopft.
Vermehrung: Die Vermehrung geschieht vegetativ durch Teilung von Pflanzen mit mehr als 6 Bulben.
Mein Rat: Diese Pflanzen eignen sich auch für Anfänger.

Lockhartia oerstedii

   ☞ F

Diese Gattung unterscheidet sich maßgeblich durch ihr besonders interessantes, hübsches Blattwerk von anderen Orchideen. Sie ist eine etwas andere Orchidee, platzsparend und lange blühend.
Temperatur: Bei warmen Wohnzimmertemperaturen habe ich bis jetzt die besten Erfahrungen gemacht.
Standort: Südwest- oder Südostseiten sind ideal.
Licht: Ein Standort in der zweiten Reihe auf der Fensterbank bekommt den Pflanzen gut. Im Winter brauchen sie so viel Licht wie möglich und können in erster Reihe stehen.
Substrat: Ein Rindensubstrat ist unerlässlich.
Umtopfen: Alle 1–2 Jahre sollte umgetopft werden, oder wenn das Substrat zu nass geworden ist.
Übersprühen: Ist in Zimmerkultur nicht nötig.
Gießen: Vorsichtiges Gießen mit nur wenig Gießwasser ist am besten.
Düngen: Ein- bis zweimal im Monat sollte gedüngt werden.

Schädlinge: Bisher habe ich keine Schädlinge feststellen können.
Kulturfehler: Durch Staunässe faulen die Neutriebe ab.
Blütengröße: Die Blüten erinnern in Farbe und Form an gelbe Oncidien-Blüten und sind etwa 2,5 cm groß.
Blütenanzahl: Bei einer Blütenstängelanzahl von 14 oder mehr bei guter Pflege tragen die einzelnen Stängel jeweils immer nur eine Blüte.
Blütezeit: Meist gibt es zwei Blütezeiten: eine im Frühjahr im Mai und eine, meist etwas schwächere, im Herbst.
Blühdauer: Die Blühdauer beträgt 2–3 Monate.

Lemboglossum bictoniense ist ein zuverlässiger Blüher. Er braucht über Winter viel Licht.

Nach dem Verblühen: Man lässt die winzigen Blütenstängel an der Pflanze einfach abtrocknen und topft höchstens alle 2 Jahre nach der Blüte um. Gelbe Blättchen werden einfach abgezupft.
Vermehrung: Sie geschieht vegetativ durch Teilung.
Mein Rat: Man muss in vielen Orchideengärtnereien nachfragen, bevor man ein Exemplar bekommt.

Lycaste aromatica

   ☞ F

Temperatur: Die Tagestemperaturen können zwischen 18 und 24 °C liegen, die Nachttemperaturen um 16–18 °C. Damit gehört diese *Lycaste* in den temperierten Kulturbereich. Im Winter schadet es der Pflanze nicht, wenn die Temperaturen noch ein paar Grad niedriger liegen.
Licht: Im Sommer ist an Südseiten etwas diffuses Licht am vorteilhaftesten, wie es etwa hinter einer teilweise lichtdurchlässigen Gardine der Fall ist. Ab Spätsommer bis April wird die volle Sonne vertragen. Ein Sonnenbrand oder Blattflecken sind bei dieser Gattung nicht so tragisch, da sie in jedem Winter die Blätter abwirft.
Standort: Bisher habe ich meine Lycasten an der Westseite, Südost- und Südwestseite mit gutem Erfolg kultiviert, dazu in voller Sonne.
Substrat: Ein Rindensubstrat wirkt sich sehr positiv auf die Pflanze aus, da ihre Wurzeln darin viel frische Luft bekommen.
Umtopfen: Höchstens alle 2 Jahre, wenn sich das Substrat zu zersetzen beginnt. Beste Umtopfzeit ist von März bis Mai. Lycasten scheinen das Umtopfen zu hassen und weigern sich dann manchmal zu blühen.
Übersprühen: Lycasten gehören zu den Orchideen, die in Zimmerkultur mitunter recht empfindlich auf ein Übersprühen reagieren. Wie bei Calanthen sammelt sich bei ihnen das Wasser in den Neutrieben wie in einem Trichter, und es besteht die Gefahr, dass diese abfaulen. Also sollte man es auf jeden Fall sein lassen.
Gießen: Während der Ausbildung des neuen Blättertriebes reichlich gießen, wenn das Substrat vorher wieder ganz trocken geworden ist. Nach Abfall der Blätter wird das Gießen drastisch auf ein Minimum den Winter über reduziert. Manche Orchideenfreunde empfehlen für diese Zeit eine strenge Ruhephase ohne Gießen. Dem kann ich mich allerdings nicht anschließen.
Düngen: l ml Flüssigdünger wird bei jedem vierten Gießen dem Gießwasser hinzugefügt. Eine Blattdüngung kommt, wenn überhaupt, erst nach Abschluss der Blattentwicklung in Frage. Man sollte es gerade bei den Lycasten mit einer regelmäßigen Düngung sehr genau nehmen, da sie jedes Jahr erneut erst ihre Blätter entwickeln müssen und viel Kraft dafür brauchen. Sie sind darin durchaus mit den Laub abwerfenden Calanthen zu vergleichen. Durch die Haltung in Rinde bedingt, waschen sich die Düngesalze schnell wieder durch das

Die Blättertriebe von *Lockhartia oerstedii* sind spektakulär.

reichliche Gießen aus. Ob die Pflanze genügend Nährstoffe regelmäßig zugeführt bekommen hat, zeigt sie selbst anhand ihrer Blütenanzahl und der Dicke ihrer Bulben an, die bei ausreichender Nährstoffzufuhr nicht kleiner werden dürfen.

Schädlinge und Kulturfehler: Bei zu niedriger Luftfeuchtigkeit muss man mit Spinnmilben rechnen. Oft kommt es zu einem Befall erst im Herbst oder Winter in der Heizperiode, in der ohnehin die Blätter unansehnlich werden und abfallen. Somit lohnt sich ein Einsatz von chemischen Schädlingsbekämpfungsmitteln zumeist nicht. Lieber sollte man bei einem Spinnmilbenbefall die Blätter etwas vorzeitiger abschneiden.

Blütengröße: 7–9 cm, je nach Art und Hybride.

Blütenanzahl: Die Anzahl der Blüten ist bei dieser Gattung sehr unterschiedlich und hängt von ihrem Wohlbefinden und der Düngerzufuhr ab. Manche großblütigeren Lycasten tragen allerdings auch bei guter Pflege nur eine oder zwei Blüten, wohingegen kleinblütigere, wie die sonnengelbe *Lycaste aromatica*, 7–14 Blütenstängel mit je einer Blüte tragen.

Duft: *Lycaste aromatica* hat zu Recht diesen Namen inne, denn ihr Duft ist sehr stark aromatisch und erinnert mich an eine Mischung aus Vanille und Zitrone. Manche Leute empfinden den Duft auch als zimtartig.

Blütezeit: Nach meinen beiden *Lycaste aromatica*-Exemplaren kann ich die Jahreszeitenuhr stellen, so pünktlich sind sie. Stets im März beginnt die Wachstumsphase mit Erscheinen des neuen Blättertriebes. Im Mai oder Juni erscheinen die Blütentriebe am Fuße des noch nicht ausgereiften neuen Blättertriebes. Meine beiden *Lycaste aromatica* blühen seit 5 Jahren zuverlässig immer ab Juli/August.

Blühdauer: 6–7 Wochen.

Lycaste aromatica duftet wie eine Mischung aus Vanille und Zitrone.

Nach dem Verblühen: Die Blütenstängel werden abgeschnitten.
Vermehrung: Auch hier kommt für den Laien nur eine vegetative Vermehrung durch Teilung in Frage. Nur teilen, wenn die Pflanze mindestens 6 Bulben hat.
Mein Rat: Wegen ihrer großen, jährlich im Herbst oder Winter abfallenden Blätter benutze ich diese Gattung gerne als Sonnenschirm für empfindlichere Orchideen. Anfänger sollten besser die Finger von der Gattung *Lycaste* lassen.

Eine *Masdevallia coccinea*-Hybride hat im Verhältnis zu ihren Blättern sehr große Blüten.

Masdevallia

    F

Temperatur: Die meisten Masdevallien sind kalt zu kultivieren. Daneben gibt es aber auch einige, die temperiert oder warm zu halten sind. Geeignet sind für kalt zu kultivierende Masdevallien unbeheizte Zimmer aller Art, z. B. Schlafzimmer, Toiletten, Treppenaufgänge oder helle Kellerräume, und Standorte von Mai bis September oder Oktober draußen.
Viel Frischluft und eine hohe Luftfeuchtigkeit sind sehr günstig. In Kalifornien stehen Masdevallien draußen als Gartenpflanzen in Orchideengärtnerein und bekommen sogar hin und wieder Regen ab. Neuerdings werden immer mehr Arten für den temperierten und warmen Bereich angeboten. Fazit: Man muss sich beim Erwerb einer *Masdevallia* genauestens über ihren Temperaturbereich informieren!
Licht und Standort: Masdevallien gedeihen gut im Schatten anderer Pflanzen an Nord- oder Westfenstern. Für schnelles Wachstum sorgt auch ein Standort an der Südseite in hinterster Reihe auf der Fensterbank, also gut von anderen Pflanzen vor direktem Sonnenlicht geschützt. Nachdem Masdevallien draußen an einen Standort erst gewöhnt sind, vertragen sie bei guter Luftbewegung dort erstaunlich viel Licht.
Substrat: Reines Rindensubstrat, wenn möglich feinkörnig, sorgt für rasches Abtrocknen, muss aber dann auch alle paar Tage wieder gegossen werden.
Umtopfen: Eigentlich zu jeder Zeit, wenn man auf die folgende Art umtopft: Die Pflanzen sollten prinzipiell in Gittertöpfchen gesetzt werden, dann kann man ganz einfach die Orchideen mitsamt altem Gittertopf in einen etwas größeren Gittertopf setzen. Eine günstige Umtopfzeit ist das Frühjahr, da sich gerade dann die neuen Wurzeln bilden und das neue Substrat durchdringen können. Wer mit dem Gießen gut klarkommt, kann die Pflanzen auch in normalen, sehr kleinen Plastiktöpfen mit gutem Wasserabzug halten.
Übersprühen: Gar nicht in Zimmerkultur, höchstens zur

Blattdüngung. Die Blütentriebe am Fuße der Blättchen würden in den Hüllblättern verfaulen.

Gießen: Masdevallien lieben es zwar feucht, aber auch ihnen bekommt es wesentlich besser, wenn sie zwischenzeitlich kurz abtrocknen. Lediglich das völlige Austrocknen der Wurzeln muss unbedingt vermieden werden und ist genauso schädlich wie Staunässe.

Düngen: 0,5 ml Flüssigdünger auf 1 Liter Wasser als Blattdüngung und alle 4–6 Wochen über das Substrat sind bei Masdevallien angemessen.

Schädlinge: Wer seine Masdevallien in Sumpfmoos ultiviert, sollte mit Schnecken rechnen.

Kulturfehler: Bei stehender Nässe und mangelnder Luftbewegung entsteht leicht Pilzbefall und die Neutriebe verfaulen. Bei zu warmem Standort bleibt bei den kalt zu kultivierenden Arten die Blüte aus.

Blütengröße: Die eigentliche Blüte der *Masdevallia* ist mit 2–4 cm sehr klein, wenn auch die Petalen lang herunterhängen.

Blühdauer: 2–4 Wochen. Bei *Masdevallia ignea* 6 Wochen und bei *Masdevallia militaris* über 8 Wochen, bei guter Pflege ist eine Blüte mehrmals im Jahr hintereinander möglich.

Blütezeit: Je nach Art unterschiedlich, bevorzugt im Frühjahr oder im Herbst.

Nach der Blüte: Die Blütentriebe werden eine Weile stehen gelassen. Bleiben sie grün, treiben daraus neue Blüten, trocknen sie ein, sollten sie jedoch abgeschnitten werden.

Mein Rat: Masdevallien sind Pflanzen für den erfahrenen Orchideenliebhaber. Am ehesten zu empfehlen sind die temperaturtoleranteren orangefarbenen Kreuzungen. Masdevallien sind alles andere als einfach. Auch nach 20 Jahren Orchideenpflege habe ich die optimalen Bedingungen auf der Fensterbank noch nicht gefunden.

Übrigens: Wenn Sie eine pinkfarbene *Masdevallia coccinaea*-Hybride kaufen, dürfen Sie sich nicht wundern, wenn die noch geschlossenen Knospen in Ihrem Wohnzimmer blass werden. Diese *M.* sind Kalthaus-Orchideen.

× *Miltassia*

☼ ▮–▮ ⌬ ☞ **F**

× *Miltassia* ist eine Kreuzung aus *Miltonia* und *Brassia*. Sie besticht durch ihre bizarren, sternförmigen Blüten, die zumeist dazu noch kräftige Farben besitzen und eine interessante Zeichnung tragen. Von den Kulturansprüchen her ist sie der *Brassia* in allem gleich zu behandeln. Sie sind auch davon abhängig, ob kalt oder warm zu kultivierende Miltonien bei der Kreuzung verwendet wurden.

Die Vertreter dieser Gattungshybride sind nicht ganz einfach in der Pflege. Oft erweisen sie sich als problematische, langsame Wachser und sind nicht einfach wieder zum Blühen zu bringen. Darum sind sie auch für Anfänger nicht geeignet. Einige Züchter haben mir beim Kauf meiner Exemplare empfohlen, sie der Sonnenbestrahlung auszusetzen wie eine *Cattleya* und erst kurz vor dem Verbrennen der Blätter zu schattieren. Mit dem Rat habe ich bisher meine Miltassien jedes Jahr wieder zum Blühen bekommen. Auch ein Aufenthalt im Sommer im Freien ist sehr zuträglich für Wachstum und Gedeihen.

Masdevallia leben im Sommer draußen auf. Hier entstehen durch niedrigere Temperaturen knallige Farben.

Genau wie *Cattleya* sollte man Miltassien in reinem Rindensubstrat kultivieren.
Temperatur: Warm bis temperiert.
Blütezeit: × *Miltassia* ist ein ausgesprochener Herbstblüher.
Blühdauer: Etwa 6 Wochen.
Blütengröße: Sie beträgt 13 bis 14 cm im Längsdurchmesser.
Blütenanzahl: Meine Exemplare trugen bisher nur 4–5 Blüten, sind allerdings auch noch verhältnismäßig junge Pflanzen.
Mein Rat: Miltassien haben leider von den Miltonien die unangenehme Anlage zum Ziehharmonikawuchs geerbt. Bei zu viel oder zu wenig Waser kann diese störende Begleiterscheinung entstehen. Bei den ersten Anzeichen stellt man die Pflanze an den hellsten zur Verfügung stehenden Platz, topft um und gießt sie.
Von *Brassia* haben sie die unangenehme Angewohnheit geerbt, aus den Töpfen nach oben hinauszuwachsen. Das führt dazu, dass man die letzten Bulben bei jedem Umtopfen abnehmen muss, um sie nicht bei erneutem Umtopfen »begraben« zu müssen.
Durch ihre Einkreuzung von *Brassia* sind sie dafür leichter zum Blühen zu bringen.

Diese × *Miltassia*-Hybride blüht acht Wochen lang.

Miltonia und *Miltoniopsis*

☼ – ◐   ☞ **F**

Als *Miltoniopsis* bezeichnet man botanisch korrekt alle kolumbianischen *Miltonia*, also die Stiefmütterchen-Typen, die bei Orchideenliebhabern so beliebt sind. *Miltonia spectabilis*, *Miltonia spectabilis* var. *morelliana*, *Miltonia regnellii*, *Miltonia warscewiczii* gehören zu den »echten« *Miltonia*-Arten. Im Handel findet man oft alle zusammen unter der botanisch nicht ganz richtigen Einheitsbezeichnung *Miltonia*.
Temperatur: Es gibt kälter und wärmer zu haltende Arten. Die meisten angebotenen Miltonien sind jedoch kühle *Miltoniopsis*-Hybriden mit den wärmer zu kultivierenden echten *Miltonia*-Arten und wachsen am besten bei Temperaturen von 21–24 °C, zur Blütenbildung jedoch bei wesentlich niedrigeren Temperaturen von 15–18 °C. Nach der Blüte kann man, muss aber nicht, die Pflanzen bei 18° C halten. Wenn die Pflanzen die Pseudobulben ausgebildet haben, bewirkt meist eine derartige Temperaturabsenkung, etwa im Sommer draußen, eine Blüteninduktion innerhalb weniger Wochen.
Standort: Als sehr geeignet erweisen sich Ostfenster. Aber auch Westfenster sind zu empfehlen. Ein Südfenster im Sommer ist nur dann möglich, wenn eine ausreichende Schattierung vorhanden ist und sich der Standort nicht gerade in der ersten Reihe auf der Fensterbank dicht am Glas befindet. Ein Standort draußen während der Sommermonate bewirkt durch die Luftbewegung und das schnellere Abtrocknen wahre Wunder.
Licht: Schon die zarten Blätter verraten die Vorliebe für den halbschattigen Standort. Werden die Blätter gelbgrün oder gar rot, steht die Pflanze zu hell. Über die Sommermonate sollte man die Pflanzen am besten in die zweite oder dritte Reihe auf der Fensterbank stellen, auf ein Blumentischchen oder nach draußen.
Substrat: Ein Rinden-Torf-Gemisch mit Agrofoam ist bei Hybriden am meisten angebracht, reines Rindensubstrat dagegen bei Naturformen.

Umtopfen: Anfänger sollten jährlich *Miltonia* und *Miltoniopsis* im Frühjahr nach der Blüte umsetzen, erfahrenere Orchideenliebhaber alle 2 Jahre. Auf gute Dränage achten!

Übersprühen: Nur draußen im Sommerlager ist ein Übersprühen angebracht. Vorsicht bitte beim Übernebeln. Die Düse muss dabei auf Feinsteinstellung stehen. Staunässe in den Blattachseln bewirkt Gelb- oder gar Braunwerden der Blätter (Fäulnis!). Wer dagegen seine Miltonien nicht übersprüht, riskiert Befall durch Rote Spinne (Spinnmilben) im Winter.

Gießen: Miltonien und *Miltoniopsis* sind nicht ganz einfach in der Handhabung. Hier gilt es vor allem das richtige Maß und den rechten Zeitpunkt für das Gießen einzuhalten. Miltonien und *Miltoniopsis* in Blüte reagieren sehr empfindlich auf eine völlige Abtrocknung des Substrats: Die Blütenränder trocknen ein. Auf der anderen Seite bewirkt ein ständiges Zu-feucht-Halten sicher Fäulnis.

Nach der Blüte: Die Pflanzen etwas trockener halten. *Miltonia*-Naturformen mögen es dabei eher noch etwas trockener nach der Blüte als die Hybriden.

Düngen: Eine einmalige Düngung im Monat über das Gießwasser reicht für die feinen *Miltonia*-Wurzeln aus. Die Pflanzen sollten vor einer Düngung gegossen werden, da Miltonien auf Dünger sehr empfindlich reagieren können und so die Gefahr eines Verbrennens der Wurzeln gemildert wird. Bitte nur alle 4 Wochen düngen! Eine Blattdüngung wöchentlich in derselben Konzentration ist zusätzlich sehr zu empfehlen.

Schädlinge: Gerade bei *Miltonia* und *Miltoniopsis* empfiehlt es sich, im Herbst vorbeugend gegen Spinnmilben Zierpflanzenspray Lizetan Plus zu sprühen, denn die Milben stellen sich oft mit der Heizperiode ein und können den Wuchs der Pflanzen bei schlimmem Befall beeinträchtigen. Pflanzen, die ich im Herbst vorbeugend behandelt habe, waren im nächsten Frühjahr deutlich kräftiger und ungestörter in Wuchs und Blüte als die erst nach Befall behandelten Exemplare. Bevor also die Pflanzen zum Herbst hin in das Haus kommen, sollte man sie bereits draußen übersprühen, um ein ungehindertes Wachstum gewährleisten zu können.

Eine raffiniert gefärbte *Miltonia regnellii*-Hybride.

Miltoniopsis: Ein Blütenmeer wie dieses kann auch bedeuten, dass die Pflanze überdüngt wurde.

Blütengröße: Die meisten *Miltonia*-Hybriden, *Miltoniopsis* und ihre Hybriden haben verhältnismäßig große, flache und an Stiefmütterchen erinnernde Blüten, die dazu auch noch duften. Naturformen tragen Blüten zwischen 5 und 10 cm, Hybriden zwischen 8 und 13 cm Durchmesser in der Höhe. *Miltonia warscewiczii* trägt 5–6 cm große, duftende Blüten.

Duft: Je nach Art oder Hybride kann der Duft honigsüß bis blumig oder würzig sein und ist durchaus stark wahrnehmbar.

Blütezeit: Miltonien sind überwiegend Frühjahrsblüher. *Miltonia spectabilis* und Hybriden blühen allerdings erst im Herbst. *Miltonia schroederiana* blüht im Frühjahr und im Herbst. *Miltonia warscewiczii* blüht vom Frühjahr das ganze Jahr über bis in den Spätherbst.

Blühdauer: Je nach Art und Hybride halten die Blüten 2–3 Monate. Miltonien aus der Jersey-Foundation, die etwas kleinblütiger sind, blühen sogar bis zu 7 Monate. Die Länge der Blütezeit ist aber auch abhängig von der Blütenanzahl sowie der Anzahl der Triebe.

Nach dem Verblühen: Die Blütentriebe müssen abgeschnitten und die Pflanzen umgetopft und etwas trockener und kühler gehalten werden. Eine Ausnahme bildet hier *Miltonia warscewiczii*, deren Blütentriebe unbedingt stehen bleiben sollten und die unter der untersten verblühten Blüte abgeschnitten werden müssen. Diese sehr zu empfehlende Naturform bildet hintereinander von oben nach unten aus allen Nodien neue Seitentriebe mit Blüten an ihren Blütenstängeln und blüht so oftmals das ganze Jahr über.

Kulturfehler: Miltonien quittieren alles, was ihnen an Pflegebedingungen nicht passt, mit Ziehharmonikawuchs. Zu viel oder zu wenig Düngung, zu viel oder zu wenig Feuchtigkeit, vor allem auch bei zu dicht gewordenem Substrat tritt Ziehharmonikawuchs bei den Blätterneutrieben auf. Solche Pflanzen muss man sofort umtopfen und nur dann gießen, wenn sie trocken sind. Vorläufig sollte man dann auf Volldüngungen über das Substrat verzichten und nur Blattdüngungen durchführen, bis sich die Pflanze erholt hat.

Vermehrung: Diese Gattung lässt sich nur vegetativ durch Teilung vermehren. Man belasse dabei mindestens 2, besser noch 3 belaubte Bulben pro Topf.

Mein Rat: Gelbe oder braune Blätter sollte man stets ganz entfernen. Verblühte Blütenstände müssen frühzeitig abgeschnitten werden, bevor die Blüten von selbst herunterfallen. Man liest oft in Büchern, dass eine nur wenige Stunden auf einem Blatt liegende verblühte *Miltonia*-Blüte Fäulnis verursachen kann. Bisher habe ich das nur ein einziges Mal erlebt, als ich aus dem Urlaub nach 2 Wochen wiederkam. Meiner Meinung nach braucht es wesentlich länger, bis die Blätter wirklich geschädigt werden. Für ein paar Stunden halte ich es für ganz unbedenklich. Miltonien sollte man ab der Heizperiode regelmäßig auf Spinnmilbenbefall untersuchen. Bei den ersten Anzeichen von Befall muss man sofort die Pflanze isolieren und mit z. B. Lizetan Zierpflanzenspray behandeln.

× *Odontioda*, × *Odontonia*

× *Odontioda* ist eine Kreuzung aus *Odontoglossum* und *Cochlioda*. Sie trägt kräftig gefärbte Blüten, deren Blütenblätter leicht gewellt sind, wenn *Odontoglossum crispum* als Elternteil verwendet wurde. × *Odontonia* ging durch Kreuzung aus *Odontoglossum* und *Miltonia* hervor. Ihre Blütenform sieht der von × *Odontioda* sehr ähnlich. Beide Gattungskreuzungen haben gleiche Kulturbedingungen und werden darum hier zusammen abgehandelt.

Temperatur: Die Temperaturen sollten in der Wachstumsphase zwischen 16 und 24 °C liegen. Nachts sind Temperaturabsenkungen von einigen Grad nötig zur Blüteninduktion. Im Winter sollte die Temperatur 12 °C nicht unterschreiten.

Licht: Keine direkte Sonnenbestrahlung über die Sommermonate!

Standort: Ost- oder Westseite sind ideal, aber auch eine

helle Nordseite ist möglich. Schattierbare Südausrichtungen sind zu empfehlen.
Substrat: Ein Torf-Rinden-Gemisch ist am ehesten angebracht.
Umtopfen: Die beste Zeit beginnt, wenn die neuen Blättertriebe anfangen Wurzeln zu bilden.
Übersprühen: Nur bei einer Übersommerung draußen an heißen Sonnentagen während längerer Hitzeperioden angebracht.
Gießen: Es wird immer dann gegossen, wenn das Substrat ganz abgetrocknet ist. Vor allem Odontonias sind sehr empfindlich gegen Staunässe.
Düngen: Eine wöchentliche Blattdüngung wirkt wahre Wunder bei Odontiodas und Odontonias. Dazu sollte bei jedem vierten Gießen eine Düngung über das Gießwasser erfolgen.
Schädlinge und Kulturfehler: Bei zu geringer Luftfeuchtigkeit werden die Blätter von Spinnmilben (Roter Spinne) befallen. Bei stehender Feuchtigkeit und zu geringen Temperaturen kommt es zu Pilzbefall oder zum Abfaulen der Neutriebe.
Blütengröße: 7–9 cm im Querdurchmesser, je nach Elternteilen.
Blütenanzahl: Zumeist tragen die Blütenstängel 3–7 Blüten.
Blütezeit: Die einzelnen Arten und Hybriden blühen zu unterschiedlichen Zeiten einmal im Jahr. Es gibt auch ausgesprochene Frühjahrs- oder Herbstblüher.
Blühdauer: Je nach Art und Hybride, Größe und Alter der Pflanze sowie Blütenanzahl zwischen 6 und 8 Wochen.
Vermehrung: Für den Laien ist eine vegetative Vermehrung durch Teilung möglich. Auch bei diesen Zweigattungs-Hybriden sollten mindestens 6 Bulben im Topf sein, bevor man die Pflanze teilt. Geteilt wird nach dem Verblühen, am besten wenn sich bereits Neutriebe zeigen. Stellt man die Pflanze über den Sommer nach draußen, gedeiht sie prächtig und wird es mit zahlreichen Blüten danken.

Odontioda Dilys × *Odontioda Bunty* sorgt für leuchtende Bezugspunkte auf Ihrer Fensterbank.

Odontiodas sind meist nur in Orchideengärtnereien zu bekommen und wachsen langsam.

Odontoglossum, × Odontocidium und ihre Hybriden

Temperatur: Während der Wachstumsphase, in der Regel von April bis Oktober, mögen Pflanzen dieser Gattung und ihrer Gattungskreuzungen Temperaturen zwischen 18 und 24 °C. Ein Aufenthalt der Orchideen im Freien ist ab Mitte Mai bis Mitte September sehr anzuraten, da die Pflanzen dann deutlich kräftiger und widerstandsfähiger werden. Ab September, kurz vor Ausreifen der Neutriebe, ist es ratsam, sie in einem unbeheizten Zimmer bei etwa 12–16 °C zu halten, um damit die Blütenbildung zu fördern.
Die meisten Arten und Kreuzungen sind also temperiert zu kultivieren. Je nach Einkreuzung der Elternteile durch warme Oncidien können auch temperaturtolerantere Kreuzungen dabei herauskommen, die durchaus warm kultiviert werden können. Bitte daher beim Kauf nach dem Temperaturbereich der Pflanze fragen. *Odontoglossum crispum*-Hybriden mögen es dagegen gerne kälter.

Licht und Standort: Die Pflanzen gedeihen an Ost-, West- und hellen Nordseiten und an Südausrichtungen aller Art mit Schattierungsvorrichtungen. Bei zu hellem Standort verfärben sich die Blätter rötlich oder bekommen Sonnenbrand.

Substrat: Ein Torf-Rinden-Gemisch erfüllt alle Anforderungen.

Umtopfen: Umgetopft wird im Frühjahr nach Beginn des Neuaustriebs oder nach der Blüte.

Übersprühen: *Odontoglossum*-Hybriden werden nur bei einem Standort draußen im Hochsommer bei längeren Hitzeperioden übersprüht.

Gießen: Während der Wachstumsphase verbrauchen die Pflanzen relativ viel Wasser. Aber auch hier ist es ratsam zu warten, bis das Substrat ganz abgetrocknet ist, bevor man erneut gießt. Nach der Blüte empfiehlt es sich, die Pflanzen etwas trockener zu halten. Eine strenge Ruhephase macht *Odontoglossum* allerdings nicht durch.

Düngen: Blatt- und Volldüngungen können sich hier sinnvoll ergänzen. 1–2 Volldüngungen pro Monat sind zu empfehlen.

Schädlinge und Kulturfehler: *Odontoglossum*, aber auch ihre Hybriden sowie *Odontocidien* sind an sich sehr robuste Pflanzen, die selten von Schädlingen befallen werden. Allerdings können auch sie Schildläuse, Woll- und Schmierläuse bekommen, wenn man diese erst einmal ins Wohnzimmer eingeschleppt hat. Sehr

Odontoglossum Hansruedi Isler, ist eine ältere Kreuzung und wird gern als Elternteil für Hybriden genutzt.

selten treten Spinnmilben auf. Bei zu warmem Standort temperiert zu haltender Arten kann die Blüte ausbleiben.

Blütengröße: Die Blütengröße von *Odontoglossum* und Hybriden schwankt um 7–8 cm, je nach Hybride und Elternteilen. Odontocidien werden 2–8 cm groß, im Längsschnitt gemessen.

Blütenanzahl: Zwischen 7 und 30 Blüten pro Blütenstängel ist bei *Odontoglossum* alles möglich; *Odontoglossum crispum* hat 8–20 Blüten, bei × *Odontocidium* liegen die Blütenzahlen meist zwischen 20–30.

Blütezeit: Die meisten *Odontoglossum*-Hybriden sind Herbst- oder Winterblüher. Es gibt aber auch einige Frühjahrsblüher. Das beste ist, man erkundigt sich beim Kauf einer Pflanze danach, falls dieses nicht bereits durch das Tragen von Blüten ersichtlich ist. Den Zeitpunkt der Blüte zu wissen ist wichtig für das Düngen. So werden Frühjahrsblüher über den Winter hin weitergedüngt, Herbstblüher aber nicht.

Blühdauer: Die Blüten halten 6–8 Wochen an der Pflanze.

Nach dem Verblühen: Es werden die Stängel abgeschnitten und die Pflanzen etwas kühler und trockener gehalten.

Duft: *Odontoglossum pulchellum* (botanisch korrekt nun *Osmoglossum pulchellum*) duftet äußerst intensiv und ähnlich wie Maiglöckchen. Auch *Odontoglossum laeve* (botanisch genauer *Miltonioides laevis*) duftet intensiv nach süßlichen Weih-nachtsgewürzkeksen. Sie ist leicht mit *Miltonia schroederiana* zu verwechseln. Die meisten anderen Arten und vor allem ihre Hybriden duften nicht. Manche Odontocidien duften ebenfalls, je nach Erbanlagen.

Vermehrung: Für den Liebhaber bleibt auch hier nur eine Vermehrung durch Teilung.

Mein Rat: Ein Aufenthalt im Sommer im Freien wirkt wie eine Kur und kräftigt die Pflanze außerordentlich. Ein Umtopfen spätestens alle zwei Jahre kann durchaus in Rinden-Substrat geschehen, wenn dieses mit Agrofoam durchsetzt ist. Dies wirkt sich positiv auf die Durchlüftung der Wurzeln aus.

Oerstedella centradenia und *O. wallisii*

Diese Arten der Gattung *Oerstedella* haben dem Schilf ähnliche Blätter, sind in der Regel zierlich und relativ kompakt. Sie sind für den fortgeschrittenen Liebhaber zu empfehlen, da vor allem von *Oerstedella centradenia* leicht Ableger zu bekommen sind, sie lange blühen, keine besonderen Temperaturansprüche gestellt werden und die Pflanzen wenig Platz wegnehmen.

Sehr wichtig ist für diese Gattung, dass um die Wurzeln herum stets eine genügende Ventilation möglich ist.

Temperatur: Die Pflanzen gehören in den warmen Bereich. Sie blühen darum auch zuverlässig im warmen Wohnzimmer. Manche Züchter kultivieren sie auch temperiert und erzielen so etwas kräftigere Blütenfarben.

Standort: Alle Fensterausrichtungen sind geeignet.

Licht: Diese Art verträgt viel Licht, aber auch hier ist eine leichte Schattierung über die Sommermonate nötig.

Substrat: Sehr grobes Rindensubstrat mit großen Rindenstücken hat sich bewährt.

Oerstedella centradenia treibt über viele Monate im Jahr langbewurzelte Kindel.

Umtopfen: Nach der Blüte im späten Frühjahr oder wenn man beginnendes Wurzelwachstum feststellt.
Übersprühen: Für diese Art ist es nützlich, auch in Zimmerkultur geduscht zu werden, denn die vielen Luftwurzeln der Kindel bekommen nur dann genügend Nährstoffe und Wasser. Außerdem beugt man Spinnmilbenbefall vor.
Gießen: Bei zu viel oder zu wenig Wasser werden die kleinen, empfindlichen Blätter gelb und fallen ab. Bei zu wenig Wasser werden sie braun und welk. Zweimal im Monat die Pflanzen lange zu duschen ist auf jeden Fall von Vorteil.
Düngen: Ein- bis zweimal im Monat sollte gedüngt werden.
Schädlinge: Spinnmilben und Woll- und Schmierläuse.
Kulturfehler: Das Abfallen von Blättern wird sowohl durch Schädlinge wie auch durch falsches (zu viel oder zu wenig) Gießen verursacht.
Blütengröße: Die rosafarbenen, filigranen Blüten werden etwa 2 cm groß.
Blütenanzahl: Pro Stängel zählt man bei *O. centradenia* 8–10 Blüten, die alle nacheinander aufgehen.
Blütezeit: Frühjahr.
Blühdauer: 8–10 Wochen.
Nach dem Verblühen: Man sollte die Blütenstängel noch lange stehen lassen, denn manchmal blühen die Pflanzen daraus noch anschließend weiter oder bilden Kindel wie bei *Oerstedella centradenia*.
Vermehrung: Durch Abnahme von Kindeln bei *Oerstedella centradenia*, die erstaunlich dicke Wurzeln im Verhältnis zu so einer zarten Pflanze haben, oder durch Teilung.
Mein Rat: Bereits aus 1–2 Kindeln kann man eine vollständige neue Pflanze ziehen, die schon zur nächsten Blütezeit blühen wird. Bitte duschen!

Oncidium und seine warm zu kultivierenden Arten

   ☞ **A**

Unter diese Rubrik fallen die meisten in Blumengeschäften gängigen Oncidien. Am wohl bekanntesten, weil am häufigsten angeboten, sind die kleinblütigen gelben Oncidien, wie *Oncidium* 'Dancing Lady' oder *Oncidium* 'Susan Kaufmann' (mit rostbrauner Zeichnung). Ihre Blüten erinnern an kleine Engel oder tanzende Frauengestalten. Außerdem gibt es eine ganze Reihe Kreuzungen von Warmhaus-Oncidien mit *Oncidium ornithorhynchum*, etwa das dunkelrote und wunderbar nach Vanille duftende *Oncidium* 'Sharry Baby' oder × *Odontocidium* 'Elske Stolze', die ebenfalls, wenn auch nicht ganz so intensiv nach Vanille duftet. Zu erwähnen wäre auch noch das ebenso duftende

Oncidium Josephine hat lederharte Blätter und ist sehr sonnenhungrig.

× *Miltonidium* 'Katrin Zoch', das immer häufiger angeboten wird.

Temperatur: Diese Orchideen werden das ganze Jahr über zwischen 20 und 27 °C gehalten. Die Temperaturen dürfen auch im Winter nicht unter 18 °C absinken. Diese Pflanzen können durchkultiviert, d. h. das ganze Jahr über gleichmäßig gegossen und gedüngt werden.

Licht und Standort: Diese Oncidien sollten vor direkter Sonne in den Sommermonaten geschützt werden, ansonsten sollten sie einen so hellen Standort wie möglich bekommen.

Substrat: Bewährt hat sich ein Torf-Rinden-Gemisch.

Umtopfen: Während der Wachstumsphase kann umgetopft werden. Günstig ist hier vor allem das Frühjahr. Manche Oncidien steigen gerne mit ihren neuen Bulben aus dem Topf aus. Hier muss schnellstens umgetopft werden, damit die neuen Wurzeln sich noch auf das Substrat umstellen können. Außerdem ist es ratsam, die letzten Bulben abzunehmen, damit man sie nicht im Substrat vergraben muss, um die Neutriebe richtig einzutopfen.

Übersprühen: Ein Übersprühen in Zimmerkultur ist nicht ratsam.

Gießen: Es wird nur dann gegossen, wenn das Substrat trocken ist.

Düngen: 1–2 ml Flüssigdünger sollten weder bei der Blattdüngung noch bei der Düngung über das Substrat überschritten werden.

Schädlinge und Kulturfehler: Bei zu trockener Luft kann es bei Oncidien mit hellgrünen, weichen Blättern zu Spinnmilbenbefall kommen.

Blütengröße: *Oncidium* 'Susan Kaufmann' 2,5–4 cm, *Oncidium* 'Sharry Baby' 3,5–4 cm im Längsdurchmesser, × *Odontocidium* 'Elske Stolze' 3,5–4 cm.

Blütenanzahl: Viele kleinblütige Oncidien haben wahre kaskadenartige Blütenstängel mit einer großen Anzahl an Blüten, *Oncidium* 'Susan Kaufmann' 30–50. Bei meinem *Oncidium* 'Sharry Baby' zählte ich in diesem Jahr 60 Blüten. × *Odontocidium* 'Elske Stolze' trägt zwischen 8 und 30 Blüten.

Blütezeit: *Oncidium* 'Susan Kaufmann' blüht im Frühjahr und/ oder im Herbst. *Oncidium* 'Sharry Baby' und × *Odontocidium* 'Elske Stolze' sind Frühjahrsblüher.

Blühdauer: Die Blühdauer von *Oncidium* bzw. *Psychopsis papilio* beträgt pro Blüte etwa 4 Wochen. Jedoch werden von März bis November ständig neue Blüten gebildet.

Duft: × *Odontocidium* 'Elske Stolze', × *Miltonidium* 'Katrin Zoch' und *Oncidium* 'Sharry Baby' haben ihren sehr intensiven Vanilleduft von *Oncidium ornithorhynchum* geerbt. Die anderen oben genannten Oncidien duften nicht.

Nach dem Verblühen: Hier bei den oben genannten Oncidien (außer bei *O. papilio*) die Blütenstängel abschneiden.

Vermehrung: Oncidien werden vegetativ durch Teilung vermehrt.

Mein Rat: Alle Oncidien dieses Temperaturbereiches eignen sich hervorragend für Blumenarrangements. Man gruppiert die Pflanzen zusammen mit Farnen in verschiedenen Blühhöhen, z. B. in einem attraktiven größeren Tontopf oder einem Korbköfferchen als Tischschmuck. Dazu wird zuerst in den Korb eine Folie gelegt, dann 5 cm hoch mit Hydrokies aufgefüllt und diese Schicht befeuchtet. Darauf werden die Pflanzen arrangiert. Sie müssen nur selten gegossen werden.

Paphiopedilum (Frauenschuh)

   ☞ **A–F**

Diese im Volksmund als »Frauenschuh« bezeichneten Orchideen sind im Handel sowohl als Schnittblumen wie auch als Topfpflanzen erhältlich. Sie rangieren wegen ihrer langen Blütezeit zusammen mit *Phalaenopsis* in der Beliebtheitsskala ganz oben.

Temperatur: Die grünblättrigen Arten mit schmalen Blättern sind temperiert zu halten. Sie brauchen nach Ausbildung der Neutriebe eine nächtliche Temperaturabsenkung auf 13–15 °C. Die meisten marmoriert blättrigen Arten sind warm zu kultivieren, obwohl es auch dort einige Ausnahmen gibt. Mehrblütige *Paphiopedilum* gedeihen meist warm und temperiert. Die Arten mit grünem, breitem Laub vertragen Temperaturen zwischen 18 und 22 °C am besten.

Licht und Standort: Die grünblättrigen Arten sollten mehr indirektes Licht, aber keine pralle Sonne bekommen, die geflecktblättrigen sollten im Halbschatten stehen. Es eignen sich Ost-, West- oder schattierbare Südseiten, für breite und schmale grünblättrige Paphiopedilen auch Nordseiten, die dort Blütenansätze machen.

Substrat: Rindensubstrat sorgt für schnelles Abtrocknen. Ein guter Wasserabzug muss für diese Pflanzen unbedingt gesichert sein. Wer optimal gießt, d. h. vorsichtig und nicht zu viel, kann diese Gattung auch in Torf-Rinden-Substrat kultivieren.

Umtopfen: Jährlich im Frühjahr oder während der Wachstumsphase wird umgetopft. Sehr wichtig für das Wachstum der neuen Wurzeln ist dabei die richtige Einpflanzhöhe. Pflanzt man die Orchideen falsch, d. h. zu hoch, ein, sodass die neuen Wurzeln in der Luft hängen, stellen diese Wurzeln automatisch ihr Wachstum ein! Das Substrat sollte etwa 1–2 Fingerbreit den weiß-rötlichen Bereich des Blattstamms bedecken. *Paphiopedilum* werden mittig in den Topf gepflanzt, das Substrat dabei auf keinen Fall andrücken.

Übersprühen: Nicht übersprühen! Die Blätter wirken dabei wie Trichter, und das Wasser fängt sich leicht im Herz des Blättertriebes. Die sich dort entwickelnden Knospen faulen ab, woraus sich Herzblattfäule entwickeln kann. Ist beim Gießen aus Versehen etwas Wasser in die Blattachseln oder gar in das Herzblatt gelangt, sollte man auf jedem Fall mit einem Papiertuch die Nässe abtupfen.

Gießen: Mit viel Wasser gießen und wieder gut abtrocknen lassen. Kein Gießwasser in die Blattachseln oder Herzblätter gelangen und nie das Substrat über mehrere Tage völlig austrocknen lassen. Auf keinen Fall darf die Pflanze »nasse Füße« haben!

Düngen: Gleichmäßige Düngergaben, einmal wöchentlich über das ganze Jahr, sorgen für optimales Wachstum. Es muss keine ausgesprochene Ruhezeit eingehalten werden.

Paphiopedilum Pinocchio in der gelben Variante blüht 15 Monate lang!

Paphiopedilum micranthum ist nur etwas für Fortgeschrittene.

Schädlinge und Kulturfehler: Spinnmilben, Schildläuse, Woll- und Schmierläuse sowie Schnecken können hin und wieder auftreten. Pilzerkrankungen der Blätter sind allerdings weitaus häufiger. In den meisten Fällen entstehen sie durch Kulturfehler. Bei zu niedriger Luftfeuchtigkeit kommt es leicht zu Schädlingsbefall durch Spinnmilben. Bei zu nasser Haltung – durch Übersprühen oder Übergießen – faulen die Blätter leicht weg und die Knospen bleiben stecken. Viele verschiedene Pilze lassen auch reihenweise Blattflecken bei zu nassen Kulturbedingungen entstehen. Bei Überdüngung werden die Spitzen der Blätter braun. Durch Schmierläuse halten hier auch Viren Einzug.

Blütengröße: Zwischen 6 und 25 cm ist alles möglich, denn diese Gattung ist sehr variationsreich und die Züchter haben das Ihrige dazu getan, um sie noch facettenreicher zu gestalten. Bis zu 1 m lange innere Blütenblätter (Petalen) hat z. B. *Paphiopedilum philippinense*. Amerikanische Hybriden mit besonders breiter Fahne tragen bis zu 20 cm große Blüten.

Blühdauer: Zwischen 2 Monaten und 2 Jahren weisen Paphiopedilen die unterschiedlichste Haltbarkeit der Blütenstängel auf. Paphiopedilen mit nur einer Blüte am Stängel blühen in der Regel 2–4 Monate lang. Revolverblüher, bei denen nach und nach am Stängel 15–24 Blüten aufgehen, blühen mindestens 6–7 Monate, etwa *Paphiopedilum glaucophyllum* oder *P. primulinum*. *Paphiopedilum* Pinocchio blüht bis zu 15 Monate, *Paphiopedilum chamberlainianum* mit seinen nacheinander aufgehenden 24 Blüten pro Stängel blüht 2 Jahre.

Blütezeit: Es gibt blühende Paphiopedilen für jede Jahreszeit, Frühjahr oder Herbst sind aber die Blütezeit für die meisten Paphiopedilen.

Nach dem Verblühen: Es werden bei allen Paphiopedilen, außer bei Revolverblühern, die Blütenstängel abgeschnitten.

Vermehrung: Eine Vermehrung geschieht vegetativ durch Teilung. Das geht bei *Paphiopedilum* sehr gut, weil bereits ein einzelner Blättertrieb eine neue Pflanze bilden kann, vorausgesetzt, er ist genügend bewurzelt.

Mein Rat: Besonders zu empfehlen sind die »Revolverblüher« unter den Paphiopedilen, die länger als alle anderen Orchideen blühen können – von 15 Monaten bis zu 2 Jahren pro Blütenstängel. Diese Revolverblüher kosten in der Regel zwischen 15 und 30 Euro, sind aber ihren Anschaffungspreis wegen der langen Blühdauer durchaus wert. Unter diese Rubrik fallen z. B. *Paphiopedilum primulinum, Paphiopedilum glaucophyllum, Paphiopedilum* Pinocchio und *Paphiopedilum chamberlainianum*. Achten Sie in Blumengeschäften auf abgeblühte Pflanzen. Sie sind in der Regel dort etwas günstiger als blühende Pflanzen. Es gibt auch *Paphiopedilum*-Arten und -Kreuzungen, die 4–6 Blüten nacheinander hervorbringen, z. B. *P. moquettianum.*

Paphiopedilum lawrencianum × *makuli* besitzt ein Blattwerk, das in verschiedenen Grüntönen marmoriert.

Phaius tankervilleae

☼ 🌡–🌡 💧 ☞ **F**

Phaius tankervilleae ist eine Pflanze, die von allem sehr viel braucht: viel Platz, viel Wasser, viel Dünger. Sie ist ideal für Wintergärten und Gewächshäuser.
Temperatur: Diese Art sollte man zur Blüteninduktion temperiert halten, doch warme Temperaturen während des Wachstums lassen die Blättertriebe – die jedes Jahr neu aufgebaut werden müssen – schneller wachsen.
Standort: Bei dieser Orchidee sind Südausrichtungen zu empfehlen.
Licht: Man sollte der Pflanze so viel Licht wie möglich zukommen lassen und nur über die wärmste Jahreszeit schattieren.

Der üppige *Phaius tankervilleae* eignet sich für den Wintergarten.

Substrat: Ein Torf-Rinden-Substrat hält Wasser und Nährstoffe länger zur Verfügung.
Umtopfen: Nach dem Verblühen oder zu Beginn der Wachstumsphase sollte umgetopft werden.
Übersprühen: Auf keinen Fall in Zimmerkultur!
Gießen: Alle Arten der Gattung *Phaius* müssen stark gegossen werden, aber danach wieder abtrocknen. Zweimaliges Gießen pro Woche ist sicher angebracht, solange das Substrat noch in Ordnung ist.
Düngen: Diese Gattung muss während der Wachstumszeit wöchentlich in der höchsten auf der Düngemittelflasche angegebenen Konzentration gedüngt werden, da sonst die Pflanze kränkelt und eventuell nur spärlich oder überhaupt nicht blüht.
Schädlinge: Schild-, Woll- und Schmierläuse sowie Spinnmilben können vor allem bei dieser Gattung mit ihren dünnen Blättern schnell zu einer Plage werden.
Kulturfehler: Kulturfehler liegen meistens in der Unterversorgung der Pflanze, einem zu dunklen Standort oder mangelnder Schädlingsbekämpfung.
Blütengröße: 8–10 cm.
Blütenanzahl: Pro Stängel je nach Pflege 8–20 Blüten.
Blütezeit: Frühjahr.
Blühdauer: 6–8 Wochen.
Duft: *Phaius* duftet nicht.
Nach dem Verblühen: Stängel abschneiden, die Pflanze, wenn nötig, umtopfen und etwas weniger gießen und düngen.
Vermehrung: Die Vermehrung geschieht vegetativ durch Teilung zu groß gewordener Pflanzen.
Mein Rat: *Phaius tankervilleae* lässt sich wegen seiner großen Blätter und hohen Lichtansprüche gut als Sonnenschirm für andere Orchideen benutzen, wenn man ihn in die erste Reihe auf dem Fensterbrett stellt.

Phalaenopsis

◐ 🌡–🌡 💧–💧 ☞ **A**

Diese Gattung und vor allem ihre Hybriden gehören schon seit Jahren wegen ihrer langen Blühdauer, ihrer schönen Blüten und der Meristemvermehrung zu den am häufigsten angebotenen Orchideen. Sie benötigen von den gängigen, im Handel zu erhaltenden Orchideen wohl die kürzeste Zeit von der Aussaat bis zur ersten Blüte. Ich selber kultiviere seit nunmehr 20 Jahren *Phalaenopsis* auf meinen Fensterbänken. Zur Zeit sind es 75 verschiedene Arten und Hybriden. Die hier wiedergegebenen Informationen sind Erfahrungswerte, die ich in diesen Jahren schriftlich gesammelt und ausgewertet habe.

Temperatur: Die Pflanzen gedeihen während der Wachstumszeit am besten bei warmen Temperaturen. Zur Blüteninduktion braucht man aber einige wenige Grade Temperaturunterschied. *Phalaenopsis* vertragen auch noch temperierte Bereiche. Dies entspricht für die Wachstumszeit der Wohntemperatur in einem beheizten Wohnzimmer und für die Blüteninduktion einem nur leicht beheizten Raum. Wichtig ist, dass die Tagestemperatur geringfügig höher liegt als die Nachttemperatur. Der Unterschied sollte nicht mehr als 3–4 °C betragen, da sonst die Pflanzen Zuckertröpfchen absondern. Verblühte *Phalaenopsis* vertragen auch niedrigere Temperaturen bis 16 °C, kurzfristig auch noch ein paar Grade kühler. Unter 14 °C sollte die Temperatur allerdings auf Dauer nicht sinken. Bei Temperaturen um 18–21 °C fühlen sich *Phalaenopsis* rund herum wohl. Bei 21 °C oder etwas wärmer wachsen die Pflanzen am schnellsten, vorausgesetzt, die Luftfeuchtigkeit beträgt 70 % oder mehr.

Substrat: Für gute Bewurzelung und kräftigen Wuchs sorgt ein Torf-Rinden-Gemisch mit Holzkohlestücken, Agrofoam, Blähton oder Styroporstückchen. Reines Rindensubstrat empfiehlt sich bei Naturformen und bei Orchideenliebhabern, die gerne zu häufig gießen. Es bewährt sich ebenfalls, Pflanzen, die an den Wurzeln krank sind, vorübergehend in Rinde zu topfen, um so ein stärkeres Wurzelwachstum anzuregen. Der Nachteil bei reinem Rindensubstrat besteht darin, dass die Pflanze langsamer wächst und regelmäßiger gering dosierte Düngergaben benötigt als in anderen Substraten.

Umtopfen: Spätestens alle 2 Jahre sollten *Phalaenopsis* umgetopft werden. Wenn das Substrat veralgt ist oder sich zersetzen sollte, muss sofort umgetopft werden, am besten im Frühjahr.

Kulturfehler: Schlaffe Blätter sind bei *Phalaenopsis* die häufigsten Resultate von Pflegefehlern. Dann hat der Orchideenfreund nicht zu wenig, sondern viel zu viel gegossen und die Wurzeln dadurch verfaulen lassen. Dieses heftige Anzeichen für das Übergießen, Überdüngen oder für Staunässe ist eine Vorankündigung des Pflanzentodes. Vielleicht blüht die Pflanze dann noch ein letztes Mal, bevor sie ganz abstirbt. Ein rasches Umtopfen hilft dann nur in den seltensten Fällen, ist aber immer einen Versuch wert. Auch bei Überdüngung versalzen die Wurzeln und werden braun. Sie können in diesem Zustand weder Wasser noch Dünger aufnehmen, die Pflanzen verdursten und verhungern. Auch hier hängen die Blätter schlaff herunter und sehen so aus,

Bei dieser *Phalaenopsis*-Kreuzung *Lois Jansen* × *Spica*, scheint noch die Blütenform der botanischen Eltern durch.

als ob die Pflanze wochenlang nicht gegossen worden wäre. Stellen sich diese Anzeichen erst einmal ein, ist es meistens schon zu spät, und die Pflanze kann sich nicht mehr davon erholen.

Schädlinge: Leider haben in den letzten Jahren gerade bei *Phalaenopsis* in großem Maße Woll- und Schmierläuse zugenommen, die außerordentlich schwierig zu bekämpfen sind. Sie sitzen versteckt in den Blattachseln, in den Hüllblättern der Nodien und auf den Blüten, gerne auf der Lippe und am Ansatzpunkt des Stängels an der Blüte. Die Bekämpfung ist langwierig, kompliziert, teuer und funktioniert nur mit wirklich harten Mitteln. Man sollte erst die Schädlinge manuell beseitigen und dann mit Schädlingsbekämpfungsmitteln sprühen. Häufig kehrt der Schädling immer wieder und verleidet dem Orchideenfreund sein Hobby. Werfen Sie befallene Pflanzen besser weg.

Verkrüppelung der Blüten und Knospenabfall entstehen auch bei Befall durch Thrips, einer typischen Anfängerkrankheit. Dieser Schädlingsbefall wird fast immer durch andere Pflanzen eingeschleppt und durch trockene Heizungsluft begünstigt.

Pilzbefall entsteht bei zu feuchter Haltung und zu niedrigen Temperaturen. Dann kann sich auch eine Bakteriose auf Blüten, Stängeln und Blättern schnell ausbreiten. Alle derart befallenen Pflanzenteile müssen sofort entfernt und die Schnittstellen mit Aktivkohlepuder bestäubt werden. Pflanzen mit diesem Schadbild sofort isolieren! Knospen fallen auch bei zu geringem Lichtangebot im Winter ab. Nur Südausrichtungen sind davor gefeit. Auch bei Schädlingsbefall verblühen die Pflanzen schnell. Obst in der Nähe von *Phalaenopsis* kann aufgrund des Äthylengases ebenfalls zu Knospen- und Blütenabfall führen.

Blütengröße: Sie ist abhängig von Art und Hybride. Die kleinsten *Phalaenopsis*-Blüten (von *Phalaenopsis equestris*) sind nur 2–3 cm groß, die der größten Hybriden 12–13 cm.

Blütenanzahl: Erstlingsblüher tragen bei Hybriden 1–3 Blüten, ausgewachsene Pflanzen auch bis zu 20 oder 30 Blüten, je nach Art und Hybride.

Duft: Einige Natursorten und deren Hybriden duften, z. B. *Phalaenopsis violacea* ('Malaysia', 'Borneo', 'Blau'), *P. lueddemanniana*, *P. lueddemanniana* var. *hieroglyphica*, *P. sumatrana* (riecht eher, als dass sie duftet), *P. pulchra*, *P. gigantea*, *P. venosa*, *P. amboinensis*, *P. schilleriana* (manche) und viele der Hybriden wie *Phalaenopsis* 'Cleo', *P.* 'First Light Star of Florida', *P.* 'George Vazquez', *P.* 'Jazz Man' × *P. equestris*, *P.* 'Orchid World', *P.* 'Peppermint', *P.* 'Princess Kaiulani', *P.* 'Red Dream'.

Blühdauer: Bei einigen wenigen Arten und Hybriden

In den letzten Jahren kommen häufig dunkelrot gefleckte Hybriden auf den Markt.

Der Farbenvielfalt der Phalaenopsis, hier *Phalaenopsis* 'Mystic Golden Leopard', sind nur wenige Grenzen gesetzt.

dauert die Blütezeit nur 2–3 Monate, andere blühen 4–6 Monate und mehr. Manche *Phalaenopsis* blühen ein Jahr oder länger. Das geschieht dann, wenn ein Trieb weiter nach vorne wächst oder noch während der Blüte einen neuen Seitentrieb ausbildet. Bildet sich währenddessen gar noch ein neuer Blütentrieb unten am Stamm heraus, kann eine *Phalaenopsis* auch 2 Jahre oder sogar noch länger ununterbrochen blühen. Das ist allerdings eine Ausnahme. Viele gelbe Kreuzungen sind ausdauernde Blüher. Auch blühen Hybriden in der Regel länger als entsprechende Naturformen.

Blütezeit: Ganzjährig ist der Ansatz von Blütenstängeln möglich, obwohl viele *Phalaenopsis*-Hybriden zum Herbst Knospen ansetzen und dann ab Januar/Februar/März blühen. Manche Hybriden setzen auch bevorzugt Blütentriebe im Frühjahr an und blühen dann über Herbst und Winter. Andere botanische Arten sind ausgesprochene Sommerblüher (z. B. *Phalaenopsis violacea, P. hieroglyphica, P. sumatrana*).

Nach dem Verblühen: Man schneidet den Blütentrieb von *Phalaenopsis* nicht ganz ab, sondern nach entweder dem dritten ruhenden Auge von unten oder nach der untersten verblühten Blüte. Eines der ruhenden Augen wird dann bald einen Seitenblütentrieb austreiben. Wird der Stängel jedoch gelb und trocknet ganz ab, muss er schließlich doch noch ganz abgeschnitten werden. Manche Arten treiben auch über die Sommermonate ein Kindel oder Adventivpflänzchen aus *(Phalaenopsis pulchra)*, das man am Stängel belässt, bis die Wurzeln mindestens 5 cm lang sind, um es dann mit einem Stängelstück (sozusagen als Nabelschnur) einzutopfen.

Nicht abgeschnitten werden die Blütenstängel bei *Phalaenopsis*-Naturformen (z. B. *Phalaenopsis violacea, P. lueddemanniana, P. pulchra, P. mannii, P. cornu-cervi)*. Sie treiben im nächsten Jahr mit dem neuen Blütentrieb aus den alten Blütenstängeln wieder neu aus.

Vermehrung: Die vegetative Vermehrung von *Phalaenopsis* geschieht bei privaten Orchideenliebhabern nur über Kindel. Nicht alle Arten und Hybriden bilden Kindel!

Mein Rat: Bitte über den Topf hängende Luftwurzeln manchmal übersprühen und auf keinen Fall abschneiden! Das Übersprühen der Luftwurzeln stärkt die Pflanze und ist ihre einzige Überlebenschance, falls die Wurzeln im Substrat durch falsches Gießen und Düngen abgetötet wurden. Blütenstängel müssen immer lose an Stöcken hochgebunden werden, sie können sonst leicht abknicken. Für eine ausreichende Dränageschicht im Übertopf muss gesorgt werden. Man sollte die Pflanzen auch hin und wieder abduschen oder abwischen, um den Staub zu entfernen. *Phalaenopsis*-Blüten halten sich als Schnittblumen sehr lange, wenn man sie in warmes Wasser stellt. So kann man auch schlaffe Blüten wieder auffrischen.

Sehr zu empfehlen für fortgeschrittene Orchideenliebhaber ist *Phalaenopsis cornu-cervi*, eine *Phalaenopsis*-

Phalaenopsis 'Princess Kaiulani' duftet nach Zitrone. Ihre Blüten sind wachsartig und fest.

Naturform, deren Stängel an ein Hirschgeweih erinnert und der somit ganz anders aussieht als bei anderen *Phalaenopsis*. Dieser Stängel blüht über viele Jahre hinaus immer weiter.

Phragmipedium

   F

Phragmipedium besseae, P. sedenii, P. pearcii, P. Hanne Popow

Temperatur: Warme bis mäßige Temperaturen sind für die meisten Arten angebracht.
Standort: Alle Fensterausrichtungen sind für diese Gattung möglich, Südausrichtungen besonders empfehlenswert.
Licht: Über die meiste Zeit des Jahres wird volle Sonne vertragen. Nur in den Sommermonaten muss an Südausrichtungen schattiert werden.
Substrat: Rindensubstrat.
Umtopfen: Umgetopft wird, solange die Tage länger werden, falls das Substrat nicht mehr in Ordnung ist oder alle 2 Jahre, jedoch nach der Blütezeit. Häufig wachsen manche Arten nach oben aus dem Substratbereich heraus. Diese Teile der Pflanze sollte man, wenn sie anfangen sich zu bewurzeln, abnehmen und gesondert eintopfen. Wie bei *Paphiopedilum* ist die richtige Eintopfhöhe ausschlaggebend für ihr Überleben.
Übersprühen: Lieber nicht!
Gießen: Man liest gelegentlich in Büchern, dass Phragmipedien nasse Füße mögen. Das mag für sehr warme Gewächshäuser oder für die Tropen gelten. In Zimmerkultur führt dies auf Dauer lediglich zu Bakterienbefall des Substrats und zu Fäulnis. Also müssen auch Phragmipedien nach dem Gießen abtrocknen.
Düngen: Phragmipedien sollte man mindestens alle 2 Wochen düngen, damit sich der neue Blütenstand gut entwickeln kann.
Schädlinge: Bis jetzt konnte ich nur Schild-, Woll- und Schmierläuse an den Pflanzen beobachten.
Kulturfehler: Wenn die Pflanze gesund und kräftig aussieht und doch auf Dauer eine Blüte ausbleibt, sollte man die Pflanzen kühler und heller stellen und regelmäßig mit phosphorhaltigem Blühdünger düngen.
Blütengröße: 6–9 cm, je nach Art oder Hybride.
Blütenanzahl: Phragmipedien treiben einige wenige, hintereinander aufgehende Blüten.
Blütezeit: Häufig liegt die Blütezeit im Frühjahr oder im Herbst.
Blühdauer: 3 Wochen bis zu 4 Monate, je nach Art, Hybride und Pflegebedingungen.
Nach dem Verblühen: Nachdem mindestens einen Monat lang keine neuen Blüten mehr aufgegangen sind, werden die Blütenstängel abgeschnitten und wird die Pflanze, wenn nötig, umgetopft.
Vermehrung: Die vegetative Vermehrung geschieht durch Teilung.
Mein Rat: Diese Gattung wird immer wieder im Handel angeboten, ist teuer und macht auch bei vielen Orchideen-Liebhabern Probleme. Wenn mann den Trick mit ausgewogenem Gießen und Düngen zur richtigen Zeit herausbekommen hat, gedeihen Sie prächtig und sind durchaus empfehlenswert.

Phragmipedium Don Winber sieht je nach Lichteinfall rosa oder rosaorange aus.

Promenaea

Die Gattung *Promenaea* bringt Mini-Orchideen hervor, deren Urahnen aus Südbrasiliens feuchten Wäldern stammen.
Temperatur: Die Gattung sollte temperiert gehalten werden.
Standort: Alle Fensterausrichtungen sind geeignet. Südausrichtungen müssen im Sommer schattiert werden. Ein Aufenthalt draußen von Mai bis September ist für die Pflanzen angenehm.
Licht: Diffuses Licht ist ausreichend. Die Pflanzen können auf einer Fensterbank weiter hinten stehen.
Substrat: Rindensubstrat ist zu empfehlen.
Umtopfen: Erst wenn das Substrat sich zu zersetzen beginnt, würde ich umtopfen und auch dann, wenn Blattflecken oder Blattabfall anzeigen, dass etwas nicht in Ordnung ist. Ansonsten, solange die Tage länger werden.
Übersprühen: Auf keinen Fall in Zimmerkultur!
Gießen: Während die Pflanzen im Gewächshaus wesentlich mehr Wasser vertragen können, ist vorsichtiges Gießen in Zimmerkultur immer angebrachter.
Düngen: Es wird ein- bis zweimal im Monat gedüngt.
Schädlinge: Möglich wären auch hier Woll- und Schmierläuse, obwohl ich bisher bei *Promenaea* noch keine beobachten konnte.
Kulturfehler: *Promenaea* ist keine einfache Gattung für die Fensterbank. Sie wirft gerne die Blätter ab, wenn zu viel oder zu wenig gegossen wird.
Blütengröße: Die Blüten sind etwa 4–5 cm groß.
Blütenanzahl: An jedem Stängel einer *Promenaea* sitzt meist nur eine Blüte.
Blütezeit: Frühjahr.
Blühdauer: 6–8 Wochen.
Nach dem Verblühen: Die Stängel abschneiden und die Pflanze, wenn nötig, umtopfen und etwas trockener halten.
Vermehrung: Die Vermehrung geschieht vegetativ durch Teilung.

Mein Rat: Die Pflanzen sind leider nicht ganz einfach zu halten und deshalb eher für den fortgeschrittenen Orchideenliebhaber geeignet. Die Blüten von meist *Promenaea-xanthina*-Hybriden bedecken mit ihren zahlreichen Blütenstängeln die Pflanze rundherum. Durch die leicht hängenden, aber kurzen Blütenstände wirken sie in Blüte besonders schön auf Blumensäulen oder in Blumenampeln. Eher Gewächshaushaltung.

Psychopsis krameriana, P. papilio, P. Kalihi, P. Mariposa

Diese Gattung, die früher *Oncidium* zugerechnet wurde, ist ein absoluter Dauerblüher und sehr einfach in der Haltung, wenn man sparsam gießt. Leider ist der Anschaffungspreis zwischen 30 und 60 Euro nicht gerade niedrig.
Temperatur: Warme oder temperierte Umgebung wird von der Pflanze vertragen. Je höher die Temperatur, desto größer die Blüten.
Standort: An Südausrichtungen oder Westseiten stehen die Pflanzen genau richtig.

Promenaea Sunlight (= *Promenaea xanthina* × Limelight) gehört zu den kleinwüchsigen Orchideen.

Licht: Da die Pflanzen als Epiphyten in Wäldern wachsen, muss das Licht etwas diffus sein, was man leicht durch einen Stand in der zweiten Reihe auf der Fensterbank erreichen kann.
Substrat: Rindensubstrat ist wichtig, da die Wurzeln gute Belüftung brauchen, auch, wenn Züchter die Pflanzen in Sphagnum-Moos anziehen.
Umtopfen: Ein regelmäßiges Umtopfen spätestens alle 2 Jahre ist lebenswichtig für die Pflanze.
Übersprühen: Nur zur Blattdüngung.
Gießen: Sparsames Gießen ist sehr zuträglich für die Pflanze. Es macht ihr nichts aus, ein paar Tage trocken zu stehen.
Düngen: Ein- bis zweimal im Monat sollte gedüngt werden.
Schädlinge: Es gibt an *Psychopsis* kaum Schädlinge, aber wer Probleme mit Woll- und Schmierläusen hat, muss auch bei seinen *Psychopsis* Acht geben und kontrollieren.
Kulturfehler: Nur zu feuchte Haltung bringt die Wurzeln um, und die Blätter werden schlapp.
Blütengröße: Die Blüten sind je nach Art und Temperatur der Haltung zwischen 12 und 15 cm groß.
Blütenanzahl: Pro Stängel trägt diese Gattung eine Blüte, doch sobald sie verblüht ist, kommt wieder eine neue Blüte. Manchmal geht die neue Blüte schon 1–2 Tage eher auf, bevor die alte Blüte verblüht ist.
Blütezeit: Durch dieses Blühverhalten blühen die Pflanzen ganzjährig und stetig. Bei älteren Pflanzen mit mehreren Trieben wird die Blütezeit nur kurz im dunkelsten Winter unterbrochen.
Blühdauer: Die einzelne Blüte hält zwar nur 3–4 Wochen, doch die Blüten kommen nacheinander wie bei Revolverblühern am Stängel hervor.
Duft: *Psychopsis* duften nicht.
Nach dem Verblühen: Die Stängel werden nie, auch nicht nach Jahren abgeschnitten. Die alten Blütenstängel blühen jedes Jahr von neuem wieder mit, sodass auch ältere Pflanzen immer blühen.
Vermehrung: Sie geschieht vegetativ durch Teilung.
Mein Rat: Durch ihre langen Stängel von etwa 1 m Länge schweben die Blüten dieser Gattung über fast allen anderen Orchideen wie Schmetterlinge, die zu einer Blüte fliegen. Sowohl die beiden Naturformen *Psychopsis kramerianum* und *P. papilio*, aber auch *P. papilio* var. *alba* und vor allem die Kreuzung aus *Psychopsis kramerianum* × *papilio*, *Psychopsis* Kalihi sind sehr zu empfehlen, sowie *Psychopsis* Mariposa.

Rhynchostylis

 **F**

Die Pflanzen dieser Gattung sind so zu behandeln wie die der Gattung *Vanda*.
Temperatur: Tropisch warme Temperaturen tun ihnen sehr wohl.
Standort: Südausrichtungen mit Schattierungsmöglichkeiten sind zu empfehlen. Den Sommer über ist ein

Psychopsis Kalihi blüht immer wieder aus denselben Stängeln. So ähnlich sieht *P. Mariposa* aus.

Aufenthalt im Freien, etwa unter einem Sonnenschirm ideal, vor allem bei feuchtwarmer Gewitterluft.
Licht: Viel Licht für die Blüteninduktion.
Substrat: Kein Substrat nötig.
Umtopfen: Die Pflanzen hält man in Holzkörbchen.
Übersprühen: Ein Übersprühen ist täglich erforderlich, da die Pflanzen ohne Substrat auskommen müssen. Vor allem an sehr warmen Tagen und bei einer Übersommerung draußen wirkt es sich günstig auf das Wachstum aus. Wer die Pflanzen allerdings in einem Übertopf hält und regelmäßig den Topf über mehrere Stunden voll laufen lässt, kann auf ein Übersprühen verzichten.
Gießen: Zu empfehlen ist, Pflanzen dieser Gattung mit Körbchen in einem Gefäß aus vorzugsweise Glas zu kultivieren, das man ein- bis zweimal in der Woche mit Wasser füllt, ein paar Stunden stehen lässt und dann auskippt. Pflanzen, die nur übersprüht werden, gedeihen in Zimmerkultur nicht so kräftig wie solche in einem Glasgefäß.
Düngen: Ein- bis zweimal im Monat entweder über das Blattwerk oder das Gießwasser düngen.
Schädlinge: Bis jetzt konnte ich auf *Rhynchostylis* keine Schädlinge beobachten. Möglich wären allerdings auch hier Woll- und Schmierläuse.
Kulturfehler: Durch Unterversorgung oder zu dunklen Standort kann eine Blüte ausbleiben.
Blütengröße: Unterschiedlich, je nach Art: Bei *Rhynchostylis coelestis* 'Blue' etwa 2,5 cm, bei *Rhynchostylis gigantea* 'Red' sind die Blüten größer (etwa 5 cm).
Blütenanzahl: Auch diese ist abhängig von der Art. *Rhynchostylis coelestis* 'Blue' hat meist zwischen 60–90 Blüten, *Rhynchostylis gigantea* deutlich weniger, meistens um 20–30.
Blütezeit: *Rhynchostylis coelestis* 'Blue' ist ein Herbstblüher, *Rhynchostylis gigantea* 'Red' blüht im Januar oder im frühesten Frühjahr.
Blühdauer: 5–6 Wochen.
Duft: Manche Arten von *Rhynchostylis* duften.
Vermehrung: Für den privaten Orchideenliebhaber ist eine Vermehrung dieser Gattung kaum möglich, da die Pflanzen monopodial wachsen und keine Kindel bilden.

Die Gattung *Rhynchostylis* eignet sich nur für Körbchenhaltung und liebt tropische Temperaturen.

Es können allenfalls in seltenen Fällen seitlich neu wachsende Pflänzchen abgenommen werden. Die Pflanzen wachsen ohne Gewächshaus insgesamt in Zimmerkultur recht langsam, sodass man auch keine Vermehrung durch Kopfstecklinge empfehlen kann.
Nach dem Verblühen: Man schneidet die verblühten Blütenstängel ab.
Mein Rat: Die Gattung eignet sich eigentlich nur für Fortgeschrittene mit viel Erfahrung.

Rossioglossum grande

Die Farbe und Zeichnung von *Rossioglossum grande* und ihren Hybriden haben ihr im Volksmund den Namen »Tigerorchidee« eingebracht. Die Blütenblätter glänzen wie gelackt in brauner und gelber Musterung und ziehen sicher alle Blicke auf sich, wenn man sie auf der Fensterbank stehen hat.
Temperatur: *Rossioglossum grande* lässt sich wohl kurzzeitig während der Wachstumszeit warm kultivieren, braucht aber unbedingt auch temperierte Bedingungen für die Blüteninduktion. Bei gleichmäßigen Temperaturen zwischen 20 und 24 °C bleibt der Blüherfolg häufig aus. Besser für das Wachstum sind ständige Luftbewegung und wechselnde Temperaturen, die man durch eine Übersommerung draußen von Mitte Mai bis Mitte September erreicht.
Licht und Standort: Ost- oder Westfenster sind uneingeschränkt zu empfehlen, da dort auf eine Schattierung verzichtet werden kann. Südlagen sind möglich, da die Vertreter der Gattung aber nicht viel Licht brauchen, muss auf jeden Fall über die Sommermonate schattiert werden. *Rossioglossum grande* nicht direkt an das Fensterglas stellen, sondern immer in die zweite Reihe. Besitzt das Blattgrün eine mittelgrüne Farbe, sind also weder hellgelbe Sonnenblätter noch dunkelgrüne Schattenblätter zu beobachten, erhält die Pflanze die optimale Lichtmenge.
Substrat: Ein Torf-Rinden-Gemisch mit Agrofoam sorgt für gute Belüftung der Wurzeln und hält das Wasser lange genug.
Umtopfen: Umgetopft wird bei der Verwendung des oben genannten Substrats alle 2 Jahre, und zwar am besten dann, wenn die neuen Bulben frische Wurzeln treiben. Das ist in der Regel im Juni, Juli oder August der Fall.
Übersprühen: Wird zu viel gesprüht bei mangelnder Luftbewegung, reagiert die Pflanze mit Blattflecken. Bei mangelnder Luftfeuchtigkeit ziehen gerne Schädlinge wie z. B. Spinnmilben ein. Eine indirekte Erhöhung der Luftfeuchtigkeit ist für diese Gattung auf jeden Fall verträglicher als ein Übersprühen in Zimmerkultur. Zur Blattdüngung bei Übersommerung draußen ist ein Übersprühen möglich.
Gießen: *Rossioglossum grande* kommt nach dem Verblühen kurzfristig mit wenig Wasser aus, also dann, wenn sie nicht gerade Blütenstängel oder Bulben treibt. Zur erfolgreichen Kultivierung und einer deutlichen Kräftigung der Pflanze sind größere Wassergaben vor allem bei einer Übersommerung draußen nötig. Allerdings hält es die nicht blühende Pflanze durch die starken Bulben ohne Schwierigkeiten 8–10 Tage ohne Wasser aus.

Rossioglossum 'Rawdon Jester' ist ein Blickfang auf jeder Fensterbank.

Rossioglossum grande braucht eine kurze Ruhezeit nach dem Verblühen. Dafür reicht es völlig, über den Winter nach dem Verblühen die Wassergaben etwas zu reduzieren. Allerdings ist bei meinen Exemplaren von *Rossioglossum grande* auch dann noch nie die Blüte ausgeblieben, wenn ich sie durchkultiviert habe. Sicherer zur Blüteninduktion ist jedoch eine Übersommerung draußen bis in den September.

Düngen: Zweimal im Monat sollte eine Düngung über das Substrat während der Wachstumsphase erfolgen.

Schädlinge und Kulturfehler: *Rossioglossum grande* kann bei zu niedriger Luftfeuchtigkeit von Spinnmilben befallen werden. Thripsbefall ist dagegen ein reines Anfängerproblem. Schild-, Woll- und Schmierläuse sind ebenfalls möglich. Bei einer Übersommerung draußen lieben Schnecken kaum eine andere Orchideenart so sehr wie gerade *Rossioglossum grande*. Aber auch schon in Zimmerkultur konnte ich Schnecken beobachten. Bei Aufenthalt draußen streut man präventiv Bayer Garten Schneckenkorn Biommol oder Ferromol Schneckenkorn. Bei Zimmerkultur topft man einfach um, da es sich dann meist um kleine Gehäuseschnecken im Substrat handelt. Pilzerkrankungen und Bakteriosen entstehen bei zu feuchter Haltung, Staunässe und mangelnder Frischluftzufuhr.

Blütengröße: Die Blüten von *Rossioglossum grande* sind beachtlich: 14–15 cm im Querdurchmesser. Bei *Rossioglossum* 'Rawdon Jester' liegt die Größe der Blüten mehr im oberen Bereich dieser Angabe.

Blütenanzahl: Die Blütentriebe tragen bei ausgewachsenen Pflanzen je nach Kulturzustand und Hybriden 3–6 Blüten pro Stängel.

Blütezeit: *Rossioglossum grande* ist ein zuverlässiger Herbstblüher, die Blütezeit liegt zwischen September und Dezember, je nachdem, wie schnell die Pflanze im Sommer gewachsen ist.

Blühdauer: Die Blüten halten sich an der Pflanze zuverlässig und ziemlich genau 4 Wochen lang.

Nach dem Verblühen: Die Blütenstängel werden abgeschnitten und die Pflanze kann umgepflanzt werden, falls nötig.

Vermehrung: Vegetativ durch Teilung. Auch eine einzelne Rückbulbe kann bei der richtigen Pflege schon innerhalb eines Jahres neu austreiben und wieder blühen, wenn auch nicht so reichhaltig wie die Mutterpflanze.

Mein Rat: *Rossioglossum grande* gedeihen prächtig, wenn man sie ab Mitte Mai nach draußen an einen vor praller Sonne und Regen geschützten Ort stellt, etwa auf einen überdachten Balkon oder auf ein beschattetes Fenstersims. Die Luftbewegung draußen, die ständig schwankenden Temperaturen und die schnelle Abtrocknung des Substrats tun ihr sichtlich gut, und die Pflanzen werden deutlich kräftiger.

Stanhopea

Stanhopea wird wie *Vanda* und *Ascocenda* in Körbchenkultur als Ampelpflanze gehalten. Die Blüten treibt *Stanhopea* nach unten durch das Substrat und die Zwischenräume des Holzkörbchens hindurch. Darum funktioniert

Schnecken lieben die neuen Blütenstängel von *Rossioglossum* besonders.

auch keine Topfhaltung. Diese Gattung ist eher nichts für Anfänger, da die Pflanzen anspruchsvoll sind und nur eine relativ kurze Blütezeit haben, dafür aber wunderbare, sehr exotische Blüten aufweisen.

Sie gehören zu den seltener angebotenen Gattungen. Fragen Sie in Orchideengärtnereien, die sich auf botanische Arten spezialisiert haben. Wer ein Gewächshaus hat, hat es mit *Stanhopea* leichter.

Temperatur: Warm.

Standort: Am besten gedeiht *Stanhopea* und ihre Hybriden an Fenstern mit Südwest- und Südausrichtungen. Reine Westseiten gehen aber auch.

Licht: Diese Gattung mag es gerne hell und verträgt auch ein ordentliches Maß an direkter Sonne an Südwestseiten über lange Strecken des Jahres. Ausnahme: pralle Sonne über die Mittagsstunden. Als Ampelpflanze hängt sie sicher einige Zentimeter vom Fensterglas entfernt und ist gegen direkte Sonne dadurch nicht so empfindlich.

Substrat: Bitte nur in reines Rindensubstrat, das eine schnelle Abtrocknung gewährleistet. Die Wurzeln brauchen viel frische Luft.

Umtopfen: Nur, wenn das Körbchen zu klein geworden ist muss die Pflanze mit dem alten Körbchen in ein neues größeres Holzkörbchen gesetzt werden. Das Rindensubstrat hält meist viele Jahre lang, vor allem in Körbchenhaltung.

Übersprühen: Am besten gar nicht! *Stanhopea* verträgt dies nicht gut.

Gießen: Während der Wachstumsphase muss vorsichtig aber reichlich so gegossen werden, dass das Wasser unten wieder herausläuft. Das richtige Gießen ist hier Erfahrungssache. Man kann die Pflanze, aufgehängt, dazu einfach in der Dusche oder Badewanne lauwarm überduschen oder draußen in einem Pavillon, Baum oder in einem Sonnenschirm übergießen.

Bei zu häufigem Gießen verfaulen die Wurzeln. Lieber etwas zu trocken als zu feucht halten. Hier gilt es, das richtige Maß auszuprobieren.

Düngen: Einmal pro Woche sollte während der Wachstumszeit gedüngt werden.

Schädlinge: Diese Gattung wird nur selten von Schädlingen befallen, außer natürlich von Woll- und Schmierläusen, dem Fluch des 21. Jahrhunderts.

Kulturfehler: Wer allzu eifrig gießt, oder die Pflanze allgemein zu feucht hält, wird zusehen müssen, wie die Wurzeln verfaulen. Ein Ausbleiben der Blüte deutet auf einen zu dunklen Standort oder zu unausgewogene Düngergaben oder kaputte Wurzeln hin.

Blütengröße: Die Blüten sind extravagant und mehr als auffällig, je nach Art im Verhältnis zur Pflanze recht groß und schön gefärbt, häufiger auch dunkler gepunktet auf heller Untergrundfarbe der Blütenblätter. Die Blütengröße variiert mit den Arten. Sie sind ein echter Hingucker auch bei Liebhabern, die selber schon viele Orchideen haben.

Blütenanzahl: An zwei bis mehreren Stängeln bei älteren Pflanzen sitzen pro Stängel je nach Art 3–8 große Blüten.

Stanhopea treibt ihre Blüten nach unten durch die Lücken der Körbchen.

Blütezeit: Meistens Sommerblüher.
Blühdauer: Sehr kurz, zuweilen nur 2 Tage! Das ist äußerst schade, denn man muss dann wieder lange Geduld haben und einen beachtlichen Pflegeaufwand betreiben, bis diese Rarität wieder zum Blühen gebracht wird.
Duft: Dafür wird man aber mit einem schönen Duft belohnt, der, je nach Art, auch in Richtung Zimt gehen kann.
Nach dem Verblühen: Wird der Blütenstängel abgeschnitten, und die Pflanze etwas trockener gehalten.
Vermehrung: Man kann die Pflanzen teilen, was aber nicht ratsam ist, da sich die Wurzeln sehr fest mit dem Körbchen verwachsen können und man die Pflanzen kaum unbeschädigt teilen kann. Eine Teilung der Pflanze hemmt zunächst deren Wachstum so nachhaltig, wie bei Menschen eine Operation nachwirkt. Es braucht eine lange Zeit bis sich *Stanhopea* dann erholt hat. Außerdem bilden größere ältere Pflanzen mehr Blütenstängel, wenn man Glück hat auch nacheinander.

Übersprühen: Ist nicht notwendig.
Gießen: Spärliche Wassergaben in Topfkultur. Exemplare, die aufgebunden kultiviert werden, sollten zwei- bis dreimal in der Woche getaucht werden.
Düngen: Zweimal im Monat düngen, aufgebundene Exemplare auch bei jedem Tauchvorgang.
Schädlinge: Bisher konnte ich keine Schädlinge auf dieser Art beobachten.
Kulturfehler: Die Blütenbildung bleibt bei Unterversorgung oder bei Übergießen aus, wenn nicht genügend Wurzeln vorhanden sind.
Blütengröße: Sie beträgt etwa 3,5 cm.
Blütenanzahl: Je nach Hybride und Blütenstängelanzahl unterschiedlich, zwischen 12 und 60 ist alles möglich.
Blütezeit: Diese Art und ihre Hybriden sind meist Frühjahrsblüher.
Blühdauer: 2–3 Monate. Durch Einkürzen der Blüten-

Tolumnia variegata

Früher wurde diese Art zu *Oncidium* gezählt. Sie trägt fächerförmigen Blätterstände, die wegen ihrer ledrig harten Blätter sehr schädlingsresistent sind. Sie ähneln hier der *Cattleya* in ihrer Dickblättrigkeit.
Temperatur: Die Pflanzen sind warm oder temperiert zu halten.
Standort: Als Standort sind alle Fensterlagen außer der Nordseite geeignet.
Licht: Über die meiste Zeit des Jahres wird direkte Sonnenbestrahlung vertragen, außer an Südseiten im Sommer.
Substrat: Sehr grobes Rindensubstrat.
Umtopfen: Umgepflanzt werden sollte, wenn erforderlich, während der Wachstumszeit, am besten nach der Blüte.

Tolumnia variegata blüht häufig aus demselben Stängel immer wieder, solange er grün bleibt.

stängel werden aber auch mehrere Blütezeiten erreicht.
Duft: Manche Hybriden duften, jedoch nicht alle.
Vermehrung: Sie geschieht vegetativ durch Teilung.
Nach dem Verblühen: Die Blütenstängel nicht ganz abschneiden, sondern ähnlich wie bei *Phalaenopsis* nur bis unter die unterste verblühte Blüte einkürzen.
Mein Rat: Wegen ihrer langen Blütezeiten und farbenfrohen Blüten ist die Art mit den zahlreichen Hybriden sehr zu empfehlen. Nur Staunässe kann ihr gefährlich werden. Darum ist diese Art für zaghafte Gießer gut geeignet, die hin und wieder ihre Pflanzen vergessen.

Trichopilia

   F

Temperatur: Die Pflanzen können warm bis temperiert stehen und zusammen mit *Cattleya* kultiviert werden.

Trichopilia tortilis braucht viel Licht, aber wenig Wasser.

Licht und Standort: Eine Südlage erscheint mir am ehesten angebracht. Dort muss allerdings über die Sommermonate schattiert werden.
Substrat: Bisher habe ich gute Erfahrungen mit reinem Rindensubstrat gemacht. Wer nicht zu viel gießt, kann auch Rinden-Torf-Substrat benutzen.
Umtopfen: Im Frühjahr können die Pflanzen bis kurz vor der Blüte noch umgesetzt werden.
Übersprühen: In diesem Punkt sei zu äußerster Vorsicht geraten. Wenn die Pflanze gerade Blütenstängel angesetzt hat, von März bis Mai, können diese durch Übersprühen leicht wegfaulen. Der Zeitpunkt des Blütenstängelansatzes ist zudem nicht ganz einfach festzustellen, da sich die Stängel unter dem vertrockneten alten Hüllbast der Bulbe verstecken. Die Pflanze sollte also auf keinen Fall übersprüht werden.
Gießen: Während der Wachstumsphase sollte vorsichtig, am besten auf der gegenüberliegende Seite der Neutriebe gegossen werden, da durch Staunässe sowohl neue Blätter- als auch Blütentriebe leicht faulen können. Es empfiehlt sich zu diesem Zeitpunkt, genau darauf zu achten, dass die Pflanze am Fuß der alten Bulben nicht vom Gießwasser benetzt wird.
Düngen: Ein- bis zweimal im Monat sollte gedüngt werden.
Schädlinge und Kulturfehler: Hin und wieder treten bei zu niedriger Luftfeuchtigkeit Spinnmilben auf. Achtung Schnecken! Weitaus gefährlicher als Schädlinge sind für *Trichopilias* allerdings Orchideenliebhaber, die zu gerne gießen!
Blütengröße: Obwohl die Blütengröße in Büchern mit 5 cm angegeben wird, habe ich bei meinen Exemplaren immer einen Querdurchmesser von 10–12 cm von einem Hüllblatt zum anderen gemessen.
Blütenanzahl: Jede neue Bulbe trägt 1–2 Blüten.
Blütezeit: Die Blütezeit beginnt zwischen April und Juni.
Blühdauer: 2–4 Wochen.
Duft: Der Duft ist ganz zart und kaum wahrnehmbar.
Nach dem Verblühen: Die Blütenstängel werden abgeschnitten.
Vermehrung: *Trichopilia tortilis* ist eine sehr kompakte

und kleine Pflanze. Man sollte sich gut überlegen, ob man sie überhaupt teilt.

Mein Rat: Die hängenden Blütenstängel kommen besonders schön zur Geltung, wenn man den Topf in eine Ampel stellt oder aber für erhöhten Stand – etwa durch eine Blumensäule oder einen umgedrehten Blumenübertopf – während der Blüte auf der Fensterbank sorgt. Die Pflanze während ihrer Blütenausbildung nicht drehen, da sich sonst die Blütenstängel immer zum Licht ausrichten und sich verbiegen.

Vanda, Vandopsis und Hybriden

☼ |–| ⌕ ☞ F

Die Gattungen *Vanda* und *Vandopsis* sind verwandt mit *Rhynchostylis* und *Ascocentrum* und werden ähnlich behandelt.

Temperatur: Es gibt Vandeen für den kalten Bereich, wie *Vanda rothschildiana*, für den temperierten Bereich, wie *Vanda coerulea*, und warm zu haltende, wie *Vanda sanderiana* und *Vanda tricolor*. Im Winter sollten die meisten Vandeen nicht unter 14 °C gehalten werden.

Licht und Standort: Ost-, West-, besser noch alle Südlagen sind möglich für die Haltung. Eine Nordseite ist undenkbar. Vandeen sind recht lichthungrige Pflanzen, die von September bis April die volle Sonne sogar an der Südseite vertragen. Im Sommer muss über die Mittagsstunden schattiert werden. Bei dichtem Stand am Fensterglas und direkter Sonnenbestrahlung kann nämlich auch eine *Vanda* Sonnenbrand bekommen. Die Blätter werden dann erst hell oder pigmentiert rot, bevor das Gewebe durch die Verbrennungen kollabiert und sich dann schnell Pilzbefall ansiedelt.

Bester Standort im Sommer: Südfenster mit Balkonüberdachung oder draußen eine Aufhängung an einem Rankgitter mit einem Sonnenschirm darüber. Man kann die Pflanzen auch auf einen Gartentisch unter einen Sonnenschirm oder unter einen Pavillon stellen oder sie einfach in die Metallstreben des Sonnenschirmes hängen. Die Pflanzen wachsen und gedeihen bestens unter solchen Voraussetzungen, besonders in warmen Sommern mit Wärmegewitterperioden. Hält man sie in Glasgefäßen, die öfter mit Wasser gefüllt werden, sind sie bald kräftig und widerstandsfähig für den Winter.

Substrat: Kein Substrat ist nötig bei Lattenkörbchenhaltung. Reines Styropor verwende ich gerne im Plastikhängetopf oder aber grobes Rindensubstrat für die rundblättrige *Vanda teres*.

Umtopfen: Bei zu klein gewordenem oder vermodertem Körbchen wird die Pflanze mit dem alten Körbchen einfach in ein größeres gesetzt. Wenn die Pflanze im Plastiktopf nur in Styropor gehalten wird, sollte man alle paar Monate das Styropor austauschen und die Orchidee bestenfalls alle 2 Jahre in einen größeren Plastiktopf umbetten. Bei Rindensubstrat wird alle 1–2 Jahre ab März umgetopft.

Übersprühen: Ist bei *Vanda* und ihren Mehrgattungshybriden bei Blattdüngung nötig und auch dann, wenn sie nicht in Gefäßen mit Wasser gehalten werden. Stau-

Vanda sanderinana sind schwer zum Blühen zu bringen.

nässe in den Blattachseln bewirkt auf Dauer auch hier Fäulnis mit anschließendem Blattabfall. Um die Pflanzen immer wieder zum Blühen zu bringen, empfiehlt sich eine Haltung in Glasgefäßen. Bei Übersommerung draußen die Pflanzen täglich übersprühen. Dadurch wachsen die Wurzeln gut und das Laub bleibt straff und kräftig. Über Herbst und Winter reicht einmaliges Übernebeln alle paar Tage. Kräftig übersprüht oder geduscht werden vor allem die Luftwurzeln, leicht übernebelt werden hingegen die Blätter.

Gießen: Man kann die ganze Pflanze mit Topf oder Körbchen auch tauchen oder Pflanzen in Rindensubstrat wie andere Orchideen im Topf gießen, allerdings erst dann, wenn das Substrat auch die Möglichkeit hatte, vor dem nächsten Gießen wieder ganz abzutrocknen. Ich halte meine Vandeen ohne Substrat in einem wasserdichten Übertopf und gieße diese alle paar Tage mit lauwarmem Wasser voll, sodass alle Wurzeln bedeckt sind. Nach einem Tag gieße ich das Wasser wieder aus und lasse die Pflanzen ganz abtrocknen. Mit dieser Methode habe ich bis jetzt zwei Blütezeiten im Jahr bei Ascocendas erzielt. Alle so gehaltenen *Vanda*-Hybriden gedeihen unter diesen Bedingungen deutlich besser als mit bloßem Übersprühen.

Düngen: Es empfiehlt sich, bei *Vanda* und Mehrgattungshybriden täglich von März bis Oktober ganz schwach beim Übersprühen eine Blattdüngung durchzuführen. Aufpassen, dass die Wurzeln nicht versalzen und braun werden! Bei Pflanzen, die zeitweilig Wasser in den Gefäßen haben, wird schwach konzentrierter Dünger in das Wasser gegeben. Am besten – um die Wurzeln zu schonen – eine Blattdüngung durchführen, während die Pflanzen ihre Wurzeln mit Wasser bedeckt haben.

Schädlinge und Kulturfehler: Schädlinge sind bei Vandeen und ihren Hybriden selten, allenfalls schleichen sich Schildläuse, Woll- und Schmierläuse ein. Weitaus häufiger entstehen Kulturfehler durch falsche Temperaturen oder aber vor allem durch falsches Gießen oder Übersprühen. Staunässe in den Blattachseln und ständige, stehende Nässe sind unbedingt zu vermeiden. Man sollte vor allem für Frischluft sorgen. Stellen sich über Winter Blattflecken oder Stammfäule wegen einer Pilzkrankheit ein, steht die Pflanze bei niedrigen Temperaturen zu feucht. Darum sollte man im Winter in Zimmerkultur nicht übersprühen, sondern die Methode mit dem Wassergefäß praktizieren, oder die Pflanze duschen.

Blütengröße: Vandeen und ihre Hybriden haben 3–8 cm große Blüten, je nach Art und Hybride. Es gibt einige wenige Hybriden, die bis zu 13 cm Blütengröße erreichen. Besonderheit: Die endgültige Blütenfarbe

Ascocentrum miniatum-Hybriden sind sehr blühwillig, wenn sie mit Vandeen gekreuzt werden.

stellt sich bei Vandeen und deren Hybriden erst nach einigen Tagen ein. Am Anfang ist die Farbe blasser und nimmt innerhalb der ersten Tage der Blüte zu.
Duft: *Vanda tricolor* duftet.
Blütezeit: Je nach Art und Hybride unterschiedlich, Frühjahr bis Herbst.
Blühdauer: 6–8 Wochen oder länger, je nach Blütenanzahl und Rispen.
Nach dem Verblühen: Die Blütenstängel werden abgeschnitten.
Vermehrung: Vandeen bilden ab einer bestimmten Größe Seitentriebe aus der Achse heraus, die sich nach einiger Zeit auch bewurzeln und abgenommen werden können. Bei besonders großen Vandeen kann man auch die bewurzelten Kopfteile der Pflanzen abnehmen und separat eintopfen.
Übersommerung draußen: Alle Vandeen brauchen viel Frischluft. Die meisten von ihnen vertragen Temperaturschwankungen gut, deshalb ist ab Mitte Mai ein Aufenthalt im Freien ideal. Man kann die Pflanzen in Laub- oder Obstbäume hängen, in Rhododendren, an berankte Pflanzengitter, unter Balkonvorsprünge, an Rankgitter an Hauswänden, wo die Mittagssonne nicht hinkommt, oder in die Stangen aufgespannter Sonnenschirme oder von Pavillons. Ihrer Fantasie sind nur folgende Grenzen gesetzt: keine pralle Sonne über einen längeren Zeitraum, die Pflanzen nicht dort aufhängen, wo es vor Blattläusen wimmelt, die Pflanzen nicht direkt auf den Boden stellen (Ameisen, Schnecken).
Mein Rat: Man erleichtert sich die Arbeit an Vandeen maßgeblich, wenn man mit Wasser gefüllte Blumenröhrchen an die lebenden Luftwurzeln hängt und diese täglich auf eine andere Wurzel umsetzt. Die Pflanze dankt es mit kräftigem Wuchs und schönen Blättern. Außerdem kann man direkt zuschauen, wie eine *Vanda* trinkt. Unter Gartenpavillons bekommen Vandeen wohltuenden Sommerregen ab, wenn man sie an das Gestänge des Pavillons hängt – und zwar dort, wo man beobachtet hat, dass an dieser Stelle der Regen besonders gut abläuft und die Pflanze wässert. Auch dort Vorsicht vor Schnecken!

× *Vuylstekeara*

   A

Vuylstekearas sind häufig im Handel als *Cambria* angebotene Mehrgattungshybriden aus *Cochlioda* × *Miltonia* × *Odontoglossum*. Ihr Name stammt von ihrem ersten Züchter namens Vuylsteke. Sie vereinen die knalligen Farben von *Cochlioda* mit der Blütengröße und den Kulturansprüchen der *Miltonia* und wurden durch die Einkreuzung von *Odontoglossum* unkomplizierter in der Haltung als z. B. reine Miltonien.
Häufig werden angeboten: × *Vuylstekeara* Cambria 'Plush' (dunkelrot/weiß), × *Vuylstekeara* 'Hambühren' (etwas kleiner in der Blüte, dafür noch knalliger in der Farbe, rot mit pinkfarbener Lippe), früher auch × *Vuylstekeara* 'Edna Stamperland'.
Temperatur: Vuylstekearas gedeihen warm in der Wachstumszeit, zur Blüteninduktion jedoch auch temperiert und kalt. Warm wachsen sie am schnellsten, bekommen aber auch leider leichter Schädlinge als bei temperierter Haltung. Zur Blüteninduktion empfiehlt sich eine Temperaturabsenkung über mehrere Wochen unter 16–18 °C noch kurz vor Ausbildung der neuen Bulbe.
Licht und Standort: Ost-, West-, Südost-, Südwest- und

Vanda 'Blue Magic' gedeiht im Sommerregen draußen im Garten prächtig.

helle Nordfenster sind geeignet. Sie müssen vor praller Sonne über die Mittagsstunden an einer Südseite geschützt werden. Vom Lichtbedarf her entsprechen Vuylstekearas etwa dem von *Odontoglossum*. Sie sind nicht so empfindlich wie die beliebten Miltonien, aber auch sie reagieren auf zu viel Licht mit einer Rotverfärbung der Blätter.

Substrat: Eine Mischung aus Torf, Rinde und Agrofoam sorgt für eine gute Bewurzelung und ein gutes Wachstum der Pflanzen.

Blütezeit: Ganzjährig. Manchmal erscheint gleich nach Verblühen bereits der nächste Blütenstängelansatz, sodass die Pflanze nach dem Verblühen gleich wieder mit einem neuen Blütenstängel weiterblüht.

Nach dem Verblühen: Die Stängel werden abgeschnitten. Je nach Zustand des Substrats umtopfen. Es ist den Pflanzen sehr zuträglich, sie nach der Blüte etwas trockener und ein paar Grad kühler zu halten.

Kulturfehler: Vuylstekearas können eine Menge Kulturfehler aushalten. Ist allerdings das Substrat zu sehr verdichtet, überdüngt oder veralgt, reagieren auch sie mit Ziehharmonikawuchs, sind aber in dieser Beziehung nicht so empfindlich wie Miltonien.

Vermehrung: Dem Laien ist nur eine vegetative Vermehrung durch Teilung möglich. Es sollten mindestens 3–4 Bulben pro Topf verbleiben.

Mein Rat: In Gartencentern gibt es häufig eine Ecke mit verblühten Exemplaren, die wesentlich im Preis reduziert sind. Bitte darauf achten, dass es sich dabei auch um gesunde Pflanzen handelt.

Die Orchidee × *Vuylstekeara* 'Aad Wooning' ist leicht zum Blühen zu bringen.

Eine × *Wilsonara*-Hybride ist in der Regel recht robust in der Haltung und ähnlich wie *Odontoglossum*.

× Wilsonara

Eine × *Wilsonara* ist eine Kreuzung aus *Cochlioda* × *Odontoglossum* × *Oncidium*. Sie sieht von der Blüte her den Odontiodas oder anderen *Odontoglossum*-Kreuzungen ähnlich. Viele ihrer Hybriden bestechen durch satte, rostbraune und gelbe Farbtöne. Ihre Blühdauer beträgt zwischen 4 und 8 Wochen. In allen Kulturbedingungen sind Wilsonaras so zu halten wie *Odontoglossum* (siehe Seite 112 f.). Bekannt ist z. B. × *Wilsonara* 'Kolibri'.

Zygopetalum und Zygosepalum

Temperatur: Diese Gattungen vertragen Temperaturen bis zu 30 °C. Im Winter können die Temperaturen viel niedriger sein. Dort sollte die Tagestemperatur um 16–18 °C liegen und die Nachttemperatur nicht unter 10 °C abfallen.
Licht und Standort: *Zygopetalum* und *Zygosepalum* sind ausgesprochene Schattenpflanzen und gedeihen deswegen auch an der Nordseite. Auch Ost- und Westseite sind zu empfehlen.
Substrat: Ein Torf-Rinden-Gemisch ist angemessen.
Umtopfen: Es wird am besten dann umgetopft, wenn sich die neuen Wurzeln an den Neutrieben zeigen.
Übersprühen: Beide Gattungen dürfen auf keinen Fall übersprüht werden!
Gießen: Im Winter erfolgt eine Ruheperiode, in der über mehrere Wochen nur wenig gegossen wird.
Düngen: Gedüngt wird nur über das Substrat in einer Konzentration von 0,5 ml Flüssigdünger auf 1 Liter Wasser.
Schädlinge und Kulturfehler: Die sehr weichen Blätter werden von Spinnmilben befallen, wenn die Luftfeuchtigkeit zu niedrig ist. Bei zu feuchtem Stand treten sehr leicht Blattflecken und Pilzbefall auf.
Blütengröße: *Zygosepalum* hat 5–7 cm große Blüten im Längsdurchmesser, *Zygopetalum* besitzt etwa 7,5 cm große Blüten.
Blütezeit: Beide Gattungen sind Herbstblüher, die bei sehr guter Pflege auch im Frühjahr noch einmal blühen können.
Blühdauer: Beide Gattungen blühen etwa 4 Wochen.
Nach dem Verblühen: Die Blütenstängel werden abgeschnitten und die Pflanze nur sehr wenig oder gar nicht gegossen und etwas kühler gestellt.
Duft: Der Duft von *Zygopetalum* und *Zygosepalum* ist sehr intensiv und angenehm.
Vermehrung: In Fensterbankkultur bleibt dem Laien nur die Möglichkeit einer vegetativen Vermehrung durch Teilung.
Mein Rat: Nur wer schon etwas Erfahrung mit Orchideen hat, sollte sich Vertreter dieser Gattungen kaufen! Ein Standort draußen im Sommer wirkt Wunder. Dabei darf die Pflanze allerdings nie im Dauerregen stehen. Ein Standort im Gartenpavillon funktioniert daher prima, vorausgesetzt man findet eine Stelle, an der die Pflanze hin und wieder Regen abbekommt, aber nicht ständig nass wird. Durch neue Züchtungen wurden diese Gattungen deutlich einfacher für die Haltung auf der Fensterbank. Süßer Duft und prägnante Farbe machen sie zu einer attraktiven Ergänzung einer jeden Orchideen-Sammlung.

Viele *Zygopetalum*-Hybriden, wie diese *Zygopetalum* 'Bärbel Höhn', duften.

Schädlinge und Krankheiten

Wie bekämpft man Schädlinge?

Es gibt verschiedene Arten der Schädlingsbekämpfung: manuelle, alternative, biologische und chemische.

- **Manuelle Schädlingsbekämpfung:** Diese geschieht durch einfaches Absammeln und Abwischen, reicht aber bei vielen Schädlingen zu ihrer kompletten Beseitigung nicht aus.
- **Alternative Schädlingsbekämpfung:** Sie umgeht alles, was für den Menschen giftig sein könnte und nimmt Vorlieb mit dem, was in der Natur oder an ungiftigen Dingen im Haushalt vorkommt. Für hartnäckige Fälle reicht auch sie manchmal nicht aus, ist aber sicher die gesündeste für alle Bewohner eines Hauses.
- **Biologische Schädlingsbekämpfung:** Hier werden zum Beispiel Raubmilben oder der Australische Marienkäfer gegen saugende Schädlinge eingesetzt, also deren natürliche Feinde.
- **Chemische Mittel:** Dies sind synthetisch hergestellte, abtötend wirkende giftige Mittel zur Schädlingsbekämpfung sowie gegen Pilze und Bakterien. Die Mittel können gesprüht, gegossen, gestreut und geräuchert werden. Alles vorsichtshalber am besten draußen oder in gut durchlüftbaren, nicht bewohnten Räumen, die danach viele Stunden nicht mehr betreten werden. Solche Mittel können zu nicht absehbaren Gesundheitsschäden führen. Das bedeutet: Man nehme so wenig chemische Mittel wie möglich, aber so viele wie nötig.

Es sollte sorgsam abgewogen werden, ob der Einsatz von chemischen Mitteln mit Hilfe harmloser Alternativmittel oder manuell umgangen werden kann.

Zulassung von Pflanzenschutzmitteln

Die Zulassungen der einzelnen Mittel sind immer zeitlich begrenzt. Es liegt also ständig ein Wandel vor. Mittel, die heute zugelassen sind, können ein paar Wochen später die Zulassung verloren haben und umgekehrt, aber auch Monate oder Jahre später wieder zugelassen werden. Die Zulassung eines Mittels kann und wird auch meistens nach Ablauf der Zulassung wieder neu beantragt werden. Das kostet Zeit. Währenddessen sind bis zur Neuzulassung Restbestände aller möglichen nicht zugelassenen Mittel überall im Handel erhältlich.

Ansprechpartner Pflanzenschutzamt: Von den in diesem Buch namentlich genannten Mitteln können Sie sich beim Pflanzenschutzamt einen aktuellen Computerausdruck machen lassen, denn zwischen Umbruch dieses Buches, Druck und Verkauf wird sich wieder einiges geändert haben. Als Laie oder Amateur sollte man peinlichst den aktuellen Zulassungstand beachten und darum hin und wieder beim Pflanzenschutzamt nachfragen – und bitte nur dort und nicht in Gartencentern oder Blumengeschäften. Bitte verwenden Sie nur Produkte, die auch für den Privatgebrauch in Haus und Garten zugelassen und als solche gekennzeichnet sind.

Dosierung und Anwendung

- Achten Sie bereits beim Erwerb von Schädlingsbekämpfungsmitteln und Fungiziden darauf, dass diese vor Unbefugten gesichert aufbewahrt werden müssen. Am besten natürlich in einem abschließbaren Schrank.
- Auf die Gebrauchsanweisungen der Hersteller ist peinlichst zu achten, was auch für die Dosierung gilt.
- Wenn in einem Fall auf Schädlingsbekämpfungsmittel nicht mehr verzichtet werden kann, sollte man zunächst immer mit dem am harmlosesten oder am wenigsten gefährlichen Mittel anfangen, um den Schädling oder das Krankheitsbild manuell einzudämmen (z. B. Wasser, Spülmittel, Knoblauchtee,

Schädlinge und Krankheiten

Speiseöl, Aktivkohlepuder, Neemöl). Öle später wieder entfernen!
- 1. Schritt: Zunächst immer mit Wasser (Dusche) oder einem nassen Tuch die Schädlinge dort, wo sie sichtbar sind, entfernen.
- Gieß- und Streumittel zur Schädlingsbekämpfung, auch Fungizide, werden von dem Pflanzstoff am besten vom feuchten Substrat aufgenommen.
- Bei Befall von beißenden oder saugenden Insekten ist es am sichersten, wenn man das betreffende Mittel direkt auf die befallenen Blätter oder Blüten aufsprüht (Vorsicht: nicht alle Mittel werden auch von den Blüten vertragen!).
- Oft ist es bei versteckt sitzenden Schädlingen angebrachter, die Blüten abzuschneiden, dazu noch ein systemisch wirkendes Mittel zu streuen, zu gießen oder in Zäpfchenform in das Substrat zu stecken und dazu noch zu übersprühen.
- Granulate oder Zäpfchen haben meist Langzeitwirkung und sind daher gründlicher als Kontaktgifte, was vor allem bei hartnäckigen Schädlingen wie Schildläusen, Woll- oder Schmierläusen von Vorteil ist. Es gibt auch gut wasserlösliche Granulate und Brausetabletten.
- Fast jede Behandlung mit einem Schädlingsbekämpfungsmittel muss im Abstand von acht bis zehn Tagen noch ein- bis zweimal wiederholt werden, um den Schädling lang anhaltend zu beseitigen.
- Bei Befall durch Insekten (Läuse!), Pilze oder Viren empfiehlt es sich außerdem, Fensterbank und Fensterscheiben mit Essig, Sagrotanspray oder einer 0,2 %igen Physanlösung zu desinfizieren oder zu reinigen.
- Beim Sprühen chemischer Mittel immer Gummihandschuhe anziehen, da verschiedene Mittel auch durch die Haut aufgenommen werden können.
- Selbst von verdünntem Mittel benetzte Kleidungsstücke oder Handtücher in die Waschmaschine stecken und aus Versehen benetzte Hautpartien sofort mit Wasser und Seife gründlich reinigen.

Günstig ist, wenn man bei für die Pflanzen verträglichen Außentemperaturen die mit Pflanzenschutzmitteln behandelten Orchideen über mindestens einen, besser jedoch mehrere Tage im Freien ganz abtrocknen lassen kann, bevor man sie für eine gewisse Zeit in einen gut belüfteten und vorläufig nicht benutzten Raum zur weiteren Beobachtung stellt. Hierfür eignen sich besonders die Sommermonate. Bitte auf regensicheren Standort achten!

Als Quarantäneraum eignen sich unter anderem
- helle, beheizte Keller,
- Wirtschafträume, die man nur kurz betritt,
- Abstellräume, die hell und warm genug sind,
- im Sommer auch zu schattierende Terrassen sowie
- Heizungsräume mit Fenstern.
- Räume mit Trocknern und Waschmaschine.

Bevor man zu chemischen Mitteln greift, sollte man Schädlinge und Krankheiten mit harmloseren Mitteln bekämpfen.

Die häufigsten Schädlinge auf Orchideen

Spinnmilben, Rote Spinne

Hier handelt es sind um kleine, mit bloßem Auge nur als Mehlstaub wahrnehmbare Tierchen auf der Blattunterseite (meist), die feine Gespinste ziehen (Larvenstadium). Die ausgewachsenen Tiere sehen mit bloßem Auge wie roter Staub aus, unter dem Vergrößerungsglas erkennt man achtbeinige Tierchen. Weil sie zu den Spinnentierchen gehören, helfen allgemeine Schädlingsbekämpfungsmittel gegen saugende und beißende Schädlinge nicht! In jedem Entwicklungsstadium saugen diese Tiere Blätter aus und schädigen die Pflanze erheblich. Die Blätter verfärben sich silbrig, werden gelb und fallen ab. Die Pflanze wird gewaltig geschwächt.

Spinnmilben lieben dünne Blätter von zum Beispiel *Miltonia*, × *Miltonidium*, *Cymbidium*, *Calanthe*, *Zygopetalum*, *Zygosepalum*, *Phaius*, *Dendrobium*, *Oerstedella*. Leider treten Spinnmilben nicht nur bei Anfängern in der Orchideenhaltung relativ oft auf, und das auch nicht nur, wenn die nötige Luftfeuchtigkeit von 70 bis 80 % nicht erreicht wird.

Spinnmilben übersieht man häufig, weil sie so klein sind. Sie werden als »komischer Belag« registriert und dann nicht ernst genug genommen. So kann es sein, dass gerade bei Anfängern Spinnmilben einen beträchtlichen Schaden auf der Orchideenfensterbank anrichten können. Dazu kommt, dass Spinnmilben schwer zu bekämpfen sind, vor allem, wenn sie schon resistent sind. Deshalb ein paar Tipps:

Schauen Sie sich bei einmal festgestelltem Spinnmilbenbefall auf jeden Fall nicht nur die Blattunterseiten ihrer anderen Orchideen an, sondern vor allem auch andere Grünpflanzen, die von diesen Insekten bevorzugt befallen werden. Dazu gehören Efeu, *Ficus benjaminii*, Bergpalmen, Zypergräser, Citrusbäume, Papyrus und manchmal auch *Schefflera*. Diese bitte dann unbedingt mitbehandeln und in ein anderes Zimmer ohne Pflanzen stellen oder aber gleich wegwerfen, sollte es sich um schlimmen Befall (wie im Bild) handeln. Spinnmilben sind Schädlinge, die man als fortgeschrittener Orchideenliebhaber zwar gut immer Zaum halten kann, trotzdem werden sie immer wieder auftreten, vor allem ab Herbst und im Winter.

Biologisch kann man sie mit Raubmilben *(Phytoseiulus persimilis)* bekämpfen. Bezug: per Post über eine Gärtnerei. Die Firma Neudorff zum Beispiel verschickt die Nützlinge dann innerhalb weniger Tage zu Ihnen nach Hause. Nachteil: Pro Einsatz kostet dieses Verfahren um die 15 Euro.

Wem das zu kompliziert und langwierig ist, kann versuchen, die Spinnmilben mit **alternativen Mitteln** zu bekämpfen: Zunächst muss eine befallene Pflanze sofort isoliert werden. Danach sollte man generell die Luft-

Bei Befall durch Spinnmilben hilft nur noch Gift. Diese Schädlinge sind hartnäckig!

feuchtigkeit im Raum drastisch erhöhen, die Pflanze duschen, die Blätter abreiben, das Substrat gut angießen und die ganze Pflanze drei Tage lang mit Topf in einen oben zugebundenen, durchsichtigen Plastikbeutel stecken. Dabei müssen Sie aufpassen, dass das Substrat nicht zu schimmeln beginnt, also die Orchidee bitte nicht länger in der Tüte lassen als angegeben.

Man kann auch Bioplantprodukte mit ätherischen Ölen einsetzen, die in Wohnräumen unbedenklich angewandt werden können. Man kann sie fertig gemischt beziehen und mittels eines Pumpsprühers auf Blattunter- und Blattoberseiten aufsprühen.

Sind die Spinnmilben trotz all der genannten Maßnahmen nicht auszurotten, bleibt nur noch die **chemische Bekämpfung**. Für den privaten Orchideenliebhaber bleibt hier nicht viel Auswahl. Selbst teure Produkte sagen noch nichts über deren Wirksamkeit aus. Verwenden Sie Lizetan-Zierpflanzenspray unter den Blättern, noch bevor durch die Heizperiode die Spinnmilben ideale Bedingungen vorfinden, und übersprühen besonders anfällige Pflanzengattungen und -arten *(Miltona, Miltoniopsis, Dendrobium, Oerstedella)* bereits am Sommerstandort im Freien vorsorglich, sodass es erst gar nicht zu einem Befall kommt. Sprühen Sie bei Befall mit Bayer Lizetan Spinnmilbenspray, Kiron oder Envidor.

Wollläuse, Schmierläuse

Sie haben sich in den letzten Jahren zum Schädling Nummer eins – nicht nur bei *Phalaenopsis* – entwickelt. Beide sind weiß und wollig und für den Laien kaum voneinander zu unterscheiden. Woll- und Schmierläuse sitzen gerne in der Lippe von Blüten oder am Blütenstängel, aber auch in den ruhenden Augen (Nodien) von *Phalaenopsis*, in den Ansatzstellen der Blätter am Stamm oder direkt an der Ansatzstelle von Blüte und Stängel. Sie saugen gerne die frisch aufgegangenen Blüten aus und bewirken manchmal ein »Verblühen über Nacht«, bei schlimmem Befall kann das alle Blüten einer *Phalaenopsis* in wenigen Tagen treffen. Da sie versteckt sitzen, hilft manuelle Entfernung nicht, ebenso wenig gesprühte Mittel.

Diese Schädlinge übertragen zudem gerne Viren. Ein typisches Erscheinungsbild hierfür sind gelbe, eingefallene Flecken auf den Blättern, die vom Stamm her mitzuwachsen scheinen. Werfen Sie deshalb stark befallene Pflanzen beherzt weg, ohne lange herumzuexperimentieren. Eigentlich müssen solche Pflanzen sogar verbrannt werden! Doch diese Plage ist äußerst hartnäckig, selbst auf der Fensterbank des fortgeschrittenen Orchideenliebhabers, nicht einfach zu bekämpfen und sehr langwierig.

Die **biologische Bekämpfung** geschieht durch den Einsatz von Australischen Marienkäfern *(Cryptolaemus montrouzieri)*. Sie können die Marienkäfer in Gärtnereien und Gartencentern bestellen. Bei komplettem Befall einer Fensterbank sollte man diese Methode wirklich in Erwägung ziehen, denn chemische Spritzmittel sind gesundheitsgefährdend und nicht gerade billig.

Entscheidet man sich für einen Einsatz **chemischer Mittel**, muss die erste Maßnahme immer ein sofortiges

Schmierläuse mit Gespinst. Unter dem Vergrößerungsglas kann man sie richtig sehen. Die Bekämpfung ist mühsam.

Umtopfen, Abspülen der Wurzeln und eine manuelle Reinigung der Pflanze sein, bei der – so gut es geht – alle sichtbaren Schädlinge entfernt werden. Danach sollte man sich für ein systemisch wirkendes Mittel entscheiden, das über die Wurzeln aufgenommen wird und darum auch versteckt sitzende Schädlinge erreicht. Bei systemischen Mitteln dauert es allerdings zwei bis drei Wochen, bis man den Erfolg sieht. Darum sollte man zusätzlich ein Mittel sprühen, das als Kontaktmittel sofort wirkt, auch gerade, wenn das Wurzelwerk nicht mehr intakt ist. Eine Kombination aus Provado und Calypso oder Lizetan-Zierpflanzenspray ist mit zusätzlichen Gießen durch aufgelösten 3 in 1 Lizetantabletten (ohne Düngerzusatz!) ratsam. Es handelt sich seit Jahren um die hartnäckigsten Schädlinge, die noch dazu Viren übertragen können.

Schildläuse

Schildläuse sind sehr hartnäckige Störenfriede, die sich unter einem Panzer meist auf der Unterseite der Blätter oder an den Blütenstängeln festsaugen, diese aussaugen und somit schädigen. Unter jedem Panzer sitzt nicht nur ein Tier, sondern Tausende! Oft setzt sich bei den so geschwächten Pflanzen auch noch ein Pilz auf die Saugstellen, wodurch diese sich braunrot verfärben. Halten Sie die Augen offen.

Immer jedoch bleiben Narben am Blattwerk zurück, die, wenn das Ganze überstanden ist, weiß abtrocknen. Die Schildläuse sind im Jugendstadium blassgelb, später rotbraun, aber so groß, dass man sie mit bloßem Auge wahrnehmen kann, falls man seine Orchideen immer sorgsam jeden Tag untersucht. Durch den Panzer geschützt, ist ihnen nur sehr schlecht beizukommen.

Schildläuse sind typische Anfängerschädlinge. Sie werden oft trotz ihrer relativ guten Wahrnehmbarkeit erstaunlicherweise immer noch zu leicht übersehen, nicht erkannt oder für nicht so gefährlich gehalten. Vorbeugen ist immer besser als behandeln: Blattglanzspray gibt den

Pflanzen für Schädlinge einen üblen Geschmack. Sollte es trotzdem zu einem Befall kommen, hat man mehrere Möglichkeiten:

Man kann versuchen, zunächst alle erkennbaren Tiere mit Alkohol abzuwaschen. Danach bitte die ganze Pflanze gründlich abspülen. Es ist immer wirkungsvoller, zusätzlich zur manuellen Reinigung die im Handel üblichen Mittel auf Ölbasis einzusetzen. Dabei ist das wohl einfachste und harmloseste Mittel, einfaches Speiseöl mit einem Tropfen Spülmittel zu versetzen und damit die Blätter einzustreichen. Das Öl muss unbedingt nach einer Einwirkzeit von wenigen Tagen wieder abgewaschen werden, da es nicht nur die Atemorgane der zu beseitigenden Schildläuse verklebt, sondern auch die Poren auf den Blattunterseiten. Man kann auch auf Sommeröl »Elefant«, ein Steinöl, zurückgreifen und damit alle sichtbaren Ansammlungen von Tierchen mit dem unverdünnten Mittel betupfen, anschließend Blätter und Stängel sorgsam von allen Seiten mit 2 ml Sommeröl, versetzt mit einem Tropfen Spülmittel, auf 1 Liter Wasser besprühen. Das ist sehr wirksam, verklebt jedoch ebenfalls die Blattporen und verhindert so auf Dauer eine effektive Atmung. Es muss also später wieder abgeduscht werden.

Schildläuse sitzen um den Blattrand und an Blattrippen unter dem Blatt. Sie werden oft übersehen.

Auch Kontralineum, 2 ml auf 1 Liter Wasser, wirkt sehr gut, wenn damit die Blätter gleichmäßig eingesprüht werden.

Wichtig bei der Behandlung mit Ölen ist, dass die Pflanze vorher noch einmal richtig gewässert wird und hinterher nicht wärmer steht als 24 °C. Eine Behandlung in den Abendstunden bietet sich daher an.

Wer nicht alle Tierchen erfasst und beseitigt hat, muss sich nicht wundern, wenn nach ein paar Wochen oder Monaten die Pflanze wieder neu befallen ist. Darum sind auch Behandlungen mit Ölen dreimal im Abstand von etwa fünf Tagen zu wiederholen, um die Tierchen in jedem Entwicklungsstadium zu eliminieren.

Viele der saugenden Schädlinge werden durch Erwerb von neuen Pflanzen einfach eingeschleppt. Sie sind keine spezifischen Orchideenschädlinge und können somit auch auf allen anderen Pflanzen sitzen, die man geschenkt bekommt oder dazukauft. Auch durch Blumensträuße aus dem Garten schleppt man vor allem die verschiedensten Arten von Läusen ein. Vermeiden Sie besser neben ihren Orchideen Pflanzen wie Efeu, Hibiskus, Bergpalmen etc., Zypergras, Papyrus, Bananenstauden, weil bei diesen über kurz oder lang der Schädlingsbefall vorprogrammiert ist. Chemische Bekämpfung: Provado, Calypso Perfekt AF, Lizetan Zierpflanzenspray.

Wurzelläuse

Diese kleinen runden Läuse befallen die Wurzeln der Orchideen. Man entdeckt sie meist erst beim Umtopfen, ohne dass sie bis dahin Schlimmes angerichtet haben. Bleiben die Wurzelläuse zu lange unbemerkt vor Ort, kann es sein, dass die Blätter der Orchidee schlapp herunterhängen.

Gegen Wurzelläuse hilft das Gießen mit Lizetan 3 in 1 Brausetabletten. Doch Achtung! Nicht jedes Herunterhängen der Blätter wird durch Wurzelläuse verursacht. In 99 % der Fälle hat man übergossen und überdüngt. Auch hier gilt wie bei allen Schädlingen, die sich im Substrat aufhalten, dass man am besten umtopft, alles Substrat entfernt und die Wurzeln gut unter fließendem Wasser durchspült.

Grüne, rote und schwarze Blattläuse

Blattläuse verbreiten sich meist schnell und wandern häufig von draußen in das Haus ein. Wenn Sie Hibiskus oder Usambaraveilchen in der Nähe von Orchideen stehen haben, überprüfen Sie bei Läusebefall auch diese als mögliche Verursacher. Oftmals schleppt man sich Läuse auch mit Blumensträußen aus dem Garten ein.

Manuell sollte man erst einmal die befallene Pflanze abduschen. Dieses einfache Mittel ist bei vielen Orchideenarten sogar blütenverträglich.

Eine **biologische Bekämpfung** geschieht durch den Einsatz räuberischer Gallmücken (Aphidoletes aphidimyza) oder mit Hilfe von Florfliegen (Chrysopa carnea), die Sie in Gärtnereien und Gartencentern bestellen können.

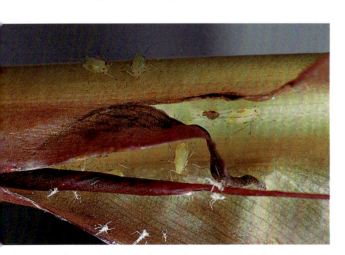
Blattläuse bringen Blüten schnell zum Verblühen. Blumensträuße aus dem Garten daher genau untersuchen.

Schwierig wird es, wenn man sich einen **resistenten Läusestamm** aus einer Gärtnerei eingeschleppt hat. Diese Läuse können über Jahre Probleme verursachen, bis man dann endlich herausgefunden hat, dass der Läusestamm zu einer resistenten Sorte gehört. In diesem Fall sollte man die komplette Fensterbank mit am besten drei unterschiedlichen Schädlingsbekämpfungsmitteln besprühen. Oder Sie sprühen zweimal jeweils nach fünf Tagen und geben zusätzlich aufgelöstes Granulat oder eine 3 in 1 Tablette (beides Lizetan) in die Erde, um eine Langzeitbehandlung zu erreichen. Provado ist ebenfalls gut geeignet.

Nachteil von Lizetan-Combigranulat: Oft zerstört es nicht nur den Schädling, sondern bei anhaltender Berührung auch Blätter (Paphiopedilum-Blätter werden zum Beispiel braun) und vor allem Wurzeln, die oben auf dem Substrat liegen. Abhilfe: Zuerst das Granulat in Wasser auflösen und dann die befallene Pflanze damit gießen. Auf diese Weise wird das Mittel großflächiger verteilt. Falls die Läuse dann doch wieder auftreten sollten, hilft nur noch Sprühen mit Lizetan.

Die beste Läuseabwehr jedoch ist immer die Vorbeugung. Seit ich Mückenvliese an allen Fenstern und an der Terrassentür befestigt habe und mir kein selbst gepflückter, ominös bewohnter Blumenstrauß mehr ins Haus kommt, finde ich auch keine Läuse mehr auf meinen Orchideen!

Thripse, Blasenfüße

Hier handelt es sich um kleine gestreifte, fliegenartige Tierchen, die auch noch mit Flügeln ausgestattet sind, wodurch sie sich frei im Raum bewegen können und sich schnell ausbreiten. Bei Berührung der Pflanze verstecken sich Thripse meiner Erfahrung nach schwer erreichbar in den Blattachseln oder kriechen in oder hinter Blüten und verstecken sich in Lippen von Phalaenopsis.

Thripsbefall erkennt man an einem silbrigen Überzug (ähnlich wie bei Spinnmilben) auf der Blattunterseite, seltener auch auf der Blattoberseite, sowie an verkrüppelten Blüten. Die Tiere stechen die Zellen an und saugen diese aus, was bei genauem Betrachten aussieht wie Mini-Bläschen.

Thripse sind typische Anfängerschädlinge, die meist von anderen Pflanzen wie Ficus benjamina, Bananenstaude, Schefflera, Efeu und Bergpalmen übertragen werden. Ohne die Beseitigung der Ursachen und ohne chemische Mittel hat man meiner Erfahrung nach keine Chance bei Thripsbefall.

Es empfiehlt sich, erst die Pflanze **heiß abzuduschen** (etwa 40 °C oder Badetemperatur) und dann mit Kontralineum oder Lizetan zu übersprühen und zusätzlich noch ein systemisches Mittel wie etwa Lizetan-Combigranulat oder Lizetan 3 in 1 Tabletten aufgelöst auf das Substrat zu gießen. Behandelte Orchideen müssen noch lange in einem Quarantäneraum isoliert werden. Bis zu einem Jahr isoliert stehen, damit sich die Schädlinge nicht nochmals auf den anderen Pflanzen ausbreiten können. Im Abstand von einer Woche noch einmal sprühen.

Thripse lassen sich nur mit chemischen Mitteln bekämpfen. Die Tiere verstecken sich bei Berührung.

Springschwänze

Sie sind kleine weiße Tierchen, die beim Gießen kurz über das Substrat hüpfen und gleich wieder im Substrat verschwinden und sich gerne auf dem Boden des Übertopfes zwischen der Dränageschicht tummeln. Auch sie können die Wurzeln schädigen, aber nur bei sehr starkem Befall.

Kontrollieren Sie zuerst den **Wasserstand im Übertopf**. Steht hier seit längerer Zeit zentimeterhoch das Wasser, sollten Sie die Dränageschicht sofort aus dem Übertopf entfernen und den Topf heiß mit Wasser und Spülmittel auswaschen. Manchmal sitzen die Tierchen aber auch zuerst im Substrat und gelangen von dort aus in die Dränageschicht. Dann sollten Sie entweder die Pflanze umtopfen oder diese, und das ist noch einfacher, ganz und gar **austrocknen lassen**. Der Orchidee schadet das in aller Regel nicht. Die Springschwänze dagegen benötigen zum Überleben stehende Nässe und sterben bei Trockenheit ab. Bei einem Befall des Substrats stand also die Pflanze über einen längeren Zeitraum zu feucht. Ändern Sie Ihr Gießverhalten, gießen Sie weniger häufig und entleeren Sie die Übertöpfe regelmäßig. Peinliche Hygiene und häufige Konrollen zahlen sich immer aus.

Trauermücken

Diese kleinen Mücken brüten und wohnen im Substrat vor allem dort, wo es schön feucht ist. Sie fliegen beim Gießen auf. Larven der Trauermücken können die Wurzeln der Orchideen schädigen. Wer Trauermücken in seinem Orchideenfenster hat, gießt wahrscheinlich ein bisschen zu viel. Die Bekämpfung ist recht einfach: Stecken Sie ungiftige gelbe Leimtafeln über mehrere Wochen in den Topf. Wer daran festklebt, kann sich nicht mehr vermehren.

Weiße Fliege

Dieser Schädling fliegt von außen zu, überwiegend im Sommer. Man kann durch Mückenvliese vor dem Fenster vorbeugen. Liegt bereits Befall vor, helfen Blautafeln, Lizetan-Spray oder Provado-Gartenspray.

Ameisen

Sie schädigen die Pflanzen nicht, sind aber äußerst lästig, insbesondere dann, wenn sie beschlossen haben, in einem Orchideentopf einen neuen Bau anzulegen und mit Königin dort einziehen. Besonders Orchideen, die draußen übersommern, können sogar Ameisennester in ihren Töpfen beherbergen, wenn das auch ein sehr seltener Fall ist.

Ameisen saugen gerne an den süßen, tropfenförmigen Ausscheidungen mancher Orchideen, zum Beispiel von Cattleyen. Wer sowieso um das Haus herum viel mit Ameisen zu tun hat, sollte an der Außenseite von Fensterbank und Hauswand unten Blattanexspray **sprühen** oder Blattanexpulver **streuen**. Dieses effektive Mittel ist

Weiße Fliegen fliegen von draußen zu. Mückenvliese können hier zur Vorbeugung dienen.

nicht ganz billig, doch die Anschaffung lohnt sich, denn es hält drei bis vier Monate vor.

Bei einem Ameisennest im Orchideentopf hilft nur eines: Im Freien umtopfen und die Pflanze mit Wurzeln 15 Minuten lang in einen Eimer mit lauwarmem Wasser stellen, zu dem ein **flüssiges Schädlingsgift** in der vorgeschriebenen Menge hinzugefügt worden ist. Sind alle Ameisen und Larven ausgeschwemmt, werden die Wurzeln mit der Gießkanne handwarm abgespült und die Pflanze in frisches Substrat getopft.

Schnecken

Sie sind zwar lästig, aber relativ leicht zu entfernen. Schneckenbefall liegt dann vor, wenn über Nacht zum Beispiel eine *Paphiopedilum*-Blüte verschwunden ist, wenn kreisförmige oder halbkreisförmige Stücke aus Blättern fehlen, ein Blütentrieb oder eine frische Wurzel plötzlich fehlt, wenn manchmal ein Blütenstängel bei einer zuverlässig blühenden Pflanze über Jahre ausbleibt. Schnecken fressen auch mit Vorliebe Löcher in Bulben, und sie tun es heimlich nachts, wenn der Orchideenliebhaber schläft!

Schnecken sitzen oft im Substrat versteckt und kommen erst über Nacht heraus. Darum ist Umtopfen auch die einfachste Art, gegen Schnecken vorzugehen.

Am einfachsten ist dann eine nächtliche Inspektion der Orchideen und ein **manuelles Absammeln** der Schnecken. Es schaffen auch mit Bier gefüllte **Gefäße** oder ausgehöhlte halbe Kartoffeln sofort Abhilfe, da sich die Schnecken dort sammeln.

Ein bis zwei Körner **Bayer Garten Schneckenkorn Biomol oder Ferramol Schneckenkorn** pro 13-cm-Topf helfen schnell und zuverlässig. Schneckenkorn ist allerdings nur für die Anwendung im Freien zugelassen, weil seine giftigen Ausdünstungen auch von Menschen und Haustieren eingeatmet werden können. Also sollte man es entweder nur im Sommer anwenden und die Pflanze draußen stehen lassen oder aber den Topf für mehrere Wochen in einen unbewohnten Raum stellen, bis keine Gefahr mehr für die menschlichen Atemwege besteht. Wenn Sie die mit Schneckenkorn behandelte Pflanze nach ein paar Tagen Wirkzeit in frisches Substrat setzen, können Sie sie auch nach kurzer Zeit wieder in Ihr Wohnzimmer stellen.

Tausendfüßler und Kellerasseln

Sie schleichen sich bevorzugt dann ein, wenn die Orchidee den Sommer über im Garten verbracht hat. Hier genügt es, auf das Substrat drei Tage vor dem Umzug ins Haus ein paar Körner Schneckenkorn zu streuen oder noch besser, einfach umzutopfen. Gegen Keller-

Schnecken verschonen auch Orchideen nicht (hier: *Phalaenopsis*). Es können plötzlich auch ganze Blüten fehlen.

asseln helfen ausgehöhlte Kartoffelhälften, mit der Höhlung nach unten auf das Substrat gelegt. Nach meinen Erfahrungen reichte wirklich in allen Fällen ein Umsetzen in frisches Substrat.

Bakterien

Bakterien- und Pilzbefall voneinander zu unterscheiden ist manchmal recht schwierig, sodass oft mehrere befragte Experten zu unterschiedlichen Diagnosen bei ein und derselben Pflanze kommen.

Bakterien verbreiten sich genau wie Pilze durch die Luft und vor allem bereits geschwächte Pflanzen sind dafür anfällig. Bakterien erkennt man an gelben, braunen oder schwarzen unregelmäßigen Flecken, die sich feucht anfühlen, nässen oder gar matschig sind, unangenehm riechen, sich rasch ausbreiten und schnell das Pflanzengewebe vernichten. Auch sie sind meist nur vom Fachmann feststellbar.

Um Bakterienbefall vorzubeugen, sollte man peinlichst genau darauf achten, dass nie Wasser in Blattachseln oder auf Neutrieben steht und dass Schnittgeräte immer

Kellerasseln sitzen draußen unter Orchideentöpfen. 2–3 Körner Schneckenkorn beseitigt auch Asseln.

desinfiziert sind. Ist eine Pflanze bereits stark befallen, **schneide** ich rigoros und großzügig die betreffenden Stellen oder das Blatt ab, bestäube die Schnittstellen mit **Holzkohlepuder** und lasse die Pflanze etwa eine Woche lang trocken stehen. Von Bakterien befallene Bulben werden mitsamt der nächsten gesunden Bulbe entfernt, die Pflanze umgetopft und insgesamt trockner gehalten.

Befinden sich Bakterien im Substrat, sollte man die Pflanze **umtopfen** und über eine Woche **sehr trocken** stehen lassen. Auch durch zu **kalten Stand** kann sich eine Bakteriose leicht und schnell ausbreiten, etwa in Wintermonaten und bei lang anhaltender Zugluft.

Viren

Viren können zuverlässig nur vom zuständigen Pflanzenschutzamt festgestellt werden, da sehr langwierig erst Kulturen angelegt werden müssen, um den Virenstamm zu identifizieren. Virus ist nun nicht gleich Virus. Es gibt relativ langsam fortschreitende und harmlose Viren, aber auch sehr aggressiv grassierende Viren, die ganze Gewächshausbestände oder Orchideenfensterbänke vernichten.

Schauen Sie bei neu gekauften Pflanzen mit viel Ruhe nach Unregelmäßigkeiten, Farbveränderungen, Blütenmutationen. Bestehen Zweifel, kaufen Sie die Pflanze lieber nicht und auch keine aus der direkten Nachbarschaft, denn sie könnte angesteckt worden sein.

Virenbefall kann sich durch gelbe oder schwarze Flecken, andersfarbige Striche auf Blättern und Blüten äußern, durch Mutationen der Blüten mit doppelter Linie und anderes mehr. Der Mosaik-Ringfleckenvirus bildet um einen Mittelpunkt gelbe Ringe oder Rauten. Gerne davon heimgesucht werden zum Beispiel *Phalaenopsis*- und *Vanda*-Kreuzungen. Sehr gefürchtet ist auch das »Kurze Orchideen Rhabdovirus«, vielfach an Phalaenopsis, mit gelben, eingefallenen Flecken an Blatt und Stamm, bräunlich am Stängel.

Viren werden über nicht steril gemachte Schneidegeräte oder über saugende Schädlinge (wie etwa Schmierläuse) von einer Pflanze auf die andere übertragen. In beiden Fällen geschieht die Ansteckung über den Pflanzensaft. Eine Pflanze kann von einem Virus befallen sein, ohne dass äußere Anzeichen dafür vorliegen.

Sowohl durch steriles Schneidegerät als auch durch eine konsequente Schädlingsbekämpfung lässt sich die Virusgefahr deutlich reduzieren. Auch hier gilt deshalb als Vorbeugung: Die Pflanzen genau beobachten, bei Schädlingsbefall isolieren und Behandlungen nicht aufschieben.

Eine effektive Bekämpfung von Viren ist nicht möglich. Viele Gärtner empfehlen sogar, von Viren befallene Pflanzen zu **verbrennen**. Auf jeden Fall sollte man die Pflanze bei Virusverdacht **isolieren**, damit sie keinen Kontakt zu den gesunden Pflanzen hat und diese nicht ansteckt.

Manche Fachleute schätzen, dass bereits 70–80 % des Phalaenopsis-Bestandes durch Viren verseucht ist. Der Käufer übersieht häufig die Schäden der Blüte, selbst wenn sie klar erkennbar sind.

Pilze

Sie kommen im Boden, auf der Substratoberfläche und auf allen Teilen der Pflanze selbst, Blättern, Blüten, Pseudobulben und Wurzeln, vor. Am häufigsten äußert sich Pilzbefall in Form von schwarzen runden Flecken auf allen aus dem Topf ragenden Teilen der Pflanze.

Pilzbefall ist ein Indikator für zu viel Feuchtigkeit, zu wenig Luftbewegung, zu viel Gießen oder für Lichtmangel und zu niedrige Temperaturen. Er tritt nur dann auf, wenn die Pflanze gestresst ist, etwa durch falsche Pflege, falsche Belichtung, zu langes Blühen oder Schädlinge, zu seltenes Umtopfen oder auch durch Übersprühen.

Pilzbefall äußert sich durch braune, gelbe oder schwarze Flecken an Bulben, Blättern oder Blüten. Kreisrunde Flecken an den Blättern können auch durch einen Pilz namens *Colletotrichum* verursacht werden. Sie lassen sich am besten mit Pilzfrei Saprol Neu AF (1 ml auf 1 Liter Sprühwasser) in der Ausbreitung stoppen.

Pilze siedeln sich häufig dann an, wenn bei zu hoher Luftfeuchtigkeit die Temperaturen zu niedrig sind und nicht richtig gelüftet wird.

Solche Blütenmutationen können, müssen aber nicht durch einen Virus hervorgerufen werden.

Virus an *Dendrochilum cobbianum*. Solche Virusflecken werden immer wieder an den neuen Blättern durchbrechen.

Meist reicht es aber aus, die Pflanze **wesentlich trockener** zu halten. Dann trocknen die entsprechenden Stellen ein und breiten sich nicht weiter aus. Die Flecken allerdings bleiben als Schönheitsfehler weiterhin auf der Pflanze. Wer Bedenken hat, sollte die befallenen Stellen großzügig **entfernen** und stark befallene Blätter eventuell ganz abnehmen, falls dies nicht die Pflanze zu sehr schwächt, wenn sie nur sehr wenige Blätter hat.

Bei Pilzen und Bakterien gibt es auch eine **alternative Bekämpfung**. Ich habe in beiden Fällen sehr gute Erfahrung mit Aktivkohlepuder gemacht. Des Weiteren hat Knoblauchtee eine stark antibakterielle und keimtötende Wirkung. Zerdrücken Sie eine Knoblauchzehe und pressen Sie sie aus. Den Saft vermischt man mit 1 Liter Wasser, kocht das Ganze kurz auf und lässt es anschließend vor der Anwendung erkalten. Mit diesem Gemisch übersprüht man die Blätter der ganzen befallenen Pflanze und gießt sie damit zusätzlich. Zur Vorbeugung reicht das Übersprühen mit Knoblauchtee. Achtung: das ganze Haus riecht anschließend erbärmlich nach Knoblauch! Ich bevorzuge daher bei Pilz- oder Bakterienbefall meiner Orchideen eher, diese umzutopfen und trockener zu halten und stark befallene Blätter oder Pseudobulben zu entfernen.

Schwarzfäule

Sie wird ebenfalls durch einen Pilz hervorgerufen. Ganz plötzlich werden kleine Neutriebe von *Cattleya* oder *Paphiopedilum* von einem Tag auf den anderen schwarz und matschig. Hier hilft nur ein **beherzter Schnitt** bis in das gesunde Gewebe und das Aufbringen von Holzkohlepulver an den Schnittstellen mit anschließender Abtrocknungszeit, damit der Schnitt vernarben kann.

Gelbe, längliche Flecken können unter anderem auch durch einen **Gefäßpilz** namens *Fusarium oxysporum* verursacht werden. Auch dabei kollabiert das Zellgewebe an den befallenen Stellen. Die Bekämpfung dieses Pilzes empfinde ich als sehr schwierig. Es müssen alle befallenen Stellen abgeschnitten oder Schnittstellen und befallene Stellen mit Holzkohlepuder eingestäubt werden. Ein zusätzliches Sprühen mit Pilzfrei Saprol Neu AF kann von Vorteil sein.

Virus an × *Ascodenda*. Hier hilft nichts mehr. Die Viren sitzen im ganzen Pflanzensaft und infizieren immer wieder.

Das »kurze Orchideen Rhabdovirus« befällt besonders häufig *Phalaenopsis*.

Rostpilze

Sie bilden oft rote oder rostfarbene Sporenlager unter den Blättern. Man sollte die befallenen Stellen abschneiden und mit Saprol besprühen. Wenn Sie die Pflanze abtrocknen lassen, kann der Einsatz des Spritzmittels auch überflüssig sein.

Bodenpilze

Schrumpfen Bulben erheblich und durchzieht ein feines weißes Fasernetz Substrat und -oberfläche, liegen Bodenpilze vor. Diese lassen sich umgehen, indem man seine Orchideen in frisches Substrat topft und generell die Pflanzen nicht zu feucht hält. So sollte zum Beispiel nie erneut gegossen werden, wenn das Substrat noch feucht ist, weil dies Pilzen optimale Bedingungen zum Wachsen geben würde. Will man es besonders gut machen, fügt man seinem Substrat, falls darin noch nicht vorhanden, Holzkohle-stückchen oder Holzkohlepuder bei oder gießt die Pflanzen nach dem Umtopfen mit Previcur N an. Auch das Bestäuben von Schnittstellen mit Holzkohlepuder beugt vor. Pilze können auch braune, kreisrunde Flecken hinterlassen oder braune unförmige Flecken. Eine genaue Diagnose ist für den Laien nahezu unmöglich. Hier hilft nur ein ausgebildeter Orchideengärtner oder das Labor beim Pflanzenschutzamt.

Pilzbekämpfung

Effektive Mittel zur Pilzbekämpfung nennt man **Fungizide**. Es gibt Mittel zum Gießen und Mittel zum Sprühen oder zum Bestäuben: Pilzfrei Saprol Neu AF, Euparen, Physan und Holzkohlepuder sind für Orchideen gut verträgliche Mittel gegen Pilzbefall, zur Vorbeugung auch Knoblauchtee. Diese Mittel sind für den Amateur meist ausreichend. Zumeist reicht es bei häufiger auftretendem Pilzbefall jedoch aus, das **Gießen** einzuschränken, umzutopfen und den Orchideen wärmere Temperaturen zu bieten. So konnte ich auf Fungizide in den letzten Jahren ganz verzichten. Zwischen Fertigstellung des Manuskriptes dieses Buches und dem Erscheinen auf dem Buchmarkt liegen meist vier Monate, in denen sich im Bereich der chemischen Mittel wieder viel getan haben kann. Möglicherweise wurde bereits ein Mittel, dass Sie kennengelernt haben, gestrichen oder unter neuem Namen gemeldet. Erkundigen Sie sich im Fachhandel.

Regenwasser hat neben seinen vielen guten Eigenschaften auch eine ganze Reihe an negativen Begleiterscheinungen: Es überträgt neben Samen von allerlei Unkräutern auch Pilzsporen, sodass richtige Fruchtkörper aus Ihren Töpfen sprießen können.

Algen und Gerüche

Sie lassen sich durch Physan vermeiden, das auch als Zusatz in Blumenvasen und Zimmertischspringbrunnen sehr geeignet ist. Es hält zudem Schnittblumen länger frisch und ist geeignet für das Wasser in Papyruspflanzen und Zypergräsern. Bei Letzterem verhindert es das Umkippen des Wassers, das ja stetig bei diesen Pflanzen im Topf ist. Das Mittel ist auch für Gartenteiche anwendbar.

Pilzbefall an Blättern von *Epidendrum pseudepidendrum*. Manche Arten haben unheilbare Blattflecken.

Krankheiten durch Gieß- und Kulturfehler

Die meisten Pflegefehler entstehen bei Orchideen durch falsches Gießen, und zwar zumeist nicht durch zu wenig, sondern durch zu viel Wasser. Wer zu stark gießt und für keine ausreichende Dränageschicht unter dem Topf sorgt, bewirkt Staunässe im Blumenübertopf. Die Orchideen bekommen nasse Füße, die Wurzeln faulen, die Blätter werden welk und fallen ab. Die Pflanze geht langsam ein. Vielleicht blüht sie noch, bis sie eingeht, aber nicht die Blüten sind das Kennzeichen dafür, ob es einer Pflanze gut geht, sondern ihre Wurzel-, Pseudobulben- und Blätterbeschaffenheit.

Wurzelfäule

Sie entsteht durch falsches, zu häufiges Gießen, stehendes Wasser in den Blumenübertöpfen oder Überdüngung. Rasches Umtopfen gleich nach dem Auftreten der Fäule, dicke Dränageschichten, trockenere Haltung und in den nächsten Monaten nur noch Düngung über die Blätter helfen, dass die Orchidee wieder gesundet.

Wurzelfäule an *Phalaenopsis* – ein häufiger Pflegefehler. Hier meinte es ein Orchideenfreund wieder zu gut.

Versalzen der Wurzeln

Dies ist das Ergebnis zu hoher oder zu häufiger Düngerkonzentrationen. Die Wurzeln werden braun und später schlapp, weich und nass und können die Nährstoffe und das Wasser nicht mehr weitertransportieren. Auch hier hilft umtopfen, das Wurzelwerk mehrfach mit klarem, warmem Wasser ausspülen, die völlig zerstörten Wurzeln abschneiden bis in das gesunde Wurzelgewebe, nur noch Blattdüngungen und hoffen, dass die Pflanze bis zum nächsten Austreiben der Wurzeln überlebt. Es empfiehlt sich, einmal im Jahr jede Orchidee und vor allem deren Substrat mehrere Minuten lang zu duschen, bis das Wasser klar ohne Düngerrückstände abfließt.

Blattfäule

Sie entsteht durch Pilze, die sich bei Staunässe in den Blattachseln bilden (bei falschem Gießen oder falschem Sprühen). Die Blätter werden braun und fallen ab. Hier hilft nur ein Abschneiden der befallenen Teile, eine Veränderung im Gießverfahren sowie Desinfektion durch Aktivkohlepuder. In solchen Fällen nicht sprühen.

Herzblattfäule

Herzblattfäule ist bei monopodialen Orchideen meist das Todesurteil. Es muss über längere Zeit Wasser im Herzblatt gestanden haben, sodass es schließlich abfault. Eine derart befallene monopodiale Pflanze, beispielsweise eine *Phalaenopsis* oder eine *Vanda,* kann dann nach oben hin keine neuen Blätter mehr bekommen. Eine Chance hat sie, wenn man sie abtrocknen lässt, die verfaulten Stellen herausschneidet, den Stamm kappt und die Orchidee (meist jedoch mehrere Jahre) sorgsamst pflegt, sodass sie am Stamm neu austreibt.

Vorbeugen lässt sich Herzblattfäule am besten, wenn man empfindliche Orchideen nicht mit Wasser besprüht. Bei Wasserstau im Herzblatt oder in Blattachseln, den man aus Versehen wegen mangelnder Sorgfalt verursacht, kann man getrost mit einem Papier- oder Küchentuch das überflüssige Wasser, das an der falschen Stelle sitzt, absaugen.

Sonnenbrand

Ihn bekommen Orchideen in den Sommermonaten bei zu dichtem Stand am Fenster und/oder nicht ausreichender Schattierung. Sehr empfindlich sind vor allem *Phalaenopsis*. Die Blätter werden rasch, innerhalb weniger Stunden, weiße Brandflecken aufweisen, ein sicheres Indiz für Gewebekollaps.

Bei *Cattleya* zeigt sich das Zuviel an Sonne durch rote Pigmentflecken, was an sich noch nicht schlimm ist. Bei richtigen Verbrennungen wird bei ihnen das Gewebe schwarz und sieht aus wie verbranntes Pergament. Dadurch werden Flächen vernichtet, die nun kein Chlorophyll mehr herstellen können. Oft geht mit dem Sonnenbrand auch ein anschließender Pilzbefall einher, der sich sehr schnell an den gestressten, weil verbrannten Stellen ansiedelt.

Auch Vandeen bekommen zunächst rote, punktförmige Pigmentstörungen durch zu intensive Sonnenbestrahlung und erst dann kommt es zu Verbrennungen, die ebenfalls weiß aussehen. Anschließender Pilzbefall ist keine Seltenheit. Bei *Dendrobium phalaenopsis* verhält es sich ähnlich wie bei *Phalaenopsis*.

Abhilfe schaffen lässt sich, indem man die verbrannten Teile abschneidet und die Pflanze spätestens ab diesem Zeitpunkt ordnungsgemäß schattiert oder aber einen dunkleren Standort für sie aussucht: etwa eine vom Südfenster ein klein wenig entfernte Blumenbank, einen Blumenhocker, einen Tisch. Auch ein Platz an einem Nordfenster hilft, bis die Orchidee wieder etwas zu Kräften gekommen ist. Erwägen Sie, über die Sommermonate ein Mückenvlies vor allen Orchideenfenstern anzubringen.

Tröpfchenausscheidungen an Blattunterseiten

Bei Cattleyen und deren Mehrgattungshybriden ist Tröpfchenausscheidung am Blütenstängel artspezifisch. An der Blattunterseite bei *Phalaenopsis* ist es jedoch ein Warnzeichen, dass irgendetwas mit der Pflanze nicht stimmt. Meist liegt Befall durch Schildläuse, Thrips oder andere saugende Insekten vor. Möglich ist auch Stress durch falsche Behandlung oder zu langes Blühen etc. Eine weitere Möglichkeit, gerade, was *Phalaenopsis* angeht, ist ein zu großer Temperaturunterschied zwischen Tag und Nacht.

Es empfiehlt sich bei Tröpfchenbildung, die Pflanze mit Wasser einfach abzuwaschen und abzuwarten, ob irgendwelche Anzeichen von Schädlingsbefall vorliegen.

Die Bulben trocknen ein durch zu viel oder zu wenig Wasser. Das Wurzelwerk ist hier bereits zerstört.

Vorsicht: Im Sommer werden draußen durch die süßen Tröpfchenausscheidungen auch Ameisen angezogen!

Knospenabfall

Er ist bei *Phalaenopsis* außer bei einem Standort am Südfenster in der lichtarmen Jahreszeit vorprogrammiert. Knospenfall ist sozusagen artspezifisch und wird durch Lichtmangel hervorgerufen. Aber auch Äpfel, die in der Nähe von Orchideen liegen, können Knospenfall hervorrufen, da sie wie auch andere Obstarten, Äthylengas produzieren. Das mag seltsam klingen, doch alleine durch das Platzieren einer Apfelschale neben einer sich voll in Blüte befindenden *Dendrobium nobile* bringt man die Blüten innerhalb einer einzigen Nacht zum Verblühen. Vorsichtshalber die Pflanzen ab dem Winter bis ins Frühjahr ans Südfenster stellen.

Eintrocknen von Bulben

Wenn eine Orchidee so aussieht wie auf diesem Foto oben, dann haben Sie die Pflanze fast umgebracht. Mit ziemlicher Wahrscheinlichkeit gehören Sie zu den 90 Prozent der Leute, die gerne und zuviel gießen. Darum sind die Wurzeln abgefault. Die Pflanze kann kein Wasser mehr aufnehmen und vertrocknet innerlich. Daher gilt das Motto: Lieber zu wenig, als einmal zu viel gießen; eine wirkliche Unterversorgung mit Wasser ist selten.

Vielleicht gehören Sie aber auch zu den Pflanzenliebhabern, die zwar düngen, aber die Düngersalze nicht in regelmäßigen Abständen aus dem Substrat und Wurzelbereich spülen. Es ergibt sich bei Überdüngung ein Wurzelkollaps, der sich außerhalb des Topfes so äußern kann, wie man oben sieht.

Knitterwuchs bei *Miltonia*

Am so genannten Knitterwuchs zeigt sich einer der häufigsten Pflegefehler. Manche dünnblättrigen Orchideen leiden unter zu wenig oder zu viel Wasser oder Dünger, besonders Exemplare der Gattung *Miltonia*. Sie reagieren dann häufig mit Knitter- oder Ziehharmonikawuchs. Abhilfe verschafft rasches Umtopfen und das Regulieren der Wasser- und Düngergaben. Sind die Wurzeln braun und fallen ab, lag Überdüngung oder Überwässerung vor.

Eine defekte Gasleitung hat dieselbe Auswirkung: Knospen verkrüppeln und fallen ab, ähnlich wie bei einem Befall durch Thrips oder andere saugende Insekten. Wenn Knospen sich nicht öffnen wollen und offensichtlich kein Schädlingsbefall vorliegt, beruht der Fehler meist auf Schäden im Substrat- und Wurzelbereich. Wahrscheinlich sind dann die Wurzeln der Pflanze abgestorben.

Eintrocknen, Steckenbleiben oder Verfaulen von Blattscheiden

Bei *Paphiopedilum* ist dies ein Pflegefehler, der durch zu viel Feuchtigkeit (zu viel Gießen oder verbotenes!

Knitterwuchs bei *Miltoniopsis*. Diese Gattung gehört mit *Miltonia* zu den Mimosen der Orchideenwelt.

Sprühen) während der Knospenausbildung verursacht wird. Die Pflanze stand dann allgemein zu nass. Auch Lichtmangel ist möglich. Vielleicht wurde aber auch versehentlich in das Herzblatt gegossen.

Bei *Cattleya* und deren Mehrgattungshybriden ist die Pflanze mit Dünger oder Licht unterversorgt, oder hat durch allgemeine Schwäche die Blattscheide in den Wintermonaten gebildet. Nun hat sie zu wenig Licht, um Knospen zu Blüten auszubilden. Sie sterben ab. Auch durch den Mangel an Temperaturabsenkungen kann dies bei diesen Gattungen der Fall sein. Vermieden werden kann dies durch einen Sommeraufenthalt im Freien.

Geburtshilfe bei *Cattleya*-Knospen

Sie ist hin und wieder notwendig, wenn der Anschein entsteht, dass die Blüte die Blattscheide nicht selbstständig öffnen kann. Um es also den Knospen etwas leichter zu machen, kann die Blattscheide knapp und so weit oben wie möglich mit einer Schere geöffnet werden. Die Knospen können sich dann unbeschadet und ohne Anstrengung entfalten und bekommen genügend Frischluft. Bitte beim Abschneiden die Pflanze gegen das Licht halten, damit gut zu sehen ist, wie weit die Knospen in die Blattscheide reichen, und man sie bei dem Eingriff nicht verletzt. Dabei möglichst nicht mehr als das oberste Drittel der Blattscheide abschneiden, da sie dem Blütenstängel als natürliche Stütze dient.

Mangelnde Luftbewegung

Eine ausdrückliche Warnung sei noch ausgesprochen vor mangelnder Luftbewegung oder schlechter Belüftung. Mangelnde Luftbewegung begünstigt die Verbreitung von Pilzen und Bakterien. Man sollte täglich in den Räumen, in denen man Orchideen hält, für frischen Luftaustausch sorgen und Fenster oder Türen ab Mitte Mai weit öffnen. Wer hat, kann nach dem Lüften einen kleinen Standventilator verwenden, um die Frischluft im Zimmer besser zu verteilen. Besonders wichtig ist frische Luft nach dem Gießen oder Übersprühen der Pflanzen. Kippstellung der Fenster ist nicht schlecht, aber noch keine optimale Belüftung. Geöffnete Türen sind im Sommer dagegen ideal, ebenso eine Übersommerung draußen. Bitte nur Vorsicht vor Schnecken.

Geburtshilfe: Ein Schnitt verhilft *Cattleya*-Knospen zur sicheren »Geburt«. Der Rest der Blattscheide dient als Stütze.

Frischluft und ein Aufenthalt im Sommer draußen tut *Cattleya* und ihren Hybriden sichtbar gut.

Wichtige Fachbegriffe

Agrofoam
Schaumstoff, der dem Orchideensubstrat hinzugefügt wird, um Wasser etwas länger zu speichern.

Bakteriose
eine Pflanzenkrankheit, die durch Bakterien verursacht wird, oft durch Staunässe hervorgerufen, die zum Abfaulen von Pflanzenteilen führt.

Bulbe
wasserspeicherndes, knollenähnliches Organ, an dem die Blätter sitzen.

endemisch
nur an einem bestimmten Ort oder Land vorkommend.

epiphytisch
auf anderen Pflanzen aufsitzend wachsend.

Hybride
Kreuzungsprodukt aus verschiedenen Arten oder Gattungen. Man kann Arten untereinander zu Art-Hybriden kreuzen oder verschiedene Gattungen untereinander zu Gattungshybriden. Es gibt Kreuzungen deren Eltern bis zu 5 verschiedenen Gattungen entstammen.

Isopropylalkohol
ist ein hochprozentiger Alkohol aus der Apotheke, der gut geeignet ist für das Abflammen von Schneidegeräten.

lithophytisch
auf Steinen oder Felsen wachsend.

Lux
ist die Bezeichnung für das Maß der Lichteinheiten.

mounten
Aufbinden von Orchideen auf Kork.

monopodial
auf einem »Fuß« stehende Pflanzen, die nur nach oben wachsen können.

Nodien
nennt man die ruhenden Augen z. B. am Blütenstängel von Phalaenopsis, aus denen neue Seitentriebe hervorkommen. Unter den Hüllblättchen verstecken sich gerne Schmierläuse

Petalen
Blütenblätter (Orchideen haben i. d. R. 2).

Pseudobulben
Scheinbulben; fleischige Speicherorgane mit derselben Funktion wie Bulben.

Rhizom
waagerecht verlaufender Wurzelstock.

Rückbulben
nennt man die Methode, bei der alte Bulben abgenommen und eingepflanzt werden, um neue Pflanzen durch Teilung zu erzielen.

saprophytisch
von Fäulnis lebend, unterirdisch.

Sepalen
Kelchblätter (Orchideen haben i. d. R. 3).

Splashes
andersfarbige, nicht festumrissene Flecken auf den Blütenblättern.

Steckling
ist der Begriff für ein Teilstück einer Orchidee, aus dem man eine neue Pflanze ziehen kann.

Substrat
das Medium, in das man Orchideen pflanzt. Es kann ruhig aus verschiedenen Materialien bestehen: Torf, Rinde, etc.

sympodial
über ein Rhizom mehrere Bulben oder »Füße« bildend.

terrestrisch
auf dem Erdboden lebend.

Velamen
äußere, schuppige Wurzelhaut.

Adressen, die Ihnen weiterhelfen

Orchideengärtnereien und Verkauf

Orchideen Wlodarczyk
Großräschener Orchideen
W.-Seelenbinder-Str.21
01983 Großräschen
Tel: 0 35 75 3 / 57 91
www.orchideenwlodarczyk.de
(Internetshop, Versand und Verkauf von ca 1000 botanischen Arten, *Vanda*, *Cattleya*-Hybriden; Orchideenzubehör)

Orchideen Seidel
Hauptstr. 119 a
08115 Lichtentanne
Tel: 0 37 5 / 79 29 54 2
www.orchideen-seidel.de
(Naturformen und Hybriden, Orchideenzubehör)

Orchideenzentrum-Chemnitz
Gartenbau GmbH Chemnitzer Blumenring Orchideenzentrum
Zschopauer Str. 277
09126 Chemnitz
Tel.: 0 37 1 / 53 93 71 8
(überwiegend Verkauf, *Phalaenopsis*-Hybriden und Naturformen)

Pflanzen, Exoten & Raritäten
Alte Dorfstr. 2 b
19069 Drispeth/Zickhusen
Tel.: 0 38 67 / 61 25 61
www.pflanzenexoten.de
(botanische Arten überwiegend in Blockkultur)

Orchideen-Garten Marei Liphard-Karge
Bahnhofstr. 24
21368 Dahlenburg
Tel: 0 58 51 / 26 6
www.orchideengarten.de
(Verkauf und Versand von botanischen Arten und Hybriden)

Gärtnerei Lameyer
Bernd Lameyer
Hagenstr. 27
26316 Varel
Tel: 0 44 51 / 57 08
www.gaertnerei-lameyer.de
(Gärtnerei mit stets wechselndem Angebot von Hybriden, u.a. *Phalaenopsis*, *Cattleya*-Mix, Verkauf, Versand)

Herbert Kasten
Russelstr. 141
26871 Papenburg
Tel: 0 49 61 / 75 19 4
www.orchideen-kasten.de
(*Phalaenopsis* und Hybriden für Großhandel und Privatverkauf; kein Versand an Privatleute)

Helmut Reuter Orchideen
Bei der Klenkerei 38
27755 Delmenhorst
Tel: 0 42 21 / 30 74 6
Nur noch Informationen, kein Verkauf:
Handy: 01 70 / 3 82 55 79

Orchideen Zentrum Wichmann GmbH Celle
Tannholzweg 1-3
29229 Celle – OT Groß Hehlen
Tel : 0 51 41 / 93 72 0
www.orchideen-wichmann.de
(*Paphiopedilum*, *Cattleya*, *Phalaenopsis*, Botanische Arten; Verkauf und Versand, sehr guter

Adressen, die Ihnen weiterhelfen

Internetshop mit vielen Orchideenfotos, Online-Pflegetipps und »Orchideendoktor«)

Hennis-Orchideen
Grosse Venedig 4
31134 Hildesheim
Tel: 0 51 21 / 35 67 7
www.hennis-orchideen.de
(Verkauf und Versand von Naturformen und Hybriden; Orchideenzubehör, Fachliteratur)

Klaus-Dieter Lohhoff
Orchideenanzucht
Wilfriedstr. 39
33649 Bielefeld
Tel: 0 52 1 / 94 66 98 3
www.orchideen-lohoff.de
(überwiegend Naturformen; Verkauf und Versand)

Röllke Orchideenzucht
Flößweg 11
33758 Schloss Holte-Stukenbrock
Tel: 0 52 07 / 92 05 39
www.roellke-orchideen.de
(Naturformen und Hybriden, sehr informative Internet-Preisliste mit Fotos; Verkauf und Versand; Gruppenbesuche und Vorträge)

N. Popow
Sandkämperstr. 1
38442 Wolfsburg
Tel: 0 53 62 / 33 14
www.popow-orchids.com
(Verkauf und Versand von Naturformen)

Orchideen Lucke
(Inh. Jörg Frehsonke)
Bergschenweg 6
47506 Neukirchen-Vlyn/Niep
Tel: 0 28 45 / 28 61 2
www.orchideen-lucke.de
(*Phalaenopsis*, *Odontoglossum*, *Cattleya*, *Masdevallia*, *Dracula*, *Vanda*, Naturformen und Hybriden. Orchideenzubehör; Verkauf und Versand, auch Online-Versand)

Holm Orchideen
Alte Bahn 206
47551 Bedburg-Hau
Louisendorf
Tel: 0 28 24 / 31 67
www.orchideen-holm.de
(*Phalaenopsis*, *Odontoglossum*, *Miltonia*, *Zygopetalum*; *Cambria*, Naturformen; für Großhandel und Gärtner, kein Versand)

Orchideen Vienenkötter
Schonebeck 103
48329 Havixbeck
Tel: 0 25 34 / 97 76 06
www.orchideen-vienenkoetter.de
(*Cypripedium* und Freiland-Orchideen)

Elsner Orchideenkulturen
Königsberger Str. 9
48493 Wettringen
Tel: 0 25 57 / 32 8
www.elsner-orchideen.de
(besondere *Phalaenopsis* und Meriklone, *Paphiopedilum*, Naturformen; Verkauf und Versand; Internetshop)

Lemförder Orchideenzucht
Am Rauhen Berge 8
49448 Lemförde
Tel: 0 54 43 / 65 1
www.loz.de
(Projektbegrünung; Raumdekoration; Naturformen, Pephiopadilen; Hybriden; Verkauf, Versand; Gruppenführungen auf Anfrage)

Schwerter Orchideenzucht (Schöttler)
Bergstr. 8
58239 Schwerte
Tel: 0 23 04 / 94 25 00
www.schwerter-orchideenzucht.de
(*Phalaenopsis*; viele Naturformen; Hybriden; Verkauf, Versand; Orchideen-zubehör; Internetshop)

Orchideen Roehl
Stemweg 14
59494 Soest-Paradiese
Tel: 0 29 21 / 60 38 2
www.orchideen-roehl.de
(Verkauf und Versand von breitem Angebot von Naturformen und Hybriden; speziell *Masedevallia* und *Dracula*; Miniaturorchideen)

Orchideenzucht Nothelfer
Gottfried-Renn-Weg 4
67346 Speyer
Tel: 0 62 32 / 62 13 35
www.orchideen-nothelfer.de
(400 Naturformen und Hybriden)

Orchideen-Netzer
Ortsstr. 138
69488 Birkenau-Hornbach
Tel: 0 62 01 / 39 30 15
www.netzer.de
(Verkauf, Versand, Ausflugsverkehr, große Auswahl an verschiedenen Orchideen; Orchideenzubehör; Parkanlagen mit Kleintierzoo in Gewächshäusern; Vorträge. Fernsehauftritt in HR3)

Wössner Orchideen
Franz Glanz
Hauptstr. 28
83246 Unterwössen
Tel: 0 86 41 / 83 50
www.woessnerorchideen.de
(Versand und Verkauf von *Paphiopedilum*, *Phragmipedium*, *Cattleya*, Naturformen)

Cramer – Orchideen
Zum Steiner 9 und 11
83489 Strub
Tel: 0 86 52 / 94 49 03
www.cramer-orchideen.de
(Internetshop, Versand von *Paphiopedilum*, *Phalaenopsis*, *Cattleya*, *Vanda*, *Phragmipedium*, Naturformen)

Cypripedien-Gärtnerei Frosch
Michael Weinert
Ziegelstadelweg 5
83623 Dietramszell
Tel: 0172 / 84 22 05 0
www.cypripedium.de und www.ladyslipper.de
(winterharte Cypripedien, bebildertes Spezialforum zum Thema *Cypripedium*, nur Großhandel)

Orchideen Strauß
Starzenbacherstr.27
85304 Ilmmünster
Tel: 0 84 41 / 54 52
www.orchideen-strauss.de
(Venezuelanische Naturarten, Orchideenraritäten, *Cattleya*, *Brassavola*, *Dendrobium*, *Encyclia*, *Helcia*, *Masdevallia*, *Laelia*, *Oncidium*)

Orchids & more…
Rosenheimer Orchideenzucht
Mayerbachstr. 94
85737 Ismaning
Tel: 0 89 85 0 / 75 83
www.orchideen.com
(sehr gute Homepage mit unzähligen Bildern, Internetshop, Verkauf und Versand von einer riesigen Auswahl von über 1000 Naturformen)

Schober Garten-Orchideen
Stätzlinger Str. 94a
86165 Augsburg
Tel: 08 21 / 72 98 95 00
www.der-blumenzwiebelversand.de
(Gartenorchideen, Verkauf nach telef. Vereinbarung, dann auch Abholung)

All-Orch-Ideen
Andrea Wolf
Eglofs 33
87634 Obergünzburg
Tel: 0 83 06 / 97 52 29
www.all-orch-ideen.de
(Erd- und Freilandorchideen)

Ursula Schuster Freiland-Orchideen
Josef-Ost-Str. 16
89257 Illertissen
Tel: 0 73 03 / 90 34 38 5
www.schuster-illertissen.de
(Erd- und Freilandorchideen)

Orchideen Kopf
Hindenburgstr. 15
94469 Deggendorf
Tel: 0 99 1 / 37 15 10
www.orchideen-kopf.de
(Naturformen, große Auswahl an Miniaturorchideen, Orchideenbedarf, Fachliteratur; Versand)

Currlin Orchideen
Inh. Franz Zeuner
Welbhausen 30
97215 Uffenheim
Tel: 0 98 42 / 85 88
www.currlin.com
(Naturformen und Hybriden; Dünger, Orchideenzubehör; Verkauf und Versand)

Eisenheimer Orchideen-Gärtnerei
B.Wück u. G. Krönlein
Setzweg 4
97247 Eisenheim /
OT Obereisenheim
Tel: 0 93 86 / 14 22
(Naturformen aus Südamerika, Verkauf und Versand)

Gartenwerkstatt Schreiner
St. Ägidius-Str. 14
97359 Schwarzach
Tel: 0 93 24 / 98 29 47
www.gartenwerkstatt-schreiner.de
(Gartenorchideen, besonders Pleione)

M&M Orchideen M.Wolf
Kaeppelesweg 11
97539 Wonfurt-Steinsfeld
Tel: 0 95 21 / 94 89 0
www.m-m-orchid.com
(über 2000 Naturformen u. Hybriden, Literatur, Orchideenbedarf. Verkauf und Versand)

Orchideenbedarf
(gibt es über fast jede Orchideengärtnerei und:)

Manfred Meyer
Eckenheimer Landstr. 334
60435 Frankfurt/M.
Tel: 0 69 / 54 65 52

(Verkauf und Versand rund um die Orchidee: Substrat, Fachliteratur, Schädlingsbekämpfungsmittel, Zubehör etc)

Bioplant Naturverfahren GmbH
(Inh. Herr Würtle)
Carl-Benz-Str. 4
78467 Konstanz
Tel: 0 75 31 / 60 47 3
www.biplantol.de
(Versand von Biplantol (homöopathisches Pflanzenstärkungsmittel und neu: Orchideenspray Biplantol Orchideen; Dünger)

Auswahl an Orchideengesellschaften

Deutsche Orchideengesellschaft (DOG)
Im Zinnstueck 2
65527 Niederhausen
Tel: 0 61 27 / 70 57 70 4
www.orchidee.de

Verband Deutscher Orchideenfreunde e.V. (VdOF)
Mittel-Carthausen 2
58553 Halver
Tel: 0 23 53 / 13 71 19
www.orchideen-journal.de
Zeitschrift: Journal für den Orchideenfreund

Schweizerische Orchideengesellschaft (SOG)
Postfach
CH-5000 Aarau
Tel. der Präsidentin C. Maeder
+41(0) 91 75 32 15 0
www.orchidee.ch

Österreichische Orchideengesellschaft (ÖOG)
Präsident: K. Opitz
Birkengasse 2
2604 Theresienfeld
Tel: 0 26 22 / 71 36 9
www.orchideen.at

Österreichische Orchideengesellschaft (ÖOG) p.A. E. Tabojer
Birkengasse 3
A-2601 Sollenau

Dansk Orchide Klub (DOK)
Jan Hrolv Larsen
Lykkegårdsvej 365
Tovstrup Mark
8472 Sporup
Tel: +45 (0) 86 96 86 00
www.orkideer.dk
Zeitschrift: orkideer

American Orchid Society (AOS)
at Fairchild Botanic Garden
10901 Old Cutler Road
Loral Gables, Fl 33156 USA
www.aos.org
Zeitschrift: Orchids
(Jährlicher Mitgliedsbeitrag umschließt ebenfalls eine Orchideenzeitschrift mit oft sehr praktischen, auf den privaten Orchideenliebhaber abgestimmten Artikeln.)

Literatur

Weiterführende Orchideenliteratur

Im Folgenden stelle ich Ihnen eine Auswahl an Büchern vor, die mir in der Praxis der Orchideenpflege und bei der Arten- und Hybridenbestimmung sehr hilfreich sind. Einige Titel, die sich aber hervorragend als wertvolle Begleiter für Ihre Beschäftigung mit Orchideen eignen, sind über den klassischen Buchhandel nicht mehr lieferbar, lassen sich aber leicht über das Zentrale Verzeichnis Antiquarischer Buchhändler (ZVAB) bestellen.

Baumann, Peter/Baumann, Karlheinz: Das Geheimnis der Orchideen, Hamburg 1988
Bechtel, Helmut/Cribb, Philip / Launert, Edmund: Orchideenatlas, Stuttgart 1999
Erfkamp, Joachim: Orchideenhandbuch. Die schönsten Arten und Hybriden. Richtig pflegen und vermehren, Stuttgart 2008
Feldmann, Rainer: Orchideen als Zimmerpflanzen, Stuttgart 1988
Goede, Brigitte: Mit Orchideen wohnen. Praxistipps zur Orchideenpflege, Hannover 1996
Goede, Brigitte/Romeis, Ulrike: Zauberhafte Orchideen, München 2002
Gruß Olaf/ Wolf, Manfred: Phalaenopsis, Stuttgart 1995
Heitz, Halina: Orchideen. So gedeihen und blühen sie am besten, München 1990
Kramer, Jack: The World Wildlife Fund Book of Orchids, New York/London/Paris 1993
Kullmann, Folko/Banks, David/Bryant, Geoff: Die Kosmos Enzyklopädie der Orchideen.1500 Arten und Hybriden im Portrait, Stuttgart 2005
Mergner, Hans: Orchideenkunde. Orchideen im Zimmer und Kleingewächshaus, Berlin/Hamburg 1992
Prater, Wolf: Orchideen für die Fensterbank, Stuttgart 1991
Pridgeon, Alec: The Illustrated Encyclopedia of Orchids. Portland 1992
Rittershausen, Wilma: Schritt für Schritt. Orchideen, Erlangen 1993
Rittershausen, Brian & Wilma: Das große Kosmos Buch der Orchideen, Stuttgart 2001
Röllke, Frank/Röllke, Kerstin: Mini-Orchideen, München 2009
Röllke, Frank: Orchideen GU-Pflanzenratgeber, München 2008
Röllke, Frank: Orchideen. Das neue Standartwerk mit über 200 beliebten Orchideen im Portrait, München 2006
Röllke, Lutz: Fabelhafte Welt der Orchideen. Alles über Pflege, Vermehrung und die besten Arten, Stuttgart 2012
Röllke, Lutz: Taschenatlas Orchideen, Stuttgart 2008
Rysy, Wolfgang: Orchideen. Tropische Orchideen für Zimmer und Gewächshaus, München 1985
Sander, David: Orchideen und Orchideenpflege, Hannover
Schelpe, Sybella/ Stewartm, Joyce: Dendrobiums. An introduction to the species in cultivation, Dorset 1990
Schoser, Gustav: Orchideen. Lebensraum, Kultur, Anzucht und Pflege, Niedemhausen 1986
Senghas, Karlheinz: Orchideen. Pflanzen der Extreme, Gegensätze und Superlative, Berlin/Hamburg 1993
Sheehan, Thomas J.: Orchideen. Die schönsten Arten und Hybriden, Augsburg 2006
Shuttleworth F. S./ Zim, H. S./Dillon, G.: Orchideen. Wildwachsende Arten aus aller Welt, München 1973
Starosta, Paul/Paul, Michael: Orchideen, Köln 1998
Upton, Walter/Houghton, T.: Dendrobium Orchids of Australia, Australia 1989
Williams, Brian: Orchideen. Die kultivierten Arten, ihre Haltung, Pflege und Vermehrung, Stuttgart 1985
Wolff, Manfred/Gruß, Olaf: Orchideenatlas, Stuttgart 2007
Wolff, Manfred/Gruß, Olaf: Phalenopsis. Schick – anmutig – blütenreich, Stuttgart 2008

Stichwortverzeichnis

Seitenzahlen mit * verweisen
auf Abbildungen

Adventivpflänzchen 51
Aeranthes grandiflora 61*
Aerides 49
Algen 149
Ameisen 144
Angraecum germinyanum 62f.
A. sesquipedale 49, 62f.*
Anguloa clowesii 49
Anoectochilus roxburghii 100
A. sikkimensis 100
× *Aranda* 63
× *Aranda*-Hybride 63*
× *Ascocenda* 25, 36*, 57, 64*
× *Ascocenda* Princess Mikasa 64*, 65
× *Ascocenda* Udomchai 64*
Ascocentrum 24, 59, 65
A. miniatum 12, 65
A. miniatum-Hybriden 132*
Aufbinden 25

Bakterien 146
Balkon 34*
Bast 40
× *Beallara* 65
× *B. Odontoglossum* 66
× *B.* Tahoma Glacier 65*
Begleitpflanzen 11
Bifrenaria 39
B. harrisoniae 47, 49, 66*
Blasenfüße 143
Blattdüngung 20
Blattfäule 150
Blattläuse 142*
Bletilla 26
B. striata 7, 12, 22, 44, 47, 49
Blüte 46
Blütenrekord 48
Bodenpilze 149
Botrytis 33
Brassavola 68f.
B. digbyana 44, 68*
Brassia 59, 65f.
B.-Hybriden 49
B. rex 67
B.-rex-Hybriden 67*
B. verrucosa 67
× *Brassocattleya* 68f.
× *B.* Bangkok White 49, 74*
× *B.* Maikai 69*
× *Brassolaeliocattleya* 68f.
× *B.* Alma Kee 68*
Bulbe 29

Bulbophyllum 76
× *Burrageara* 70*
× B. Nelly Isler 70*

Calanthe 26, 39, 45*, 47, 71f., 139
C. Grouville 71*
C. rosea 72
Catasetum 26, 44, 73
C. Orchiglade 'Jack of Diamonds' 72*
Cattleya 7, 10, 14, 20, 23, 24, 29,
  30, 34, 35, 41, 47, 49, 50, 53,
  59, 73ff., 151
C. bicolor 49
C. elongata 9, 49
C. guatemalense 49
C.-Hybriden 49
C. intermedia 49, 75
C. labiata 29, 75
C. Sohma 49, 72*
Chysis aurea 49
Cirrhopetalum 76f.
C. cornutum 76f.
C. fascinator 76f.
C.-Hybriden 76*
C. Louis Sander 76f.
C. ornatissimum 76
Cochleanthes 77
C.-Hybriden 77*
C. Moliere 77f.
Cochlioda 110
C. × *Miltonia* × *Odontoglossum* 133
C. × *Miltonia* × *Odontoglossum*
  × *Oncidium* 70
C. × *Odontoglossum* × *Oncidium* 135
Coelogyne 110
C. cristata 14, 20, 35, 41, 44,
  49, 78ff.
C. massangeana 78ff.
C. ochracea 49
C. pandurata 78ff.
Colmanara Babro Fehmers 49
× *Colmanara* 'Red Cat' 80*
× *C.* 'Wildcat' 80f.
Comparettia falcata 35
C. falcata × *Rodriguezia secunda* 81
C. speciosa 81
Cryptolaemus montrouzieri 140
Cycnoches 82f.
C. peruviana 82
Cymbidiella rhodochila 83f.*
Cymbidium 20, 24, 47, 84, 139
C.-Hybriden 85*
Cyperus cyperus 55
C. papyrus 55
Cypripedium 7

Dendrobium 14, 23, 24, 34, 139
D. anosmum 49
D. antennatum 47, 89
D. arachnites 12, 49, 88f.
D. 'Autumn Lace' 89
D. bellatulum 12
D. bigibbum 89
D. bigibbum var. *compactum* 89
D. brymerianum 12
D. chrysotoxum 88
D. compactum 50
D. cruentum 89, 91
D. 'Dawn Marie' 89
D. delicatum 85f.
D. deliciosum 34
D. densiflorum 41, 88f.
D. 'Ekapol' 89, 90*
D. farmeri 88
D. 'Florida Twist' 89
D. griffithianum 88
D. harveyanum 88f.*
D. 'Hawaian Gem' 89
D. helix 89
D.-Hybriden 49, 86
D. kingianum 34, 49, 52, 85ff.
D. lawesii 88, 89
D. minax 47, 89
D. miyakei 89, 91
D. nobile 9, 14, 20, 26, 28, 34, 35, 36, 44,
  45, 47, 49, 51f., 85f., 152
D. nobile-Hybride 85*
D. phalaenopsis 31*, 34, 47, 89
D. primulinum 89
D. primulinum 'Giganteum' 49
D. speciosum 85, 88*
D. spectabile 34, 46*, 89*
D. Stardust 'Chiyomi' 87*
D. thyrsiflorum 41, 89
D. unicum 12
D. victoriae-reginae 12, 89
D. 'Winterdawn' 89
Dendrochilum 26
D. arachnites 88f.
D. cobbianum 147*
Desinfektion 9, 28
Disa 90f.*
× *Doricentrum* 59
Doritaenopsis 92f.
D. 'Aposya' 92
D. 'Eos' 93
× *D.*-Hybriden 47, 92*
Doritis 93f.
D. × *Phalaenopsis* 59
D. pulcherrima 48, 93*
D. pulcherrima 'Blue' 94

Stichwortverzeichnis

Dossinia marmorata 100
Draht 40
Dränageschicht 9
Duft 49
Düngen 18 ff., 43
Düngerrückstände 55

Eintrocknen 152
Encyclia 94 f.
E. cochleata 49, 95
E. cordigera 94
E. cordigera × Orchid Jungle 49
E. mariae 94 f.
E. vitellina 94 f.*
E. vitellina × *radiata* 49, 94
Epidendrum 95 f.
E. anceps 95 f.
E. anthius 95
E. arbusculum 95
E. Ballerina 95 f.*
E. Ballerina 'Oranje' 95
E. capricorne 95
E. cochleatum 95, 96*
E. difforme 49, 95 ff.
E. fragrans 49, 95 f.
E. Green Hornet 96*
E. ibaguense 44, 47, 95 f.
E. ilense 95
E. 'Joseph Lii' 95
E. nocturnum 49, 95, 97
E. porpax 95
E. pseudepidendrum 95 ff.
E. 'Purple' 95
E. radicans 44, 47, 52, 95 f.
E. 'Rood' 95
E. 'Snow' 95
E. 'Tiffany' 95
Epipactis palustris 7
epiphytisch 7, 154
Erbinformationen 50
Etiketten 55
Etymologie 59
Eulophia 20, 98, 98*

Fensterbank 9 f.
Ficus benjaminii 139, 143
Frischluftzufuhr 33

Galeandra baueri 12, 99, 99*
Gerüche 149
Gewächshaus 10, 32, 48, 70, 118, 123
Gießen 15,
Glasgefäß 25
Glaskultur 25
Goodyera 7
G. pubescens 100
Granulate 19, 138

Haemaria discolor 7, 47, 52, 100, 100*
Herkunftsländer 8
Herzblattfäule 150
Hochbinden 40, 41*
Holzstäbe 40
× *Howeara* Mini-Primi 101
Hygrometer 10 f.

Kalthaus 34
Kauf 12 f.
Keiki 51
Keiki-Fix-Paste 52
Kellerasseln 145, 146*
Kindel 51, 51*
Klimazonen 8
Klonen 50
Knitterwuchs 152, 152*
Knospenabfall 152
Körbchenhaltung 18, 125*
Krankheiten 150 f.
Kreuzungen 53
Kulturfehler 150 f.

× *Laelia* 7, 101
× *Laeliocattleya* 101, 102*
× *Laeliocattleya* Leafwood Lane 'Willow Wind' × Brassolaeliocattleya Ruben's Verde 'Green Lace' 75*
L. flava 102
L. tenebrosa 49, 58
Lemboglossum bictoniense 102, 103*
Lichtmangel 30 f., 42
Liparis 101
lithophytisch 7, 154
Lockhartia oerstedii 103, 104*
Ludisia discolor 47, 100, 100*
Luftbewegung 153
Lüften 10
Luftfeuchtigkeit 10 f., 33 f., 37 f., 54 f.
Lycaste 31, 39, 49
L. aromatica 26, 45, 48, 104, 105*

Macodes 100
Makroplektrum sesquipedale 63
Masdevallia 12, 35, 59, 106
M. coccinea-Hybride 106*
M.-Hybriden 107*
M. ignea 107
M. militaris 107
Maxillaria 12, 49
Mehrgattungshybriden 53, 59
Meristemvermehrung 50 f.
Mikroklima 11, 55

× *Miltassia* 107
× *M.*-Hybride 108*
Miltonia 8, 24, 34, 35, 48, 49, 59, 65, 70, 107, 108 f., 133, 152
M. Honululu 11*
M. regnellii 108
M. regnellii-Hybride 109*
M. schroederiana 49, 110, 113
M. spectabilis 108, 110
M. spectabilis var. *moreliana* 49, 108
M. warscewiczii 49, 108, 110
× *Miltonidium* 24, 48, 49, 59, 115, 139
× *M.* Hawaiian Sunset 49
× *M.* Katrin Zoch 49, 115
× *M.* Pupukea Sunset 49
Miltonioides laevis 113
Miltoniopsis 49, 108 f., 109*, 152*

Namensetikett 55
Neofinetia falcata 49
Nodien 52, 140, 154
Nomenklatur 58

× *Odontioda* 110, 111*
O. Dilys × *Odontioda Bunty* 111*
× *Odontocidium* 24, 112
Odontoglossum 24, 35, 48, 49, 58, 59, 65, 70, 110, 112, 133, 135
O. crispum 113
O. crispum-Hybriden 112
O. grande 48
O. Hansrudi Isler 112*
O.-Hybriden 112
O. laeve 113
O. × *Miltonia* × *Brassia* 65
O. pulchellum 35, 113
× *Odontonia* 110
Oerstedella 139
O. centradenia 113, 113*
O. wallisii 113
Oncidium 8, 24, 59, 70, 101, 114, 135
O. 'Dancing Lady' 114
O. flexuosum 35
O. Josephine 114*
O.-Kreuzungen 49
O. ornithorhynchum 49, 114, 115
O. papilio 43, 115
O. × *Rodriguezia* × *Leochilus* 59, 101
O. 'Sharry Baby' 114, 115
O. 'Susan Kaufmann' 114, 115

O. Tiny Twinkle 49
O. Twinkle 'Fragrance Fantasy' 49
Orchideennamen 58 f.
Orchideenvielfalt 8*
Orchis 7, 22
Osmunda-Baumfarn 22

Paphiopedilum 13 f., 24, 30, 35, 38 f., 48, 50, 59, 115 f., 152
P. chamberlainianum 44, 48, 117
P. glaucophyllum 44, 48, 117
P. lawrencianum × *makuli* 117*
P. micranthum 116*
P. moquettianum 117
P. Pinocchio 44, 48, 116*, 117
P. primulinum 44, 48, 117
Pescatoria dayana 49
Pflanzenkauf 12 f.
Pflanzenschutzamt 137, 146, 149
Pflanzenwanne 11, 37, 37*
Phaius 20, 118, 139
Ph. tankervilleae 119, 119*
Phalaenopsis 8, 9, 10, 12 f., 14*, 18, 20 f., 24, 29, 30 119, 119*, 34, 35, 41, 42, 43, 48, 49, 30 f., 50 f., 54 f., 59, 92, 118 f., 140, 145*, 150*, 151, 152
Ph. amboinensis 49, 120
Ph. 'Cleo' 120
Ph. cornu cervi 43, 121
Ph. equestris 43, 51, 120
Ph. Ever Spring 'King' 51
Ph. First Light 'Star of Florida' 120
Ph. George Vazquez 120
Ph. gigantea 43, 49, 120
Ph. hieroglyphica 43, 51
Ph. Jazz Man × *equestris* 120
P.-Kreuzung 119*
Ph. lueddemanniana 43, 49, 120, 121
Ph. lueddemanniana var. *hieroglyphica* 49, 120
Ph. manii 43
Ph. Mystic 'Golden Leopard' 120*
Ph. Orchid World 120
Ph. Peppermint 120
Ph. Princess Kaiulani 120, 121*
Ph. pulcherrima 51*
Ph. pulchra 49, 51, 120, 121
Ph. Red Dream 120
Ph. schilleriana 49, 120
Ph. sumatrana 49, 120, 121
Ph. venosa 49, 120
Ph. violacea 41, 43, 49, 120, 121

Stichwortverzeichnis

Phragmipedium 7, 59, 122
Ph. besseae 122
Ph. Don Winber 122*
Ph. Hanne Popow 122
Ph. pearcii 122
Ph. sedenii 122
Pilzbefall 55, 147, 149, 149*, 151
Plastiktöpfe 15
Pleione 7, 9, 12, 22, 44, 48, 59
P. bulbocoides 49
P. formosana 49
Polystachya-Arten 49
Promenaea 12, 123
P.-Hybride 51
P. xanthina × Limelight 123*
Pseudobulben 14, 28, 44 f., 53, 55, 150, 154
Psychopsis Kalihi 124, 124*
P. kramerianum 124
P. kramerianum × *papilio* 124
P. Mariposa 123
P. papilio 115, 123
P. papilio var. *alba* 124

Regenwasser 15, 56, 149
Renanthopsis 48
Rhizantella 7
Rhyncholaelia digbyana 49, 68
Rhynchostylis 57, 124, 125*
Rh. coelestis 'Blue' 125
Rh. gigantea 125
Rossioglossum 127*
R. grande 45, 48, 126

R. 'Rawdon Jester' 126*, 127
Rostpilze 148
Rote Spinne 139
Rückbulben 53, 154
Ruhezeit 44

Sämlinge 50
saprophytisch 7, 154
Schädlinge 12, 21, 39*, 55
Schädlingsbekämpfung 137
– Alternative 137
– Biologische 137
Schattierungsvorrichtung 31, 32, 32*
Schefflera 139, 143
Schmarotzer 8
Schmierläuse 140, 140*
Schnecken 145, 145*
Schneidegeräte 26
Schoenorchis 12
Schomburgkia 31, 35, 44
Sch. tibicinis 30
Schwarzfäule 148
Sonnenbrand 31, 31*, 150
× *Sophrolaeliocattleya* 59, 101
× *S.* Hazel Boyd 'Eureka' 73*
Sophronites 12, 58, 59
Sphagnum-Moos 22
Spinnmilben 139, 139*
Springschwänze 144
Standort 35 f.
Stanhopea 127, 128*
St. jenischiana 49
Stauwasser 54

Stecklinge 52
Substrat 13, 22 f., 22*

Tauchen 16
Tausendfüßler 145
Teilung 53
Temperaturansprüche von Orchideen 33 f.
terrestrisch 7, 154
Thripse 143, 143*
Tillandsien 57*
Tolumnia variegata 129, 129*
Trauermücken 144
Trichopilia 59, 130
T. tortilis 49, 130*
Triebbeginn 14
Tröpfchenausscheidungen 151

Übersommern 35
Übersprühen 37 f.
Umtopfen 21 f.
Urlaub 42

Vanda 10, 14, 29, 34, 35, 38, 50, 56, 57, 59, 63, 64, 131
V. Blue Magic 133*
V. coerulea 131
V. rothschildiana 131
V. sanderiana 131, 131*
V. teres 24, 30, 131
V. tricolor 49, 131, 133
Vandopsis 131
Vanilla planifolia 49
Verfaulen 152

Vermehrung 50 f.
Versalzen der Wurzeln 150
Viren 146, 147*
Volldüngung 20
× *Vuylstekeara* 133
× *V.* Aad Wooning 134*
× *V.* Cambria 'Plush' 133
× *V.* 'Edna Stamperland' 133
× *V.* 'Hambühren' 133

Wachstumsphase 14
Warmhaus 34
Wasserverdunster 10
Wechselwarm zu haltende Orchideen 33, 34
Weiße Fliege 144, 144*
× *Wilsonara* 135
× *W.*-Hybride 134*
× *W.* 'Kolibri' 135
Wollläuse 140
Wurzelfäule 150, 150*
Wurzelläuse 142

Zäpfchen 138
Zusatzbeleuchtung 35
Zygopetalon 35
Zygopetalum 17, 18, 39, 49, 59, 135
Z.-Hybriden 135*
Z. 'Patrizia Eisenbeiß' 49
Zygosepalum 18, 35, 39, 135
Zugluft 33, 146

Alle Bilder von Brigitte Goede, außer:

Becherer: 39, 78, 139, 141, 142, 150
Bieker: 109u
Daniel Nimmervoll – Fotolia.com: 140
Eisenbeiss: 45, 69r, 76, 94, 102, 105
Floradania: 23
Henseler: 143, 144, 146, 151, 152
Ingo Bartussek – Fotolia.com: 17
Pailoolom – istockphoto.com: 60
Photo SG – Fotolia.com: 6
Pinske: 16

qingwa – Fotolia.com: 136
Qyzz – Fotolia.com: 42
Röth: 14l, 46, 63, 66, 123
Romeis: 5l, 120r, 122
Schettler: 129
Strauß: 9, 19, 28
Styleuneed – Fotolia.com: 32
Weigl: 4r, 7, 61, 62, 96u, 111l, 119, 130, 131
www.orchideengarten.de: 128

Grafiken: Sylvia Bespaluk, außer:
Nees-Institut der Universität Bonn: 8

Über die Autorin

Brigitte Goede studierte evangelische Theologie sowie Ägyptologie und arbeitet seit vielen Jahre als Pastorin. Seit über 29 Jahren ist sie passionierte Orchideenliebhaberin mit bis zu 470 Orchideen im eigenen Haus. Sie gab Kurse zum Thema Orchideen an Volkshochschulen, hielt Dia-Vorträge und leitete Exkursionen bis in die Everglades Floridas. Ihre Orchideen-Fenster wurden bereits mehrmals in Funk und Fernsehen sowie in Zeitschriften vorgestellt und sind der Foto-Fundus für ihre drei Orchideenbücher, von denen dieses Buch auch ins Tschechische und Polnische übersetzt worden ist.

Danksagung der Autorin

Bedanken möchte ich mich vor allem bei Familie Schöttler und bei Jörg Frehsonke, die mir in den letzten 25 Jahren sehr viel über Orchideenpflege beigebracht haben und von denen so manche Orchidee gratis auf meiner Fensterbank landete und mich glücklich machte. Ebenso bedanken möchte ich mich beim Lektorat Garten & Natur des BLV-Buchverlages, und dort ganz besonders bei Sandra-Mareike Kreß für Ihre Geduld, Mühe und Vermittlung im stetigen E-Mail-Wechsel sowie natürlich bei der Herstellungsabteilung für die stets schnelle und verlässliche Umsetzung meiner Bilder. Danken möchte ich auch meinem Mann, Jan-Gerd Müller, der mich beim Fotografieren tatkräftig unterstützt hat und freiwillig seit Jahren mit mir gemeinsam – trotz meiner vierreihig stehenden Orchideen an allen Fensterfronten – unsere Fenster putzt, während andere Familien es sich sonntags gemütlich machen.
Mein Motto seit Jahrzehnten: Eine Fensterbank ist erst so richtig schön üppig mit 50–100 Orchideen aufwärts!

Impressum

Information der Deutschen Nationalbibliothek

Die Deutsche Nationalbibliothek verzeichnet diese Publikation in der Deutschen Nationalbibliografie; detaillierte bibliografische Daten sind im Internet über http://dnb.d-nb.de abrufbar.

4., überbearbeitete Auflage

 BLV Buchverlag GmbH & Co. KG
80797 München

© 2013 BLV Buchverlag GmbH & Co. KG, München

Das Werk einschließlich aller seiner Teile ist urheberrechtlich geschützt. Jede Verwertung außerhalb der engen Grenzen des Urheberrechtsgesetzes ist ohne Zustimmung des Verlags unzulässig und strafbar. Das gilt insbesondere für Vervielfältigungen, Übersetzungen, Mikroverfilmungen und die Einspeicherung und Verarbeitung in elektronischen Systemen.

Grafiken
Sylvia Bespaluk

Umschlagkonzeption: Kochan & Partner, München
Umschlagfotos: Gettyimages/DEA/C. DANI – I. JESICE (vorne), Brigitte Goede (hinten).

Programmleitung Garten:
Dr. Thomas Hagen
Lektorat: Daniela Luginsland,
Sandra-Mareike Kreß
Herstellung: Hermann Maxant
DTP: Uhl+Massopust GmbH, Aalen

Gedruckt auf chlorfrei gebleichtem Papier

Printed in Germany

ISBN 978-3-8354-1197-5

Hinweis
Das vorliegende Buch wurde sorgfältig erarbeitet. Dennoch erfolgen alle Angaben ohne Gewähr. Weder Autorin noch Verlag können für eventuelle Nachteile oder Schäden, die aus den im Buch vorgestellten Informationen resultieren, eine Haftung übernehmen.